삼국지 **관우**의 **인성인문학**

삼국지
관우의

인 성
인문학

·나채훈 지음·

보아스 BOAZ

세월이 흘러도 사라지지 않는
관우의 품격의 향기

평범한 사나이가 시대의 거센 격류를 거슬러 마침내 장군이 되고 사후에는 왕으로, 황제로 추존되었으며, 오늘날에 이르러서는 신(神)으로 격상되어 믿음의 대상이 된 유일한 예가 있다. 바로 삼국 시대 의협의 장수 관우(關羽)다.

기다란 청룡언월도를 옆에 끼고 희대의 명마 적토마를 타고 천하를 질주하는 그의 모습은 오늘날 수많은 이야기의 소재가 되었으며, 경극과 영화 또는 그림과 조각으로 끊임없이 재연되고 있다.

그렇다면 과연 그가 어떤 인물이었기에 시대가 흐를수록 더욱 숭배의 대상이 되었는지 생각해 볼 가치가 크다.

정사 《삼국지》를 쓴 진수는 각각의 인물전 끝머리에 압축된 인물평을 적어놓았는데 관우에 대해서 "1만 명을 상대할 만한 용맹한 장수로 국사(國士)의 품격이 있었으나 굳세고 교만했다"라고 평하고 있다.

관우가 용맹하고 굳세다는 것은 우리도 알고 있는 사실이지만, 뒤에 나오는 성품이 교만했다는 부분은 좀 의아스럽다. 그러나 충절과 의리의 화신으로 꼽히는 관우의 성품이 교만했다고 보는 관점도 어느 정도 일리는 있다. 관우는 명문거족이나 세도가 집안 출신도 아니었고 일개 무장에 불과했지만, 그가 거침없이 깔본 세 가지 부류의 인간상이 있다.

우선은 권력욕이나 명예욕, 사리사욕에 지나치게 집착하는 자들

중국의 화성(畫聖)으로 불리는 당나라 오도자(吳道子, 680~759년)가 그린 관우상(關羽像).

이었다. 다음으로는 인간을 정략적으로 교묘히 이용하는 것을 능력이라고 여기는 자들이었다. 마지막으로 작은 재주에 취해 우쭐거리며 대의를 빙자하면서 신의를 지키지 않는 자들이었다.

이러한 사람들의 대부분은 속내가 검은 검은 권력자, 기득권층, 대장원을 소유한 호족 내지 지주계층들이었다. 그리고 급격히 변화하는 혼란한 사회의 빈틈을 교묘하게 이용해 한몫 잡거나 출세

하려는 야심가들 가운데 그런 사람이 많았다.

지금으로부터 1800여 년 전 관우가 살았던 삼국지의 무대가 되는 세상은 유독 그런 인물이 많이 등장했던 난세 중의 난세였다. 올바른 정치가 이뤄지지 않았고, 권력의 이름으로 백성을 착취했으며, 생산의 주체인 농민을 깔보고 초개처럼 여기는 풍조가 만연했다. 또한 영웅이라고 불린 자들의 상당수가 사리사욕에 눈이 멀고 뻔뻔스러웠으며 의리와 지조라고는 조금도 찾아보기 어려웠다.

세상이 치세(治世)에서 난세로 변한 까닭은 최고통치자인 황제와 그 주변의 관료집단인 조정대신들, 그리고 지방의 벼슬아치들과 호족들이 법을 무시하고 멋대로 권력을 행사하면서 자신들의 욕망을 끊임없이 채우려 했기 때문이다.

관우는 성인이 된 이후부터 목숨이 다할 때까지 세상을 어지럽힌 자들에 대해 분노했고, 그들을 마음속 깊이 깔보았다. 또한 기회만 있으면 그들을 벌하려 했다. 이것이 교만으로 비춰지거나 나중에 이야기의 극적 효과를 위해 각색되었던 것이다.

더욱이 역사를 기록한 자들의 선조는 대부분 관우가 미워할 정도로 역사에 대한 책임이 있었으므로 관우의 그러한 부분을 더욱 부각해 지적했다. 관우를 비난할 때 흔히 거론되는 봉건군주제의 이론적 스승인 공자의 주장이 이를 잘 보여준다. 물론 공자의 말씀은 구구절절 옳지만, 이를 관우에게 적용한 것은 별로 적절하지 못하다. 예를 들면 다음과 같다.

군주는 백성을 사랑하고 돌봐야 하며, 백성은 군주를 하늘처럼 받들고 충성을 다해야 한다.

이는 당연한 말이지만, 문제는 군주가 도리를 팽개치고 백성을 짓밟고 멋대로 죽이는 일을 멈추지 않는 경우는 어떻게 해야 하는가? 그래도 머리를 조아리며 "통촉하옵소서"라고 간절히 읍소만 되풀이해야 충신이라고 할 수 있을까?

역사를 살펴보면 난세에도 마찬가지였다. 자신의 목숨뿐만 아니라 가족까지 희생당한 충신들 이상으로 거센 탁류를 거스르는 의인(義人)들이 대접받지 못한 예는 수없이 많다.

관우의 성격이나 태도를 종합적으로 살펴보면, 그는 우직하고 거칠며 유머가 거의 없는 사람이었다. 만약 요즘 텔레비전의 토크쇼에 나왔다면 시청자들을 하품 나게 할 만한 그런 사람이었다. 풍채가 좋고, 긴 수염이 멋있어 그런 모습에 매력을 느끼는 시청자들도 있을 수 있지만, 대부분은 채널을 돌려버릴 것이다.

하지만 관우처럼 인성을 제대로 갖춘 사람이 많아야 살기 좋은 세상이 될 수 있지 않을까? 이것은 지금 우리 사회를 보아도 분명하게 알 수는 사실이다.

오랜 세월이 흐른 지금도 일개 장수였던 관우를 신으로 숭배하는 이유는 다름 아닌 그의 인품 때문이다. 선량하고 가식 없는 성품, 불의와 모략을 보면 거침없이 단칼에 베는 용기, 어떤 명예나 재물로 유혹해도 흔들리지 않는 충직함과 지조를 갖춘 그의 품격이 많은 사람을 매료시킨다. 즉, 그는 의협으로서 훌륭한 인성과 높은 품격을 보여주었기 때문에 민중의 마음속에 자리잡고 지고지상의 자리에 오르게 된 것이다.

사실 관우는 그 당시나 오늘날에도 현실 세계에서 좀처럼 만나기 어려운 정신적으로 건강하고 진정성 있는 인물이다.

관우의 교만을 지적하면서 충의에 벗어난 행동이라고 보는 예로 적벽대전에서 패해 도망치는 조조를 화용도에서 살려준 사건을 들기도 한다. 후한의 황제를 허수아비로 만들고 무시하는 역적 조조를 잡으러 가서 충분히 목적을 이룰 수 있는 기회였음에도 예전에 입은 사사로운 은혜에 연연한 나머지 그를 살려주었다는 지적이다.

그러나 여기서 생각해 볼 문제는 이에 대한 일련의 사건 전개가 작가 나관중이 꾸며낸 허구이기는 하지만 과연 후한 조정을 받들지 않았다는 이유로 조조를 역적이라고 단정할 수 있는가라는 점이다. 또 군령장까지 작성한 상황에서 자신의 목숨을 담보로 한 행위였던 만큼 은혜를 결코 저버리지 않는 그의 의리의 정신도 헤아려 보아야 한다.

오히려 관우가 허도에 머무르고 있을 때 허전의 사냥터에서 조조의 무례하고 건방진 태도를 보자 분연히 칼을 뽑아 목을 베려고 했지만 유비가 말려 그만둔 일을 상기할 필요가 있다. 이는 강자에게 비굴하지 않고 약자를 배려할 줄 아는 관우의 참모습을 엿볼 수 있는 대목이다.

현대에는 관우가 돈을 벌어주는 재신(財神)으로 모셔지기도 하는

데, 이는 관우의 충직하고 지조 있는 이미지와 거리가 있어 보인다. 의(義)와 충(忠)의 대명사이며 평생을 고통받는 백성의 한을 풀어주려 노력하며 살았던 관우와 재물이 무슨 상관관계가 있는 것일까?

중국과 대만, 홍콩, 싱가포르, 말레이시아, 태국 등의 관제문화권(關帝文化圈)에서는 관우를 재신(財神)으로 숭상하는 사람이 많은데, 사실 그들 신앙에서 관우를 재물과 연결하는 것은 또 다른 의미의 존경과 기대심리라 할 수 있다.

관우 신앙의 요체는 분명 민중의 한(恨)과 일치되는 부분도 있지만, 단순히 분노나 울분에서 비롯된 신앙이 아니라 미래에 대한 희망을 담고 있다. 신앙이 이루어지는 장소는 관제묘(關帝廟)˚인데, 이는 불교의 사찰이나 기독교의 예배당, 가톨릭의 성당과는 전혀 다른 분위기다. 관제묘는 매우 개방적이고 대중적인 것이 특징이다. 그곳에는 사당을 지키는 승려나 사제, 목사 같은 성직자는 존재하지 않으며 교리나 경전도 없다.

참배객들은 마치 관광지처럼 자유롭게 관제묘에 들어가 향을 피우거나 촛불을 켜고 소원을 빌고는 밖으로 나온다. 신자들 간의 친목모임 같은 것도 공식적으로 존재하지 않는다.

이 기묘한 신앙의 출발은 관우가 죽은 직후에 영험담이 여러 개 있기는 하지만 대략 그의 사후 400년 이후인 당(唐)나라 중기부터다. 이때부터 일반인에게 믿음의 대상이 되기

˚ 관우를 모시는 사당. 관왕묘라고도 한다. 17세기 이후 중국 대륙 각지에 세워졌으며 명말청초 때부터 관제묘로 개칭되었다. 중앙에 관우의 위패를 모시고 그 좌우에 관우의 아들 관평과 관우의 심복장수였던 주창의 위패를 둔다.

징저우(荊州) 고성 관위츠(關羽祠)의 관우상. 관위츠는 명나라 때 관우를 기념하기 위해 지어진 사당이다.

시작했다고 볼 수 있다. 이 무렵 관우의 생전 거점이었던 형주(荊州)와 고향인 산서성 하동(河東)을 중심으로 지역의 수호신 이상의 존재로 떠오르기 시작했다.

이후 송(宋)나라에 들어와 관우 숭배가 본격적으로 중국 전역에 퍼졌다. 이때는 북쪽의 거란족이나 여진족의 침략이 계속되어 전대미문의 국난을 맞아 호국정신의 필요성이 대두된 시점이었다. 당시 북방에서 거란족의 요(遼)나라와 여진족의 금(金)나라가 세력을 떨쳐 송나라는 황하 유역을 빼앗기고 남쪽으로 밀려나 있었다. 제8대 황제 송 휘종은 관우를 충혜공(忠惠公)에 봉했고, 얼마 후에는 무안왕(武安王)으로 격상했다.

당시는 북방의 위협적인 이민족 국가에 대항해 한족(漢族) 왕조의 정통성을 유지하는 일이 급선무였으므로 백성의 충심이 절실히 필요했으며, 군사들의 용맹과 기백이 요구되었다. 이에 국가적 외환이나 재난이 있을 때 이를 평정하는 영험한 관우의 영령이 나타난다는 믿음을 전파하기 위해 조정이 주도해 관왕묘를 짓고 관제 신앙을 장려한 것이다.

그 후 새 왕조가 들어설 때마다 관우는 더욱 높이 평가되었다. 몽고족의 원(元)나라가 들어서자 한족을 다스리기 위한 정책적 차원에서 관우 신앙이 더욱 장려되었고, 명(明)나라에 들어서는 무신(武神)과 재신(財神)으로 숭배되었다.

명나라의 제3대 황제 영락제는 도읍을 북경으로 옮기고 북경 지안문 외곽에 백마관제묘를 짓고 황제의 상징인 용과 봉황이 그려진 깃발을 세웠다. 그리고 명나라 제13대 황제인 만력제가 관우를 협천대제(協天大帝)로 격상하면서 관제 신앙은 국가적으로 뿌리를 확고히 내렸다. 이 무렵 조선에서는 임진왜란이 발발했는데, 명나라가 조선을 구원하고자 군대를 보내면서 관제묘와 관제 신앙이 우리 땅에도 전파되었다.

청(淸)나라는 초기부터 관우 숭배를 한층 격상했다. 황실에서 소설 《삼국지연의》를 만주어로 번역해 황족과 관리들에게 지략과 무용의 필독서로 공급했으며, 제4대 황제 강희제는 관우의 후손들에게 오경박사를 세습하도록 하는 특전을 내렸다. 또한 제9대 황제 함풍제는 관우의 증조, 조부, 부친에게 왕(王)의 시호를 내렸다.

아편전쟁 이후 영국과 프랑스 등 열강이 침략 야욕을 드러내자 이들에게 대항하고 중국인의 정신적 결속을 다지기 위한 일환으로 각지에 관제묘 건립이 적극적으로 이루어져 서태후 시절 북경에만 관제묘가 116곳으로 늘어났다.

이렇듯 중국의 역대 황제들은 충성심과 의리의 덕목을 갖춘 관우를 백성의 귀감으로 삼으려 했는데 이러한 작업이 민중의 마음속에 품고 있던 관우 숭배와 자연스럽게 결합되어 관우는 중화민족의 호국보민(護國保民)의 신으로 숭배되었다.

이것이 오늘날 말레이시아 법정에서는 판사나 검사들이 관우상 앞에서 공정(公正)을 서약한 후에 재판을 시작하고, 홍콩의 경찰서에서는 수사관들이 관우에게 사건의 조기 해결을 비는 기도를 올린 후에 출동하는 행위 등으로 이어지고 있다.

민중의 마음속에 존재하는 역사와 기록된 정사가 반드시 일치한다고 볼 수는 없다. 오히려 민중의 정신 속에 살아 있는 역사는 역사의 기록자들이 뜻한 바와 전혀 다를 때가 많다. 관우가 그 대표적인 예 중의 하나다. 그에 관해 기록된 역사나 소설, 심지어 전설 같은 민중 설화가 진실인지 혹은 허구인지의 여부를 떠나 그가 이미 중국인의 삶 속에서 특별한 믿음의 대상이라는 사실은 그 누구도 부인할 수 없다. 그래서 관우의 사당(관제묘) 등지에서 흔히 볼 수 있는 '천추의기(千秋義氣)'와 '만고충심(萬古忠心)'이라고 쓰인 현판의 문구야말로 민중의 정신 속에 살아서 전승되는 관우를 가장 상징적으로 잘 보여주고 있다고 할 수 있다.

그렇다면 관우는 신(信)과 의(義), 충(忠)과 협(俠)의 정신을 어떻게 조화시켰을까? 또한 그가 보여준 충의(忠義)의 모습이 오늘날의 우리에게 어떠한 교훈을 던져줄 수 있을까?

이 책은 허구를 내포한 소설《삼국지연의》, 정사《삼국지》는 물론 민간전승의 전설을 비롯해 관우와 관련한 모든 자료를 포함해 집필했다. 이 책은 '관우를 통해 보는 우리 시대의 인간 경영서'로서 독자를 만나고자 한다.

오늘날 우리 사회는 물질 만능 주의, 가치관의 부재, 인성의 결여 등으로 인해 많은 사회적 문제들이 터져나오면서 고통을 겪고 있다. 또한 사회적 문제는 근본적인 해결방안을 찾지 못한 채 수많은 사람들을 정신적인 피폐함으로 몰아넣고 있다. 이 속에서 관우의 정의롭고 인간다운 모습이 많은 사람에게 역할모델이 될 수 있기를 기대해 본다.

이 책은 관우의 영웅적인 면모를 중점적으로 그리고 있지만 영웅으로서의 관우가 아니라 의리(義理)로 압축되는 '인간 관우'에 초점을 맞추고 있다. 청조 말기의 기인 인문학자 이종오가 말했듯이 "그 한량없고 태연한 외모 속에 있는 검은 복심(復心)이 가려져 있고 상대는 무엇인가에 현혹되어 결국은 그 손아귀에 말려들고 마는" 소위 영웅이라 불린 야심가들 속에서 결코 자신의 정체성을 잃지 않고 굳세게 살아간 대장부 관우의 모습은 우리 자신을 돌아보는 시간을 갖게 할 것이다.

| 차례 |

의(義)와 협(俠)이
살아 있던 시대

후한 왕조 말기 관우가 살았던 시대는 오늘날처럼 기능적인 조직이 사회의 구석구석까지 퍼져 있는 사회와는 사뭇 달라 의협의 인물들이 존중받고 백성의 마음속에 살아 있었다. 당시는 과학과 제도가 지금처럼 발달해 있지 않아 인간의 자질, 행동의 진정성이 무엇보다 소중한 가치로 여겨졌기 때문이다. 관우는 그런 면모를 갈구했던 시대에 등장한 인물 가운데에서도 의리와 협객정신이 두드러진 인물이었다. 의리가 무엇인지 몸소 보여준 그와 함께 이해관계에 상관하지 않고 억울한 일을 당하는 약자 편에 설 수 있는 인간의 용기와 정의가 위대하게 돋보였던 당시의 역사는 의리의 정신이 사라지고 인간성을 잃어버린 지금의 시대에 다시 되돌아봐야 할 부분이다.

1

중국 역사에서 의협의 위상

난세에 의로운 인물은 민중에게 희망의 등불이다

관우가 살던 난세의 후한 시대 이전까지도 중국 역사에서 백성이 마음 편히 살맛 나는 세상을 즐긴 태평한 시대는 별로 없었다. 폭군의 만용과 무도함을 응징하고 새로운 시대를 제창하며 집권한 주(周)나라 역시 세월이 흐르자 폭정을 행해 왕권은 약화되고 제후국들의 세력이 강해져 춘추 전국 시대에 이르러서는 크고 작은 전쟁이 끊임없이 일어나 백성의 삶은 극도로 피폐해졌다.

500여 년에 걸친 춘추 전국 시대의 분열과 다툼을 종식한 진시황의 통일 제국도 표면적으로는 세상을 하나로 평정했지만, 내부

적으로는 분열과 혼란이 계속되어 진시황이 죽자 곳곳에서 반란
이 일어나 멸망하고 말았다.

결국 고통 속에서 신음하는 것은 어느 시대나 민중이었다.

유방이 세운 한(漢) 제국도 건국 초기 몇십 년 정도가 백성의 휴
식기였다고 할 수 있다. 한 무제 시대에는 체제가 안정되고 서역
으로의 통로가 개척되었지만, 백성의 삶은 그리 평화롭지 못했고,
장기간에 걸친 격동의 회오리 속에서 대다수는 숨죽이며 조심스
럽게 살아야 했다.

세상의 규모가 커질수록 체제가 더욱 완고해지고 야심을 가진
자들의 횡포 속에서 사회적 반목과 갈등이 심해지는 건 어쩔 수
없는 일이었다. 관우가 태어나고 황건의 반란이 일어나기까지 후
한(後漢) 시대 또한 사회가 전한 시대보다 더욱 혼란스럽고 부패
했다. 광무제 유수가 난세를 평정해 후한을 건국하고 중흥을 이끈
것도 잠시 동안의 안정기였을 뿐이다. 그 후로 2세, 3세 시대에는
백성은 권력의 횡포에 시달렸고, 생존을 위협당하는 사건이 연속
해서 일어났다.

이러한 까닭에 한(漢) 민족은 내란과 격동에 어느 정도 훈련이
되어 있었다. 그들 역시 처음에는 지위와 재산, 명예를 얻으려고
노력했으나 수많은 시련을 겪으며 그런 것들이 얼마나 공허한 것
인가를 체험으로 알게 된 것이다.

왜냐하면 일단 동란이 일어나고 지배체제가 전복되면 가장 먼
저 제거당하는 대상은 앞선 사회에서 지위가 높고 재산이 많고 명

예를 누렸던 소위 권세를 가졌던 층이었기 때문이다. 여기서 중국 민족 특유의 삶에 대한 허무감이 생겨났다. 그렇다면 그들은 무엇에 의지해 이를 극복하며 내일을 기약했을까?

그것은 오로지 사람이었다. 사람을 통해 믿음을 얻으면서 앞날을 기대했던 것이다. 그것 말고는 세상을 긍정적으로 받아들이고 미래에 대해 희망을 가질 방도가 없었기 때문이다. 그래서 '사람을 알아보는 밝은 눈'과 '어떤 사람을 존경하고 따라야 하는지에 대한 확신에서 비롯된 마음'이 어지러운 세상을 살아가는 지혜이자 처세의 기본이 되었다.

'사람을 알아보는 밝은 눈'에 비치는 일차적인 모습은 우선 생김새를 말하는 인상이다.

인상이란 외형적인 모습이기는 하지만, '착하다' '부드럽다' '의지가 있어 보인다' '믿음이 간다'는 등의 좋은 이미지가 우선적으로 중요했다. 평범한 사람일지라도 이런 인상을 갖고 있으면 친구를 많이 얻을 수 있었다. 때로 좋지 않은 결말이 있는 경우도 있었지만, 대개는 좋은 이미지를 가진 사람들과 어울리면 무난하게 인생의 길을 걸을 수 있었다.

반면 지위가 높고 재산이 많아도 인상이 호감을 주지 못하면 그 사람은 일단 경계의 대상이 되거나 그의 주변에 있던 사람들도 멀리 떠나버렸다.

춘추 시대 월나라를 크게 부흥시킨 명재상 범려(范蠡)는 월왕 구천을 도와 오나라를 정벌하고 장강 일대를 평정했다. 그러나 범려는 계속 월왕 곁에 남으면 말로가 좋지 못할 것을 꿰뚫어보고 몰래 먼 곳으로 도망치면서 인상에 관한 다음과 같은 말을 남겼다.

> 월왕은 장경오훼인데 이러한 인상의 사람은 어려움은 함께 나눌 수 있겠으나 안락은 함께하기 어려울 것이다.(越王爲人 長頸烏喙 可與共患難 不可與共樂)

여기서 장경오훼(長頸烏喙)는 '목이 길고 입술이 까마귀처럼 앞으로 튀어나왔다'는 해석과 '목이 길고 입술이 검다'는 해석이 있다. 그러나 풍기는 인상이 전혀 호감이 가지 않고 부드럽게 느껴지지 않는다는 점에서는 다를 바가 없다. 관상학에서는 이런 상을 "독점욕이 강하고 시기심이 많다"고 설명한다.

월왕 구천이 승리에 만족해 일등공신인 자신에게 "나라를 반씩 나누어 함께 다스리자"는 엄청난 제안을 했음에도 범려는 남몰래 월나라를 떠나 잠적했다. 이후 그의 예상대로 월왕은 공로가 많은 신하를 질투해 죽임으로써 인상이 인간됨을 어느 정도 보여준다는 속설을 벗어나지 못했다.

'사람을 보는 확신에서 비롯한 마음'은 《논어》의 한 구절에 잘 나타나 있다.

무장인 관우가 평소 손에서 놓지 않고

* 춘추 시대 노(魯)나라 은공(隱公)에서부터 애공(哀公)에 이르는 242년간의 역사를 공자가 편수한 역사서. '춘추'라는 말은 춘하추동의 약어로 1년이라는 뜻인데, 원래 주나라에서 각 제후국의 독자적인 편년사를 가리키는 통칭이었다. 공자는 《춘추》에서 단순히 역사적 사실을 서술한 것이 아니라 역사의식과 가치관을 담아 천하의 질서를 바로 세우려 했다.

애독했던 《춘추(春秋)》*의 저자인 공자는 여러 제자를 바라보면서 바르고 강직하며 좋은 인상에 흐뭇해했으나 자로에 대해서는 슬픈 표정으로 이렇게 말했다.

"유(由, 자로의 이름)는 안방에서 죽음을 맞을 수 없을 것 같구나."

한마디로 객사할 것 같다는 말이다. 관계가 보통 돈독하지 않고서는 상대의 운명에 대해 이렇게 단언해서 말하기는 어려울 것이다.

그런데 공자의 예상대로 자로가 출사했던 위(衛, 춘추 시대 중원에 위치)나라에 반란이 일어났을 때 그는 다른 신하들처럼 목숨을 아껴 도망치지 않고 "한번 섬긴 이상 의리(義理)에 벗어난 일을 할 수 없다"고 하면서 위나라 군주를 구하러 갔다가 목이 잘려 죽었다. 자로의 갑작스런 죽음은 공자에게 통렬한 아픔이었다. 공자는 이때의 충격 때문이었는지 이듬해 세상을 떠났다.

인상이 주는 나쁜 느낌 때문에 뛰어난 인재를 잃은 월왕 구천이나 강직한 인상으로 상대에게 좋은 느낌을 주었지만 그 인상대로 의리를 지키다 목숨을 잃은 자로에 대한 이야기는 관우가 세상에 태어나기 500년 전의 일이었지만 세상에 오랫동안 회자되던 유명한 일화이자 인간 됨됨이를 이야기할 때 인용되는 사례였다.

사람들은 '밝은 눈'의 현명한 판단력으로 고약한 자를 피해 은거한 범려를 높이 칭송했으며, 강직한 나머지 의(義)를 위해 목숨을 바친 자로를 마음속으로 흠모하며 존경했다.

의협의 탄생

한비(韓非)는 전국 시대 말기의 법치주의자로 말을 더듬었기 때문에 자신의 사상과 주장을 모두《한비자》라는 저서에 담았다. 진시황은 한비의 저서를 보고 법치를 통한 다스림의 이치를 깨닫고 감격해 마지않았다고 전해진다. 이렇듯 세상의 속성을 꿰뚫어 본 한비는 "세상을 뒤흔드는 것은 바로 유자(儒子)와 협객(俠客)이다"라고 단언했다.

그 이유는 유자는 글(文)로써 법을 어지럽히고, 협객은 무(武)로써 금기를 범하기 때문이라는 것이다.

유자들이 덕치를 주장하며 세상을 풍미하던 전국 시대 때 많은 나라가 유가의 인재들을 받아들이기는 했지만, 실제로는 부국강병을 통해 전쟁을 일으켜 다른 나라의 영토를 정복해 세력을 확대했다. 이 시기는 힘이 있어야 살아남을 수 있는 시대였기 때문이다. 그럼에도 유자들은 인의(仁義)를 따지며 도리를 설파해 이것이 오히려 세상을 어지럽히는 주장이라고 지탄받았다. 심지어 진시황은 천하통일 후 유자들의 주장이 자신에 대해 비판적이라는 이유로 그들을 잡아다 산 채로 생매장하고 유학과 관련한 책은 불온서적으로 간주해 불태워 버렸다. 이것이 바로 역사적으로 유명한 '분서갱유' 사건이다.

그러나 한(漢) 제국이 세워지고 유교를 국교화한 이래 유자(儒者)는 체제 속으로 들어가 지배자에게 봉사하며 높은 지위와 부를 얻으며 승승장구했다. 그들은 유학 이외에 세상에 영향을 미치는 사상이 출현하면 철저히 억압하며 중간 지배자로서의 입지를 확고히 다져갔다.

이러한 시대의 흐름 속에서 협객들은 고군분투했다. 세상이 어지럽고 권력의 횡포가 극심하면 백성은 마음속 깊이 의협심을 가진 인물을 그리워하게 되는 법이다. 따라서 태평성세보다는 어지럽고 문란한 시대에 의협심을 가진 인물들이 민중에게 더욱 환영을 받는 것은 자연스런 현상이다.

의협이란 강자에게 억압당하는 약자를 위해 자신의 이해관계를 따지지 않고 나서는 이타적이고 의로운 사람을 말한다. 요즘 우리가 중국의 무협영화나 소설에서 보는 이른바 무술을 익힌 단순히 힘센 자들을 의미하는 것이 아니다. 그들은 단지 협기(俠氣)를 흉내 내는 폭력단일 뿐 결코 협자나 협객이라고 말할 수 없다.

약자가 억울한 일을 겪거나 강자가 어떤 이유로든 약자를 눈앞에서 괴롭힐 때 의협의 무리는 주저 없이 법에 앞서 무력을 사용해 그들을 응징했다. 자신이 추후 법적으로 어떤 처벌을 받을 것인지에 대해서는 상관하지 않았던 것이다. 그래서 이사이생(以死而生), 즉 죽음을 각오하고 살며, 이생이사(以生而死), 즉 살아가는 마음으로 죽는다는 의협의 도리가 칭송을 받았다.

관우가 성장한 시대는 권력자의 횡포와 폭정 때문에 백성이 고통을 겪는 절망적인 사회였으므로 이런 풍조가 더욱 힘을 얻어 의협의 정신이 면면히 이어지고 있었다.

법질서와 인간적인 도리가 무너지고 사회가 어지러워지면 가장 먼저 나타나는 현상은 흑백을 가릴 수 없고, 선량한 사람들이 갈수록 조심스러워지는 대신 사악한 무리가 기승을 부린다는 것이다. 또한 가치관이 무너지고 불의를 용인해 버리는 풍토가 만연하게 된다.

의협심을 가진 인물들은 이런 사회를 지켜보며 분노를 느끼고 피가 끓게 된다. 그래서 법률을 어기고 행동으로 옮기는 일이 빈번해진다. 그렇게 되면 기백이 살아 있는 세상을 그리워하며 숨죽이고 있던 백성은 일시적이나마 위로를 받고 미래에 대한 일말의 희망을 갖게 된다.

관우가 바로 그러한 시대에 민중이 갈망하는 인물이었다. 그는 고향 하마촌(현재 산시 성 윈청 시)에서 약자를 괴롭히는 무뢰한을 죽이고 관헌의 추적을 따돌리며 도망쳤는데, 자신의 이해와는 전혀 상관없이 약자를 괴롭히는 것을 참을 수 없어 살인을 하게 된 것이다.

의중유인(意中有人)이라는 말이 있다. 사람들이 마음속에 이상적인 인물을 간직하고 소중히 여긴다는 의미다. 살아가는 데 참다운 가르침을 줄 수 있고, 이상적인 인생관을 모범적으로 보여주는 인물들을 사람들은 높이 평가하고 마음속에 새긴다. 관우는 혼란의 시대에 의협(義俠)을 몸소 실천하고 인간적이고 훌륭한 인품을 가진 인물로서 예나 지금이나 변함없이 민중에게 의중유인으로 자리 잡고 있다.

2

의협의 품격

역사 속에 나타난 의협의 인물들

　　관우가 살았던 시기에 널리 알려져 있던 의협에 몸 바친 인물들의 이야기는 흥미 위주의 전설이 아니라 중국 정사(正史)의 원조로 꼽히는 사마천(司馬遷)이 쓴 《사기(史記)》*에 실려 있는 중국 역사의 한 부분이다. 대표적 인물로 형가(荊軻)라는 자객을 꼽을 수 있다.

　　그는 위(衛)나라 출신으로 전국 시대 말기 천하가 무력으로 통일되는 모습을 보면서 '무엇을 믿고 따라야 할지 모르겠다'라는 의문을 품고 고향을 떠나 여러 나라를 편력했

> * 사마천이 쓴 중국 최고의 역사서. 상고 시대의 오제부터 한나라 무제 태초년간의 중국의 역사를 저술한 중국 최초의 통사. 본기(本紀), 표(表), 서(書), 세가(世家), 열전(列傳)의 5부로 구성되어 있다.

다. 어릴 때부터 독서를 즐기고 도의를 믿었으나 창칼이라는 무력 앞에 그것이 힘없이 무너지는 것을 수없이 목격하면서 번민했던 것이다.

형가는 '문명을 지키고 정의를 회복하기 위해서는 적이 사용하는 무기를 쓸 수밖에 없다'라는 결론을 내리고 검술을 배워 이를 해결하고자 했다. 이후 형가는 오랫동안 검술을 익혔으나 그것도 세상을 구하는 데 별로 유용하지 못하다는 것을 깨닫게 되었다. 그러던 중 무력의 상징으로 문명을 파괴하는 원흉인 진시황을 암살할 수 있는 기회를 얻어 예리한 단도를 품고 연나라 사신이 되어 진시황에게 접근했으나 간발의 차이로 실패하고 말았다.

《사기》의 〈진황본기(秦皇本紀)〉에는 "형가를 해체했다"고 기록되어 있다. 분노한 진시황이 자신을 죽이려 했던 자객 형가의 시신

화상석(畫像石)에 새겨진 형가가 진시황을 칼로 시해하려는 모습을 담은 그림. 동한 환령(桓靈)시대 지어진 산동(山東) 가상무씨(嘉祥武氏) 사당 내에 있다.

을 산산조각이 나도록 형벌을 가했다는 의미다. 이후 형가는 천하를 무력으로 지배하려는 자에 대항해 자신의 목숨을 내던지는 희생도 마다하지 않은 진정한 의협의 인물로 인식되었다.

중국의 전원시인 도연명(陶淵明)은 훗날 형가에 대해 "아쉽도다. 검술이 부족해 그 공을 결국 이루지 못하였도다. 그 사람 이미 가고 없지만 천년 동안 여운이 되어 흐르네"라고 노래했다.

오늘날의 중국인들도 비장한 결심을 할 때 형가가 진시황을 죽이기 위해 진나라 도읍 함양으로 떠나며 연나라 역수 강변에서 마지막으로 부른 노래를 떠올린다.

바람은 쓸쓸하고 역수(易水)는 차가운데
장사 한번 떠나면 다시 돌아오지 못하리.

형가 못지않게 자신의 이익을 돌보지 않고 의협을 행한 인물이 있다. 바로 전국 시대 말엽의 신릉군(信陵君)이다.

그는 위(魏)나라 소왕의 막내아들로 조나라 평원군, 초나라 춘신군, 제나라 맹상군과 더불어 '전국 사군(四君)'으로 불렸다. 신릉군은 찾아오는 모든 이에게 잠자리를 제공하고 식사를 대접해 수천 명의 식객을 거느리고 있었으며 당시 왕 못지않게 영향력이 큰 인물이었다.

사군 중에서도 신릉군은 가장 의협심이 강한 인물로 꼽혔다. 그의 누이가 평원군에게 출가했으므로 신릉군과 평원군은 처남 매부 사이이기도 했다.

신릉군의 형 위안리왕이 즉위하고 20년째 되는 해에 진(秦)나라가 조(趙)나라를 침략하자 조나라에서는 동맹국 위나라에 구원군을 요청했다. 위안리왕은 장수 진비에게 10만 대군을 주고 조나라로 파견했지만 사실 속셈은 따로 있었다. 조나라를 겉으로만 구원하는 척하려는 작전이었던 것이다. 위군은 조나라 도읍 한단성 근처까지만 가서 침략자 진군과 싸우지 않고 그저 영채 속에서 낮잠을 즐기며 더 이상 움직이지 않았다.

다급해진 조나라의 평원군은 "그대의 의협심은 어디로 간 것이오? 당신 누이가 불쌍하지도 않소?"라는 협박조의 구원 요청 서신을 신릉군에게 보냈다.

이 서신을 받은 신릉군은 '과연 대의가 무엇일까? 나라의 이익과 진정한 의리가 충돌할 때 무엇을 선택해야 하는가? 의(義)가 더 중요하다. 의를 잃게 되면 모든 것을 잃는 것이기 때문이다'라는 결론을 내렸다. 그래서 그는 위안리왕이 총애하는 여희를 이용해 병부를 훔쳐내고 위군 대장 진비를 살해한 후 눈물을 흘리며 병력 10만을 이끌고 조나라를 구원했다.

《사기》의 〈진본기(秦本紀)〉에는 "진장(秦將) 왕흘, 한단을 공격, 함락이 안 돼 떠나다"라는 십여 자 안팎의 기록이 있다. 그 싸움의 이면에 이러한 신릉군의 의협(義俠)의 비화가 숨어 있다.

또한 《사기》의 〈유협열전(游俠列傳)〉에는 주가(朱家)라는 인물에 대한 이야기가 있다. 그는 공자의 고향 노나라에 살던 대협(大俠)

으로 그에 대해 다음과 같이 기록되어 있다.

집에 남아도는 재산이 없고 의복은 수수했다. 식사는 고기 요리가 두 접시 이상 나온 적이 없고, 탈것은 소가 끄는 낡은 수레밖에 없었다. 다른 사람이 어려운 일을 당하면 동분서주하며 자신의 일 이상으로 열중했다.

한번은 계포(季布, 약속을 하면 꼭 지킨다는 고사 계포일낙(季布一諾)으로 잘 알려져 있는 인물로 항우를 도왔다가 유방이 승리한 후에 황금 일천 냥의 현상수배에 걸려 도망 다녔다) 장군이 수배범으로 쫓길 때 남몰래 목숨을 걸고 구해준 일이 있었다. 그 후 계포가 현상수배에서 풀려나고 입신출세를 했으나 그에게 사사롭게 부탁할 일도 없고 생색낼 것도 없다 하여 죽을 때까지 만나려 하지 않았다.

이후 전한과 후한 시대를 거치며 의협을 행하는 인물들은 주가의 헌신적인 자세와 보답을 바라지 않는 행동을 본받는 일에 자부심을 느끼며 "주가 선생처럼 행동한다"는 찬사를 최고의 영예로 여겼다.

서역 개척과 영토 확장에 성공한 한 무제의 시대를 거치면서 표면적으로는 백성에게 평화로운 휴식기가 열린 듯했지만, 무제의 독선과 후궁의 득세로 인해 가혹한 관리들이 속출했다. 세상은 여전히 권력과 금력에 좌지우지되고 벼슬아치들이 백성을 깔보며 횡포를 부리는 각박한 사회였다. 그래서 사회 곳곳에서 의협의 분위기는 식지 않고 있었다.

한 원제 때 주운(朱雲)이란 인물이 있었는데 13세 때 신장이 8척에 이르는 거한이었다. 한나라 때의 척(尺)은 요즘으로 따지면 22센티미터 반이므로 대략 180센티미터 이상이 된다. 소년 거인이었던 것이다.

그는 어릴 때 친척 아저씨가 도박판에서 말다툼을 하다가 피살되자 유명한 협객 우두머리를 찾아가 복수를 부탁했고, 그가 원수를 갚아주자 자신도 협객의 세계에 발을 들여놓았다.

훗날 그는 황제의 스승이었던 소망지를 만나 《논어》를 배워 그 덕분에 지방의 현령이 되었다. 현령은 녹봉이 600석에 불과하기는 했지만 현의 장관으로서 황제에게 의견서를 낼 자격이 있을 정도로 대접받는 자리였다.

주운은 자주 상소문을 올렸는데 당시의 승상 위현성을 탄핵하는 상소를 한 무제에게 올렸다. 위현성은 보복을 다짐하며 주운의 어두운 과거를 들춰내 벌을 내리려 했다. 주운은 재빨리 도망쳤지만 결국 붙잡혀 협객 시절에 저지른 죄목으로 4년형에 처해졌다. 이후 주운은 승상에게 원수를 갚을 날만을 기다렸다.

새 황제 한 성제가 등극하고 그의 스승 장우가 새로운 승상이 되었다. 주운은 또 권세를 함부로 사용하는 장우를 탄핵했다. "지금 조정의 대신들은 위로는 천자가 바른 정치를 하도록 바로잡는 사람이 없고, 아래로는 백성을 이롭게 하는 사람이 없고 모두 자리만을 지키며 봉록만 타 먹고 있습니다"라고 하면서 정치를 어지럽히는 간신 장우를 처벌하게 해 달라고 청했다. 그러자 황제는 "말단 관리 주제에 짐의 사부를 욕되게 하다니 용서할 수 없다"고 하면서 주운을 감옥에 가두라고 명령했다.

이때 주운은 수많은 문무백관들이 보는 앞에서 궁궐의 난간을 붙잡고는 끌려 나가지 않으려 저항했고 끝내 난간이 부러지고 말았다. 여기서 난간을 붙잡고 의사를 관철할 때까지 버틴다는 '절함(折檻)'이란 고사가 생겨났다. 목숨을 걸고 소신껏 장렬하게 간한다는 의미다.

황제는 결국 그를 용서해주었으나 이 일이 있은 후 주운은 벼슬에 나아가지 않고 제자 양성에 힘썼다. 당시 주운이 처형당하지 않고 풀려난 이유는 좌장군 신경기가 궁정 바닥에 이마를 찧으면서 피를 흘리며 황제에게 간한 덕분이었다.

《한서(漢書)》*의 〈주운전(朱雲傳)〉에는 주운에 대해 "종어가(終於家)", 즉 '집에서 죽다'라고 기록되어 있는데, 그가 집에서 온전히 죽은 것이 의외라는 의미가 담겨 있다. 권력자에 맞서고 수없이 법을 위반했던 협객의 사나이가 현령이 되고, 황제에게 극렬히 간언해 중벌을 받을 뻔한 일이 있었음에도 결국에는 자기 집에서 편안히 일생을 마친 것이 역사가의 눈에도 의외의 일로 비쳤던 모양이다.

하지만 민중은 황제의 질타를 받으면서

* 후한 시대 역사가 반고가 저술한 역사서. 한 고조 유방부터 왕망의 난까지 230년간의 전한의 역사를 기전체로 서술했다. 전 100권으로 12제기(帝紀)·8표(表)·10지(志), 70열전(列傳)으로 구성되어 있다.

도 궁궐 난간을 부수면서까지 반항한 주운의 기개를 높이 사 그를 의협의 인물로 칭송했다.

시대가 바뀌어도 이런 의협심을 지닌 인물들을 칭송하는 분위기는 전혀 퇴색하지 않았다. 시간이 흐를수록 의협들은 민중의 마음속에 깊이 간직되어 '의중유인'으로 자리잡으며 널리 회자되었다.

후한 말기 탐관오리가 득세하고 체제가 붕괴되면서 백성이 살 길을 찾아 고향을 버리고 산천을 유랑하는 대격변의 시대에 관우가 등장해 의협의 정신을 발휘하고, 유비와 장비를 만나 도원결의를 맺고 의협의 정신에 더해 충절이란 정신적 가치를 결합시킨 것은 시대를 거치며 자리잡은 이러한 가치관이 배경에 깔려 있었다.

용기와 정의가 민중에게 숭상받던 시대

의협(義俠)이 힘없는 일반 백성이 숭앙하는 덕목이었다면, 충절(忠節)은 군주와 신하 사이에서 요구되는 덕목이자 마땅한 도리였다. 이 두 가지 덕목 모두에 충실하기란 현실적으로 쉽지 않다. 그러나 관우는 대표적인 '의협과 충절의 인물'로 꼽힌다.

충(忠)이란 '중(中)'과 '심(心)'이 합쳐진 것으로 원래는 진심을 뜻했다. 처음에는 공자가 유학을 확립해가는 과정에서 충(忠)을 '마음속에 담고 있는 진정함'이라는 의미로 사용했다. 이후 전국 시대에 분열이 심해지고 혼란과 무질서가 계속되자 민중은 혼란을 종식시킬 강력한 군주의 출현을 바랐다. 결국 진(秦)나라가 천하를 하나로 통일했지만, 통일 왕조는 오래 지속되지 못했다.

이후 초한(楚漢) 쟁패의 격동기를 거쳐 유방의 한(漢) 제국이 성립되었다. 한나라는 신하들의 절대적 충성이야말로 나라와 백성을 평화로 이끄는 힘이라고 인식하고 충(忠)을 강조했다.

의(義)도 비슷한 과정을 거쳐 형성되었다. 의는 원래 '양(羊)'과 '무(武)'가 합쳐진 단어로, 양은 고대 국가에서 나라의 평안을 비는 제사의 대표적인 제물이었다. 그래서 의(義)는 제단 위에 바쳐진 양을 잡으려고 칼을 들이대는 형상의 글자다. 무시무시한 느낌이 들기는 하지만 이는 공동체의 안녕을 위해 해야 할 일로서 사사로운 것보다는 공적인 의미가 컸다.

그래서 '의롭다', '의를 안다', '의를 행하다'는 마치 신성한 제단 위에 바쳐진 희생 제물을 죽여 그 피를 정성으로 바치듯이 분연히 떨쳐 일어나 옳지 못한 행위를 응징하거나 그러한 마음가짐을 뜻하는 것으로 널리 인식되었다.

충과 의는 원래 한쪽은 정신적 의미, 다른 한쪽은 행동의 의미가 강했다. 이 둘은 서로 통하는 부분도 있었지만, 상충되는 부분도 많았다. 충과 의의 대표적인 갈등이 앞서 말한 것처럼 임금에게는 충성을 바쳐야 하지만 만약 그 임금이 마땅히 주어진 책무, 즉 백성을 돌보고 하늘의 뜻을 대신하는 어진 정사를 펼치지 않고 포악하거나 부패하고 무능할 때 의의 입장에서 어떻게 대응해야 옳은 것인가 하는 문제다.

충과 의가 결합되어 잘 조화된다면 더할 나위 없이 이상적이다. 그러나 세상은 이 두 가지가 이상적으로 결합하는 모습을 찾아보기 힘들었다. 특히 후한 시대가 되면서 이 두 개의 가치가 격렬히 충돌했다.

군주는 치자(治者)의 도리를 잃고 개인의 탐욕을 채우느라 혈안이 되었고, 벼슬아치들은 도적질이나 다름없는 짓을 공공연히 행했다. 이로 인해 백성의 삶은 비참했으며, 원성은 하늘을 찌를 듯이 높았다.

이때 생존을 위해 법을 어길 수밖에 없는 환경 속에서 '의협의 정신은 사라지고 없는가'라는 안타까움이 나라의 장래를 염려하는 뜻있는 사람이나 백성 사이에 팽배했다.

후한 왕조에 치명적인 타격을 가한 황건의 봉기에서 '기의(起義)'라는 깃발을 사용한 배경이 여기에 있다. 부패하고 무능한 군주(후한 황실)에게 충성할 수 없으니 이상적인 정치세력이 나타나 그들을 응징하고 태평한 세상을 이루어 굶어 죽고 희생당하는 백성을 구하는 것이 곧 대의명분이라는 의미가 담겨 있었다.

소설 《삼국지연의》의 첫 장면에서 관우가 유비와 장비를 만나 곧 친해져 서로를 의형제로 받아들이고 도원결의의 맹세를 하는 것이 많은 사람에게 감동을 주는 이유도 혼탁한 세상에서 '기의'의 정신으로 의협을 실행할 것을 맹세하고 있기 때문이다.

배의망은(背義忘恩), 천인공륙(天人共戮)

이는 유비, 관우, 장비가 도원결의를 맺고 맹세한 말로, '의리를 저버리고 은혜를 잊는 자가 있거든 하늘이여! 세상 사람들이여! 그를 죽이소서'라는 의미다.

그 당시까지 이런 표현은 유학을 배운 선비나 지식계층에서는 결코 사용되지 않았다. 국법에도 어긋날 뿐만 아니라 피 냄새가 짙게 풍기기 때문이다. 하지만 의협의 세계에서는 대외적으로 드러내지 않았을 뿐 이것이 명분이자 행동의 원칙이었다.

당시는 법은 멀고 주먹은 가까운 세상이었고, 권력은 힘없는 백성에게 도움을 주기는커녕 착취의 도구로 전락해 있는 상태였다. 따라서 무력을 사용해서라도 옳지 않은 상대를 응징한다는 것은 진정한 미덕으로 인식될 수밖에 없었다. 그래서 그들의 맹세는 혼탁한 세상에서 힘없는 백성에게는 희망을 주고, 의협의 무리들에게 지지를 받았던 것이다. 이 여덟 자의 다짐에 감동해 수많은 의병이 그들 삼형제를 따랐다고 볼 수 있다.

이후 유비, 관우, 장비 세 사람 모두 의협의 상징이 되었지만, 그중에서도 유독 관우가 의협의 대표적인 인물로 꼽히는 이유는 초지일관 그런 자세를 보여줬기 때문이다. 그는 고향에서 고통받는 약자를 위해 무뢰한을 죽이는 의협심을 발휘했고, 이후 의형제이자 주군인 유비에게 절대적인 의리와 충성을 보여주었다. 관우는 상대방이 아무리 재물과 명예, 미인으로 유혹해도 결코 흔들림 없이 원칙을 지켜나갔다. 또한 목숨을 걸고 싸우는 상대라고 해도 야비하게 모략을 하거나 상대의 허점을 노려 뒤통수를 치는 일이 결코 없었고, 언제나 정정당당하게 정면으로 맞섰다.

관우의 초지일관한 자세 가운데 주목할 만한 것은 작은 신세라도 지게 되면 반드시 갚는 의협의 전통을 따른 것이다. 관우의 이런 정신은 시간이 흘러도 퇴색하지 않고 전해져 하나의 정신적인 유풍이 되었다.

훗날의 일로 유비가 관우의 복수를 위해 국가의 운명을 걸 정도로 집단의 이익보다 개인적 친분을 상위에 둔 것은 안타까운 일이지만 관우를 둘러싸고 있는 이런 모습이 민중으로 하여금 충의의 화신이자 의리의 상징으로 그를 받들게 한 중요한 요소가 된 것은 부정할 수 없다.

예나 지금이나 세상이 어지러워지면 입신출세를 노리는 수많은 야심가들에게는 기회가 많아지기 마련이다. 능력이나 자질과 상관없이 운이 따라준다면 가진 것이 없어도 일약 천하를 쥐고 흔드는 자리에 오를 수 있다. 그런 시대에는 나라의 장래를 헤아려 충의를 바치기보다는 우선적으로 자신의 입지나 자신의 측근들을 위해 대의(大義)를 희생하는 경우를 쉽게 볼 수 있다.

그러나 관우는 그러한 혼란한 세상에서 자신보다는 동료, 동료보다는 이웃이나 백성을 위했고, 어지러운 세상을 바로잡아 백성에게 태평성대의 사회를 만들어주겠다는 뜻을 세우고 그 뜻을 위해 일생을 바쳤다. 그러한 마음가짐과 삶으로 인해 그는 생전이나 사후에 민중의 존경을 한 몸에 받고 역사의 인물을 넘어 신의 자리에 오르게 된 것이다. 그가 신이 될 수 있었던 이유는 이러한 인물이 결코 흔치 않기 때문이다.

춘추 전국 시대, 진의 통일 시대, 초한 쟁패 시대, 전한·후한의 시대는 그야말로 한 치 앞도 내다볼 수 없는 혼란과 격변의 시대였다. 이런 분위기에 편승해 '내가 바꿔놓겠다'며 팔을 걷어붙이고 호언장담하는 자가 나타났고, 거기에는 진짜와 가짜가 마구 섞여 있었다.

따라서 진정으로 믿을 수 있는 것은 올바른 인간이고 그중에서도 의(義)와 협(俠)의 정신을 지닌 인물을 숭상하고 받드는 일은 역사의 당연한 흐름이었다.

후한 왕조 말기 관우가 살았던 시대는 오늘날처럼 기능적인 조직이 사회의 구석구석까지 퍼져 있는 사회와는 사뭇 달라 의협의 인물들이 존중받고 백성의 마음속에 살아 있었다. 당시는 과학과 제도가 지금처럼 발달해 있지 않아 인간의 자질, 행동의 진정성이 무엇보다 소중한 가치로 여겨졌기 때문이다. 관우는 그런 면모를 갈구했던 시대에 등장한 인물 가운데에서도 의리와 협객정신이 두드러진 인물이었다. 의리가 무엇인지 몸소 보여준 그와 함께 이해관계에 상관하지 않고 억울한 일을 당하는 약자 편에 설 수 있는 인간의 용기와 정의가 위대하게 돋보였던 당시의 역사는 의리의 정신이 사라지고 인간성을 잃어버린 지금의 시대에 다시 되돌아봐야 할 부분이다.

불의의 시대에
의협으로
새역사를 열다

청규가 빛을 잃으면 세상이 크게 혼란해지고, 누규마저 지켜지지 않으면 혁명이 일어난다고 했다.

관우는 젊은 나이에 이런 누규가 지배하는 사회를 몸소 겪었고, 불법은 물론 무법이 통하는 경험을 수없이 했다. 그래서 관우가 탁현 고을에 모습을 드러냈을 무렵에는 세월의 풍상을 소화한 위용 있는 모습이었다.

《삼국지연의》에서는 이 무렵 관우의 모습을 다음과 같이 묘사하고 있다.

그 사람은 키가 9척이요, 수염 길이가 2척, 얼굴은 익은 대춧빛 같은데 입술은 연지를 바른 듯 빨갛고 봉황의 눈에 누에 같은 눈썹을 지니고 있었다. 당당하고 위엄 있는 모습이다.

1

권력 부패의 난세를 만나다

정치가 암흑에 휩싸였던 후한 말기

《후한서(後漢書)》*의 저자 범엽(范曄)은 "왜 후한이 멸망했는가"라는 의문을 제기하면서《논어》〈헌문〉편 제1장을 인용하며 다음과 같이 시작한다.

길, 지금 쇠퇴하려고 하는가, 운명이리라.

과연 후한 황실의 쇠퇴는 정해진 운명이었을까?

후한 시대는 초기에는 품격을 우선시하는

* 남북조 시대 남조 송나라 범엽이 지은 후한의 역사서. 광무제에서 헌제에 이르는 후한 196년 역사를 기전체로 기록했다. 기(紀) 10권, 지(志) 30권, 열전(列傳) 80권으로 되어 있다.

예교(禮敎) 지상의 사회였다. 효와 청렴, 인의가 어느 왕조보다 높이 평가되고 강조되었다. 하지만 건실하면서도 한편으로 침체되었고, 청고하지만 기개가 부족했다. 그러나 무엇보다 관료의 임용제도에서 근본적인 허점을 갖고 있었다.

후한의 창업자 광무제는 관리를 임용할 때 선거(選擧)라는 독특한 방식으로 관리를 뽑았는데, 그 사람의 됨됨이를 따져 선발하는 방식이었다.

광무제는 "도의(道義)가 우선이다"라고 강조했다. 전한(前漢)이 왕망의 찬탈로 허물어지는 것을 지켜보면서 자신의 이익을 계산하며 뒷짐만 지고 있던 전한의 조정 대신들에 대한 깊은 불만을 갖고 있었기 때문이다.

그래서 그는 관리를 임용하는 데 능력보다 각 지방에서 부모에게 효도하고, 생활 태도가 아주 방정한 청렴한 인물들을 우선적으로 추천하라고 지방장관에게 엄명을 내렸다. 혈연이나 학연, 지연에 기대어 추천하면 추천자부터 직무태만이나 뇌물수수 혐의를 적용해 중벌에 처하기도 했다. 이렇게 되자 효와 청렴의 기풍이 전국에 널리 퍼졌고, 모두 앞다투어 이런 생활태도를 따랐다.

사실 관리로 입신출세하려면 청렴과 바른 생활태도는 당연한 것이다. 그런데 문제는 청렴하다는 명성을 얻기 위해 뒷돈을 뿌리면서 겉으로는 절제하고 방정한 생활을 하는 척하는 위선자들이 도처에 나타났고, 그런 인물들이 지역의 인재가 되어 관리 후보로 추천받았다는 점이다. 검증 방법에 중대한 결함이 있었음에도 이는 간과되었다.

추천받은 인물들 가운데 실제로 의로운 행동을 실천하는 협객 유형의 인물이나 상업적 수완을 지닌 실업가 유형의 인물이 없었던 것은 아니지만 그들 대부분은 유교의 덕목인 인의와 청렴이라는 덫에 걸려 관리로 임용되지 못했다.

《후한서》에는 예전의 사서(史書)에서 볼 수 없던 〈열녀전(烈女傳)〉, 〈독행전(獨行傳)〉, 〈일민전(逸民傳)〉 등이 실려 있다. 이는 시대를 반영한 것으로 볼 수 있다. 열녀란 재주가 있고 정조를 목숨보다 소중히 여기는 여성을 뜻한다. 독행 역시 상당한 품격을 갖추고 소신을 관철하는 덕목을 지닌 사람을 말한다. 일민이란 숨은 선비로 벼슬을 하지 않고 속세를 떠나 고고하게 산 사람을 가리킨다. 지조를 지키는 여성, 소신을 관철하는 사람, 명성에 연연하지 않는 지식인은 분명 역사의 한 페이지를 장식할 만한 의미가 있는 인물들이다.

하지만 현실의 정치 세계에서 활약하는 사람들은 대부분 고결한 지조나 소신을 지니고 명성 따위에 연연하지 않는 선비정신을 지닌 인물이 아니었다. 후한 조정의 고관들은 거의 대부분 권세를 탐하고 아부하며 무리를 지어 지위를 유지하려는 음험한 사람들이었다.

이런 풍토는 후한 시대에 황제들이 단명하거나 어리숙한 경우가 많았기에 더욱 기승을 부렸다. 특히 환관과 외척 두 집단의 발호가 조정의 풍토를 더욱 나쁜 방향으로 몰고가 악독한 관료들이 득세하는 배경이 되기도 했다.

예나 지금이나 권세를 쥐고 휘두르는 자들은 대개 두 부류다. 하나는 좋은 집안을 배경으로 갖고 있으며 매우 독선적이고, 다른 하나는 출신이 비천해 출세를 위해서는 무슨 일이든 하는 야심가다. 그래서 재능이 있거나 출신 배경이 좋지만 천성적으로 좋은 성품을 지닌 사람들은 권력다툼에서 밀려나 한직으로 쫓겨나거나 유배를 당하는 일이 허다했다.

후한 순제 때 강직한 어사(御史)로 유명했던 장강(張綱)의 상소문에는 다음과 같은 구절이 나온다.

소인배들이 모조리 관직에 앉아 있다.

결국 후한 말기 어리석은 황제와 부패한 관료, 권세를 농단하는 자들이 어진 인재들을 숙청하려고 칼을 빼들어 두 번의 탄압이 행해졌다. 이른바 '당고의 화'라 불린 대숙청인데, 두 번째 탄압에서는 금고형에 처해진 사대부가 600~700여 명, 죽은 자가 100여 명에 이르렀다. 또한 체포된 태학의 서생이 1000여 명에 달했다.

그들은 중죄인에게 적용되는 삼목낭두(三木囊頭)를 당했다. 삼목이란 목에 씌우는 칼과 손의 수갑, 발목을 채우는 족쇄를 말하고, 낭두는 머리부터 아주 긴 자루를 뒤집어씌우는 고문이다. 이는 대단히 가혹한 수사방식이다.

이렇듯 후한 시대는 환관과 외척이 득세하며 올바른 처세를 체제를 부정하는 범죄로 몰고가거나 어질고 능력 있는 관리를 죽이고 탄압하는 세상이었다. 이런 혼란의 소용돌이 속에서 백성은 어떻게 견뎌낼 수 있었을까?

정치가 암흑인 희망이 없는 세상은 결국 농민을 등에 업은 황건의 반란을 초래했고, 암담한 현실에 저항하는 개혁적 세력과 틈새를 노리는 기회주의자들이 일제히 일어나 중국은 군웅할거 시대가 펼쳐졌다.

권력이 부패의 극에 달하면
역사의 심판을 피할 수 없다

관우가 성장기에 직면한 세상은 이렇듯 백성을 짓밟고 삶의 희망을 철저히 앗아가는 행태가 자행되던 시대였다. 특히 이 시기에 관직을 사고파는 일이 횡행했다. 돈으로 벼슬을 사고팔던 이 시기를 역사가들은 동취시대(銅臭時代)라고 표현하며 비꼬았다. 당시 돈을 동(銅)으로 만들었는데, 즉 돈 냄새가 진동하는 시대라는 의미다.

실무적 재능이나 학문의 성취, 인품이 고위관료의 임용과 승급의 조건이 되어야 하는데 오로지 돈이 그 잣대가 되어 얼마를 낼 수 있는지에 따라 관직을 주고, 심지어 얼마를 긁어모을 수 있는 자리인지에 따라 관직의 가격이 결정되었다. 이때 후한이라는 나라는 사실상 망했다고 볼 수 있다. 이렇게 부정부패가 극에 달한 나라가 오래가기는 힘들기 때문이다.

황제에게 상납하는 뇌물 액수가 클수록 고위직에 오르고, 이에 빌붙어 자리를 보전하려는 자들이 지방 관료가 되어 거들먹거리는 일이 성행하게 된 까닭은 다름 아닌 최고통치자인 황제의 무분별한 탐욕 때문이었다.

영제(靈帝)는 즉위하기 전 해독정후라는 가난한 황족으로 시골에서 궁핍한 생활을 했었다. 그래서 그는 돈을 버는 데 관심이 많았다. 그는 황제가 되자 궁중의 서쪽 정원에 저택을 짓고 이를 서저(西邸)라 했는데 이곳이 돈벌이의 중심이었다. 처음에는 궁녀들에게 가판대를 주고 궁중의 귀중품을 내다 팔아 큰돈을 챙겼다. 이 돈을 황건의 난 진압 군자금으로 쓰고 나서 몹시 안타까워하고 있을 때 뇌물이나 상납금을 받고 하위직 지방관 벼슬을 비밀리에 팔고 있던 측근 내시에게서 기막힌 아이디어를 얻게 된다.

"벼슬자리를 팔면 쉽게 거금을 쥘 수 있사옵니다."

이렇게 해서 관직에 정가가 매겨졌다. 일 년 녹봉이 2000석 벼슬이면 그 값이 2000만 전이었다. 정가 이외에 신청한 자의 신분이나 재산 규모에 따라 가격을 적당히 조정하거나 경쟁이 높으면 액수를 많이 써내는 쪽이 이기는 입찰 비슷한 일까지 행해졌다.

또한 같은 녹봉이라도 도읍의 조정에 임용되는 관직보다 지방관이 배 이상으로 높은 가격에 매매되었다. 지방관은 각종 세금 명목으로 백성의 재산을 수탈할 수 있었기에 동취시대에 수입이 좋은 자리였기 때문이다.

심지어 후불 조건으로 관직에 취임하는 제도까지 생겼다. 외상으로 관직을 사면 나중에 정가의 2배를 내야 했다. 이 제도는 믿을 만한 사람이 지불할 돈이 부족하면 사정을 봐주는 형식으로 시작되었지만, 곧 무자비한 착취자를 양산하는 제도가 되고 말았다. 즉, 농업 생산성이 높은 지역을 골라 후불 조건으로 벼슬을 사고 현지에 부임해서 최대한으로 착취해 외상 대금을 갚는 형식이 된 것이다. 그래서 이런 지역일수록 가렴주구 관리의 가장 좋은 목표가 되었다.

그러나 황제의 탐욕은 여기서 그치지 않았다. 판매할 관직의 수효가 제한적이었으므로 임기를 단축해 더 많은 돈을 긁어모았다. 관리로 임명된 자는 몇천만 전을 내고 벼슬을 샀는데 임기가 짧아지니 재빨리 백성을 수탈할 수밖에 없었다.

그래서 관리들의 백성에 대한 수탈, 착취, 강탈은 공공연하고 광범위하게 이루어졌으며 온갖 수단이 동원되었다. 한 역사학자는 후한 말엽의 이러한 사회적 상황에 대해 "이미 삼국지 시대가 시작되었다"라고 기술했다.

《삼국지(三國志)》*는 서진(西晉)의 역사가 진수가 펴낸 역사서를 말한다. 서술이 매우 간결해서 주석이 없으면 전후 사정을 이해하기 힘든 점도 있지만, 중국 정사(正史)로서 명저임에는 틀림없다.

* 삼국 시대의 역사서로 위지 30권, 촉지 15권, 오지 20권으로 구성되어 있다. 《사기》, 《한서》, 《후한서》와 함께 중국 전사사(前四史)로 불린다.

그런데 《삼국지》라고 하면 일반적으로 진수의 역사서가 아니라 소설 《삼국지연의(三國志演義)》를 가리킨다. "삼국지 시대가 시작되었다"고 한 역사학자가 말하고자 했던 바도 분명 소설이었다. 소설 삼국지는 난세를 살아간 각양각색의 인물들의 이야기, 즉 백성을 수탈하다가 백성에게서 버림받은 왕조를 대신할 새로운 정치권력이 출현하는 과정을 흥미진진하게 꾸미고 각색한 이야기다. 이것은 사실에 충실한 역사서는 아니다. 예를 들면 유비 진영을 미화하기 위해 조조 진영을 지독히 깎아내려 마치 역적 도당처럼 묘사하고 있다. 또한 지나치게 많은 흥밋거리를 교묘하게 붙여놓아 무엇이 진실인지 알 수 없게 했으며, 후한 황실의 권위를 살리는 데 비중을 두고 있다.

그런데 역사학자가 정사의 역사서보다 이런 소설을 의도적으로 언급한 까닭은 무엇일까?

비록 《삼국지연의》가 사실에 충실한 정사는 아니지만 역사적 사실을 기본 골격으로 당시의 사회상을 적나라하게 잘 보여주고 있기 때문이다.

황제의 측근은 모두 관(冠)을 쓴 저 개(犬)와 같은 자들뿐이었다.

이는 영제가 서원에서 장사를 시작했을 때 개를 특별히 좋아해 벼슬아치들이 쓰는 관(冠)을 개의 머리에 씌우고 끈을 달아주었다는《삼국지연의》의 내용을 빗대어 한 말이다.

소설《삼국지연의》는 황건의 반란으로 시작된다. 반란군은 다음과 같은 구호를 내걸었다.

창천(蒼天)은 이미 죽었다. 황천(黃天)이여 일어나라. 때는 갑자(甲子)에 있으니 천하가 길(吉)하리라.

여기서 창천이란 유씨(劉氏)의 후한 왕조를 말한다. 황천이란 반란의 주역인 태평도(太平道)*가 자신들의 세상을 상징하는 것이기도 했지만, 황토에서 노동을 해 스스로 먹을거리를 생산하며 살아가는 소박한 민중을 대변한다는 의미이기도 했다.

황건의 난이 일어났을 때 조정대신들은 어찌 대응해야 할지 몰라 우왕좌왕하고 있었는데, 그 가운데 낭중(郞中) 벼슬의 장균이란 인물은 다음과 같은 상소를 올려 진언했다.

곰곰이 생각하니 태평도의 괴수(교주 장각)가 쉽게 반란을 일으켜 백성이 이에 가담하는 원인은 궁중에서 권세를 부리는 자들(환관)이 자신의 일족이나 가까운 자들을 지방관리로 내세워 백성의 재산을 가혹하게 빼앗아 원한을 호소할 데가 없는 백

* 중국 후한 말기에 장각이 창시한 최초의 도교적 교단. 주문에 의한 병의 치유와 태평세계의 도래를 교의로 삼았다. 장각은 민생을 구한다는 교리를 통해 수십만의 신도를 얻어 황건의 난을 일으켰다. 장각의 죽음과 함께 세력이 급속히 쇠퇴했지만, 황건의 난은 이후 20~30년간 지속되었다. 오두미도와 함께 도교의 형성에 영향을 끼쳤다.

성이 많기 때문입니다. 따라서 그들 권세 부리는 자들을 처단해 그 머리를 남쪽 교외에 걸어서 이것으로 백성에게 사죄할 일입니다.

이는 당시 정권을 잡고 권력을 휘두른 환관들의 횡포를 지적한 것으로 정곡을 찌른 상소문이었다. 그러나 당시로서는 목숨을 내걸지 않고서는 이런 내용을 황제에게 상소한다는 것 자체가 불가능했다. 결국 장균은 뜻을 이루지 못한 채 반란 세력과 내통했다는 모함을 받고 투옥되어 고문 끝에 목숨을 잃었다.

그런데 《삼국지연의》에서는 초반에 관우가 유비를 의형으로 받들고 장비와 함께 의병을 무장시켜 황건 반란을 토벌하기 위해 출동하는 이야기가 전개된다. 원래 황건의 난은 후한 왕조가 극도로 부패하고 백성을 가혹하게 수탈했기 때문에 민심이 돌아서서 일어난 반란이다. 그런데 의협의 뜻을 가진 유비, 관우, 장비가 민중에게 버림받은 권력자의 편에 서서 정의로운 의거를 진압하려는 일에 나섰다는 것이 이상한 일이 아닌가? 하물며 고통당하는 약자를 위해 권세가를 살해한 정의로운 관우가 농민반란군을 무찌른다니 이해가 가지 않는다.

이 부분은 《삼국지연의》를 쓴 나관중의 오류로 볼 수 있다. 우선 연대부터 잘못되었다. 황건의 반란이 일어난 시기는 184년이고(관우가 25세), 도원결의는 188년(관우가 29세)의 일이다. 따라서 이때는 이미 황건의 첫 봉기가 있은 지 4년이나 지나 세력이 자멸하듯이 붕괴된 상황으로 정부군이 출동해 사실상 진압된 후였다. 그 후 일부 잔당들이 도적떼가 되어 각지에 출몰하고 있었다. 결국 도적떼로 바뀐 황건 잔당이 유비가 살던 탁현 고을이 있는 유주(幽州) 땅으로 쳐들어왔기에 이를 막으려고 관우가 의병을 모으는 유비와 함께 싸우려고 나선 것이었다.

이러한 전후 사정을 서술하면 소설적 재미는 크게 줄어들 수 있어 나관중은 이 사실을 알고 있었음에도 일부러 그렇게 설정했을 것이다. 황건의 봉기를 토벌하는 일은 사실에 비추어 본다면 무법에 가까운 체제 아래서 권력을 휘두르며 백성을 착취하고 짓밟는 권력자에 정면으로 맞서는 의협을 숭상하는 인물인 관우가 백성을 탄압하는 일이 된다. 그러므로 이것은 《삼국지연의》에서 작가가 재미를 위해 의도적으로 창작한 부분으로 볼 수 있다.

2

대의를 향한 운명의 항로

정의를 위해 살인을 하다

관우는 첫 등장에서 자신을 이렇게 소개했다.

나의 성은 관(關)이며 이름은 우(羽), 자는 수장(壽長)인데 뒤에 자를 운장(雲長)이라 고쳤소. 나는 원래 하동(河東) 해량(解良) 땅 사람이오. 그곳 행세하는 집안에 세도만 믿고 사람을 업신여기는 자가 있었는데 그자가 되지못한 수작을 일삼다가 결국 내 손에 맞아 죽었소. 사람을 죽였기에 몸을 피해 떠돌아다닌 지 5~6년이 되었소. 이번에 들으니 이곳에서 군사를 모집하여 황건적을 친다기에 달려왔소이다.

그의 고향인 하동 해량(解良)은 해량(解梁)의 잘못된 기술로 금나라 때 설치된 군(郡)의 이름이다. 《삼국지연의》는 금대의 지명을 이용해 후한 시대의 본적을 표기한 것이어서 우스운 일이라고 혹평을 받기도 한다. 반면 진수가 쓴 정사《삼국지》에는 정확히 해(解)라고 되어 있다. 《원화군현지(元和郡縣志)》*에 의하면 이곳은 산서(山西)의 해현(解縣)으로, 지금의 산시 성 윈청(運城) 시다.

관우가 태어난 곳은 지금의 윈청 시내에서 서남쪽으로 약 60리에 위치한 상평촌(常平村, 해현의 하마촌)이라는 것이 정설이다. 따라서《삼국지연의》는 관우가 등장하는 대목에서부터 실수를 하고 있는 셈이다.

상평촌은 황허(黃河) 강의 흐름이 북쪽 고원 지대에서 발원해 만리장성 위쪽 사막지대를 지나고 황토 고원 지대를 끼고 남쪽으로 내려오다가 동쪽으로 크게 방향을 바꾸는 장안(長安) 성 부근 퉁관(潼關)의 북동쪽에 자리잡은 분지에 위치해 있다.

이곳은 북, 서, 남 세 방향의 산줄기에서 흘러내리는 물이 분지의 남쪽에 커다란 해지(解池), 즉 소금 호수를 만들어 오래전부터 소금 생산지로 알려진 곳이다. 오늘날에도 이곳에서 중국 전체 소금 생산량의 5분의 3 이상이 생산되고 있으니 그 규모(남북 5킬로미터, 동서 30킬로미터)가 상당함을 알 수 있다.

해지의 소금은 관우가 태어나기 이전인

* 중국 당나라의 재상 이길보(李吉甫)가 원화(元和) 8년(813)에 헌종에게 바친 지리서. 원래 지도가 첨부되어 있어서 군현도지(郡縣圖志)라고 했지만, 남송 무렵에 지도가 없어져 군현지라고 불린다.

한 무제 때부터 국가 전매품이 되어 국가 재정의 주요 수입원이었으므로 관우가 태어났을 무렵에는 국가기관에 의한 소금의 생산, 유통, 관리 체계가 정비되어 있었다. 당시 이 지역에서의 소금 생산은 관청이 수요와 가격 변동에 따른 요소들을 감안해 생산량을 지시하면 소금 생산업자는 기후적 조건이나 종사자의 능력에 따라 생산량을 조절하는 것이 아니라 무조건 정해진 수량에 따라 생산해야 했다. 그리고 생산지에는 낙양이나 장안, 또는 멀리 남쪽에 있는 형주까지 배정된 양을 운반해주는 중간 유통업자가 있었고, 이 귀중한 소금을 중간에서 가로채려는 무법자를 막는 경호대도 있었다.

이러한 생산과 유통 체계였기 때문에 소금 생산량을 결정하는 지방 관료들의 힘은 매우 막강했다. 그들은 조정에서 필요에 따라 정해준 양이 아니라 자기들 편리한 대로 생산량을 정하고 업자들에게 배당했다.

앞서 말한 것처럼 지방 관리들은 돈을 주고 벼슬을 샀고 임기가 짧았으므로 빠른 기간 안에 돈을 긁어모아야 했다. 결국 과도한 생산량의 배당은 정상거래보다 암거래가 성행하는 사태를 불러왔고, 만약 상인들의 창고에 비축한 양이 많아지면 뇌물과 상납금을 관료들에게 바쳐 소금 생산량을 줄이도록 조절했다. 비축량을 값비싸게 팔려는 목적이었던 것이다.

상황이 이러하자 돈벌이에 혈안이 된 관료와 생산업자들의 유착은 필연적인 일이었다. 이 지역에는 소금뿐만 아니라 풍부한 산

물인 목재도 돈벌이 수단이었다. 그래서 벌채와 목재 운반에서 지방관리들과 뒷거래를 하는 상인이 많았다.

관우의 집안은 소금 생산업이 아닌 유통업이나 경호대 업종에 종사한 것으로 추측된다. 부친이 출타했다가 돌아올 때 《춘추(春秋)》와 같은 책을 구해다 준 것을 보면 유통업자였거나 또는 소금 운반에 관련된 일을 했을 것이다. 자식에게 책을 읽게 했다는 것은 부친의 입장에서 관우가 공자의 학문을 익혀 장차 벼슬길에 나아가기를 원했기 때문일 것이다.

관우는 18세가 되는 해 호씨(胡氏) 성을 가진 여성과 결혼해서 큰 아들 관평(關平)을 낳았고, 차남 관흥(關興)도 상평촌에서 낳은 것으로 전해진다(참고로 《삼국지연의》에서는 관우가 조조 진영에 있다가 유비를 찾아 천리독행할 때 관평을 양자로 삼는 장면이 나온다).

상평촌에 대한 산시 성의 지역 연구서나 각종 기록을 종합해보면, 관우의 집안은 경제적으로 어려운 형편은 아니었고 다소 여유 있는 다복한 가정이었던 것으로 보인다. 그러므로 관우는 교육을 잘 받은 교양인으로 성장했을 것이다.

그렇다면 관우는 왜 상대가 아무리 무뢰한이라고 하지만 아내와 자식까지 있는 상황에서 자신과 전혀 무관한 일임에도 살인까지 저지르고 고향에서 도망친 것일까?

살인과 도주는 사실이지만 이에 대해 많은 추측과 견해가 존재한다. 청나라의 관리이자 문학가인 양장거가 쓴 《귀전쇄기(歸田琑記)》*와 《삼국지방증(三國志旁證)》**그리고 청나라 관리이자 문학가인 저인확이 쓴《견호집(堅瓠集)》***에 의하면 대략 다음과 같다.

관우의 성은 본래 풍(馮), 이름은 현(賢), 자는 수장(壽長)이다. 풍현은 교양도 있었고 의협심 있는 사내였다. 한번은 길에서 한 여인의 울음소리를 듣고 이유를 묻자 여인은 자신은 이미 정혼한 몸인데 현령의 처남이 자신을 첩으로 취하려고 해서 현령을 찾아가 하소연했으나 오히려 호되게 욕만 먹어 억울해서 우는 것이라고 했다.

이에 분개한 관우는 악행을 방조하는 현령과 주범인 그의 처남을 죽이고 도망쳤다. 황하 강가에 있는 동관까지 도망쳤을 때 관헌의 추적이 심해서 황하의 탁한 물로 얼굴을 더럽히고 관 입구로 갔다. 관원이 성과 이름을 묻자 그는 순간적으로 입에서 나오는 대로 관(關)이라고 성을 둘러댔고 이를 고치지 않고 이때부터 성씨가 '관'으로 바뀌게 되었다.

이는 후대에 만들어진 이야기로 보이는데 오늘날 산시 지방에서 관우를 연구하는 향토사가들은 실제로 있었던 일로 보고 정설로 믿고 있다.

의기로 바뀐 관우의 삶

앞서 말한 대로 관우가 생존하던 시기는 오랫동안 내려온 의(義)와 협(俠)의 정신이 사회 전반에 널리 퍼져 있었다. 수백 년 전 전국 시대 맹자가 의를 강조한 이후 '의'는 '나를 버릴지라도 선택해야 하는 올바른 행위'로 일반화된 풍토였다.

《맹자》〈고자상〉편을 보면 맹자는 일찍이 다음과 같이 말했다.

"생명은 내가 소중히 여기는 것이고 의(義) 역시 바라고 원하는 것이다. 그러나 만일 생명과 의를 함께 할 수 없게 된다면, 나는 목숨을 버리고 의를 선택할 것이다."

전한과 후한 때는 맹자를 매우 숭상했으므로 의협의 정신은 일반 백성뿐만 아니라 유학자들 사이에서도 대장부가 반드시 지녀야 할 덕목 중 하나였다. 관우 또한 그러한 가르침을 따라 의협의 정신을 매우 존중하고 나아가 충실하게 실천했다.

우선 관우가 살인을 하고 타향으로 도망쳤다는 사건의 전개 과정을 살펴보자. 산시 성의 향토사 연구가들에 의하면, 관우가 불의(不義)를 참지 못하고 살해한 자의 이름은 여웅(呂熊)으로 그는 악행을 저지르고 있었다.

여웅은 못된 짓을 많이 하는 무뢰한인데다 여색을 밝혔다.

그는 햇볕이 뜨겁게 내리쬐는 한낮에 자신의 집으로 우물물을 얻으러 오는 여인들의 모습을 보다가 한 가지 꾀를 냈다. 우물에 덮개를 씌우고 큰 돌을 올려놓아 물을 긷지 못하게 한 뒤에 젊은 여성을 보면 "네가 직접 오면 물을 긷게 해주겠다"고 미끼를 던졌다. 여웅은 이렇게 찾아온 여성들을 강제로 범했으나 마을의 여인들은 수치스럽기도 하고 그의 눈밖에 나는 것을 두려워해 아무 말도 하지 못했다. 그런데 한 여인이 그에게 당하고 수치심을 이기지 못해 자결하는 일이 발생했다. 이 사실을 알고 분노한 젊은이가 있었다. 관우였다. 관우는 어느 날 밤 준비해둔 칼을 차고 여웅의 집에 몰래 들어가 그를 죽였다.

청나라 건륭(乾隆) 연간에 세워진 관성고리비(關聖故里碑)의 비문에는 "어두운 밤에 여웅의 집에 들어가 일족을 모조리 주살(誅殺)했다"고 쓰여 있다.

그 밖에 여웅이란 자의 이름이 웅호(熊虎)라는 기록도 있고, 또 관우가 그 자리에서 죽인 수에 대해서도 "일족 108명을 모조리 죽였다", "전 가족 수십 명을 죽였다"는 등 여러 가지 설이 있다. 그러나 그러한 기록은 관우의 분노가 얼마나 대단했는지와 그의 무용을 표현하기 위한 일종의 과장으로 그렇게 많은 사람을 죽였다는 것은 믿기 어렵다. 또 여웅을 죽인 것은 이해가 가지만, 죄 없는 그의 가족까지 몰살했다는 점도 허구일 가능성이 크다.

관우는 권세를 등에 업고 횡포를 일삼는 여웅을 의협심으로 응징했다.

그날 집으로 돌아온 관우의 모습은 온몸에 유혈이 낭자했을 것이다. 부모는 처음에는 크게 놀랐으나 사건의 전말을 알게 되자 "의로운 행동을 했다"며 자식을 두둔했다. 하지만 날이 새면 사건이 드러날 테고 관부에서 살인자를 잡으러올 것이 분명했기에 멀리 도망치는 방법밖에 없었다. 관우의 부모는 "도망치는 데 늙은이는 방해만 될 뿐이다"라며 자식을 위해 우물에 몸을 던졌다. 관우는 슬픔을 억누르고 집의 흙벽을 무너뜨려 우물을 덮은 후 마을을 떠났다.

그 당시 부인과 자녀들에 대한 기록은 나타나지 않는데 사건을 일으키기 직전에 부인과 자식들을 부인의 친가 쪽으로 피신시킨 것으로 추측된다.

관우는 일단 남쪽으로 도망쳐 황하의 격류가 흐르는 삼문협(三門峽)에서 강을 건넌 것으로 전해진다.

운성(運城)은 '소금을 운반해 나가는 고을'이라는 의미에서 이름이 유래될 정도로 교통망이 잘 발달되어 있었다. 도망가는 쪽이나 추격하는 쪽 모두 이동하기가 쉬운 지역이다. 운성 지방에는 지금도 당시 도망치는 관우의 모습을 전하는 이야기가 널리 퍼져 있다. 그 내용은 다음과 같다.

관우는 열심히 도망쳤으나 쫓아오는 관헌의 추격도 맹렬했으므로 숨이 차서 쓰러질 것 같았다. 관우는 힘이 빠져 도주를 포기할 참이었는데 때마침 강변에서 빨래를 하던 할머니가 관우를 가까이 불러 얼굴에 옷가지를 덮어씌우고는 빨래하던 방망이로 사정없이 내리쳤다. 관우의 얼굴이 코피로 빨갛게 물들었다. 곧 관헌이 다가와 확인했지만 얼굴을 보고 다른 사람으로 여겨 다른 곳으로 떠났다. 관우는 그 할머니에게 감사 인사를 하고 강을 건너기 위해 나루로 갔다.

위의 이야기에서 관우의 얼굴이 붉게 변했다는 것은 적잖은 의미를 갖고 있다. 중국 전통극인 경극을 보면 색상이 나타내는 의미가 있다. 붉은 색깔의 얼굴은 기백과 맹렬함, 흰색은 기만과 약삭빠른 간사함, 검은색은 솔직함과 담대함, 푸른색은 요사스러움, 금색은 신성한 권위를 상징한다. 그러므로 관우의 얼굴이 붉게 변했다는 것은 의협과 기백을 좀 더 강조하고자 하는 의미가 담긴 것으로 보인다. 관우의 얼굴이 원래 대추 빛깔이었다고 전해지는 이야기에서 착안해 꾸며진 이야기일 수도 있다.

풍파를 겪으며 원숙한 사람이 되다

도망자는 우선 추격자의 눈부터 속여야 한다. 그럴 때는 성동격서(聲東擊西, 동쪽을 치는 척하면서 실제로는 서쪽을 노린다)와 같은 방법을 쓰게 된다. 관우도 이러한 방법으로 삼문협을 건너 남쪽으로 갔다가 다시 황하를 건너 동북 방향으로 도망쳤다.

그는 도망치는 신세였기 때문에 본명을 쓴다는 건 위험한 일이었다. 공교롭게도 관우가 고향에서 일을 벌이고 도망친 지 얼마 되지 않아 황건군의 봉기가 일어났다. 천지가 개벽할 정도의 농민 반란은 그의 도피를 어느 정도 안전하게 지켜주는 역할을 했다.

이름에 얽힌 전설도 도피하는 과정에서 탄생했다. 그가 도망치다가 어느 관소(關所, 검문소)를 통과할 때였다. 이 무렵은 황건의 난이 어느 정도 소강상태였는데, 잔당들이 곳곳에서 움직이고 있었으므로 각 관소마다 엄격한 검문이 행해지고 있었다. 관소의 검문하는 병사가 그에게 이름을 대라고 했을 때 수배자에 도망자 신세인 그는 재빨리 거짓으로 성과 이름을 둘러냈다.

관소의 누각에 걸린 현판 끝에 '관(關)' 자가 있었는데 관우는 이를 보고 자신의 성을 '관 씨'라고 말했다. 또한 때마침 공중에는 기러기 떼가 날아가고 있었는데 기러기의 깃털이 떨어져 내리는 것을 보고 재빨리 이름을 '우(羽)'라고 했다는 이야기가 전해진다.

중국에서는 오래전부터 우(羽)를 구름과 연관지어 생각했다. 도교에서는 도(道)를 깨우치면 신선이 되어 장생불사(長生不死)한다고 여겼다. 우(羽), 장생(長生), 수장(壽長) 등 관우에 얽힌 이름에서 도교의 신선사상이 어느 정도 연관되어 있음을 알 수 있다.

이야기는 더욱 흥미진진해진다.

기러기 떼가 지나간 하늘에 가늘고 긴 구름이 흘러가고 있었다.

관우는 이를 보고 자신의 자(字)를 '운장(雲長)'이라고 말했다.

그 밖에도 관우의 성(姓)에 대해 '관(管), 상(常), 타(柁), 봉(封)' 등이 거론되는데 도망자 생활을 하면서 상황에 따라 그때그때 둘러댄 것으로 볼 수 있다. 관우가 하북 지방의 농촌을 전전하면서 농사꾼, 목수, 대장장이, 두부장수 등 온갖 직업을 경험한 것으로 전해지는데, 그때마다 자신의 정체를 감추기 위해 여러 가지 성을 사용한 것이다.

그가 고향에서 도망쳐 유랑하던 대략 4~5년의 시간 동안 황건의 봉기에 농민들이 대거 참여하고 이어서 정부군에 의한 토벌이라는 대혼란이 겹치는 점도 눈여겨볼 만하다.

젊었을 때의 고생은 사서도 한다고 하는데, 관우는 이십대 중반 이후 그야말로 산전수전을 다 겪게 된다. 그는 도망자 신세 이전에는 부친의 보살핌 속에서 독서하는 지식인이었고, 또 한편으로는 불의를 보면 참지 못하는 의협의 사나이이기도 했다.

관우가 도망자 신세가 되어 겪었을 파란만장한 이야기는 자세히 전해지지는 않는다. 그러나 시간이 흐르는 동안 그는 청년 시절의 앳된 모습이 사라지고 풍부한 인생 경험에서 비롯된 원숙함을 얻어 자신을 억제하고 분노를 안으로 삭일 줄 아는 사람으로 성장했다.

결과적으로 관우는 오랜 도피생활을 하면서 밑바닥 삶과 뒷골목 생리를 깊숙이 체험해 새로운 인격체로 거듭났다. 그리고 최종 도피처가 된 탁현에서 유비, 장비와 운명적으로 만나게 된다. 이때 그는 30을 바라보는 나이였다.

밑바닥 인생을 경험하지 않고 백성의 생활상과 고통을 깊이 알 수 없는 법이다. 뒷골목의 생리 또한 그러하다. 그곳에서는 법으로 따지면 불법적인 일들이 넘쳐나지만, 그 세계 나름대로의 규율이 존재한다. 어두운 세계에서 중시하는 누규(陋規)다.

밝은 세계, 즉 일반 세상에는 '효도해야 한다', '친구 사이에 의리가 있어야 한다', '교양과 염치가 있어야 한다' 등의 보편적 규율이 있다. 이를 청규(淸規)라 한다.

이에 비해 어둠의 세계에는 '도둑질을 해도 쌀독이 빈 집을 털어서는 안 된다', '재물을 훔치러 들어갔다가 부녀자를 강간하거나 살인해서는 안 된다'는 등 조직의 규율이 존재하는데 이것이 바로 누규다.

그래서 청규가 빛을 잃으면 세상이 크게 혼란해지고, 누규마저 지켜지지 않으면 혁명이 일어난다고 했다.

관우는 젊은 나이에 이런 누규가 지배하는 사회를 몸소 겪었고, 불법은 물론 무법이 통하는 경험을 수없이 했다. 그래서 관우가 탁현 고을에 모습을 드러냈을 무렵에는 세월의 풍상을 소화한 위용 있는 모습이었다.

《삼국지연의》에서는 이 무렵 관우의 모습을 다음과 같이 묘사하고 있다.

그 사람은 키가 9척이요, 수염 길이가 2척, 얼굴은 익은 대춧빛 같은데 입술은 연지를 바른 듯 빨갛고 봉황의 눈에 누에 같은 눈썹을 지니고 있었다. 당당하고 위엄 있는 모습이다.

한대(漢代)의 도량형으로 계산해보면 관우의 키는 2미터 정도가 된다. 다소 과장되었다 해도 관우가 당당한 풍채의 거인이었음을 짐작할 수 있다. 또한 수염도 두 뼘 이상 아름답게 자랐을 것이다. 거구에 걸맞은 의젓한 풍채와 30대에 접어드는 원숙함을 드러내는 범상치 않은 기골의 사나이 관우를 어렵지 않게 상상해볼 수 있다.

그러나 관우는 평범한 집안의 가장으로서 아내와 자식을 돌보는 길을 포기하고 살인을 저지르고 도망친 수배범으로서 자칫하면 어두운 나락으로 떨어질 수 있는 운명에 놓인 상태였다. 관우 자신도 어떻게 이를 극복하고 앞길을 헤쳐나갈지 막막하고 염려스러웠을 것이다.

관우는 결국 도적떼로 변한 황건 잔당을 무찌르는 의병 모집의 깃발 아래로 향했다. 그곳에서 유비와 장비를 만나는 것으로 《삼국지연의》는 설정하고 있다. 그러나 민간에 전승되는 이야기는 이와 달리 탁현 고을에서 유비와 장비를 만나기 전에 우여곡절을 더 겪는 것으로 전해진다.

시대가 원한
의로운 장수의 탄생

한(漢) 제국 성립 이후 300여 년 동안 유학자들은 충효와 인의를 주장하면서 이에 대항하는 것이 있으면 천륜이나 인륜을 어기는 것으로 매도하면서 배척하고, 자신들은 자신들이 만든 규범 속에서 혜택을 누렸다. 지배계급이 유학의 가르침을 자신들의 부귀영화 수단으로 이용하자 결국 백성은 등을 돌리고 그들의 타락과 몰염치를 원망했다.

이렇듯 유학자들이 심하게 부패하자 민중이 마음속으로 진정 그리워하는 대상은 바로 협객이었다. 유학자들이 주장하는 충과 의와는 다른 의미의 충의를 갈망하게 된 것이다.

도원결의의 맹세에서 '배의망은(背義忘恩), 천인공륙(天人共戮)', 이 여덟 글자는 바로 그러한 민중의 갈망을 반영한 것이다.

1

탁주에서 시작된 새로운 삶

역사를 바꿀 운명적인 만남

하북(河北) 평야의 한복판이며 사방이 벌판인 탁주(涿州)는 2000여 년의 역사를 가진 고도로 '하늘 아래 제일의 주(州)'라는 별칭을 갖고 있다. 북경에서 남쪽으로 150여 리 그 일대는 관우가 오랜 세월에 걸친 도망자 신세에서 벗어나 역사의 무대에 등장하는 그의 제2의 고향일 뿐만 아니라 평생을 같이한 의형제 유비와 장비의 고향이기도 하다.

관우와 유비, 장비의 만남은 탁주의 남서쪽에 있는 충의점(忠義店), 일명 장비점(張飛店)이란 곳에서 시작된다. 오늘날 쥐저우(탁주)성 시내에서 약 5킬로미터 정도 떨어져 있는 곳에 '장비가 고기를

탁주는 하북성의 중심에 위치하고 있다. 유비와 장비의 고향이자 유비, 관우, 장비가 도원결의를 맺은 곳이다.

넣어두었던 우물 자리'인 장비고정(張飛古井)이 있다.

장비는 당시 돼지고기를 취급하는 식육해체업(도살장)을 하고 있었다. 기운이 한창 왕성한 20대 중반의 청년 장비는 그 일대에서 자신보다 힘센 자가 없다는 듯이 우쭐대며 점포 앞에 있는 우물에다 돼지고기를 넣어두고는 그 위에 천 근이 되는 바윗돌을 덮은 뒤 '누구든 손으로 이 바윗돌을 옮길 수 있으면 안에 있는 고기를 가져가도 좋다. 돈은 필요 없다'고 쓴 쪽지를 붙여놓았다.

그러던 어느 날 얼굴빛이 불그레한 거구의 사내가 수레를 끌고 지나가다가 바윗돌에 붙여놓은 쪽지의 글을 읽더니 빙긋이 웃고는 별로 힘도 들이지 않고 바윗돌을 옮긴 후에 우물 속의 돼지고기를 꺼내서 가져갔다.

그날 저녁 집으로 돌아온 장비는 이 이야기를 전해 듣고 속으로 움찔했지만 경쟁심이 불타올라서 얼굴이 불그레한 거구의 사내를 찾아가 힘을 겨뤄 보기로 결심했다. 마침내 상대가 시장에서 녹두를 파는 사람이라는 사실을 알아낸 장비가 달려갔다. 상대는 바로 관우였다.

장비는 관우를 보자 다짜고짜 시비부터 걸었다. 먼저 관우가 팔고 있는 녹두를 한 움큼 쥐더니 손으로 부수어 가루를 낸 후 "이런 가루가 녹두냐? 엉터리를 팔지 마시지"라고 윽박질렀다.

결국 두 사람 사이에 말다툼이 벌어지고 치고받는 싸움으로 번졌다. 엄청난 힘과 기량을 지닌 둘 사이에 승부는 일진일퇴를 거듭할 뿐 쉽게 결론이 나지 않았다.

두 사람이 힘겨루기를 하고 있을 때 나타난 이가 짚신장수 유비다. 몸집이 그리 크지 않고 단정한 용모에 귀가 어깨까지 늘어져 있는 모습이었다. 그는 한참 싸우고 있는 관우와 장비 사이로

허베이 성 줘저우(탁주) 시에 있는 장비고정(張飛古井)(좌). 장비가 고기를 넣어두었던 우물(우).

과감히 비집고 들어가 "남아대장부는 무릇 나라를 위해 힘을 써야 하는 법이거늘 어찌 시장 바닥에서 싸우는 거요!"라고 소리치며 두 사람을 떼어놓았다.

주위에서 싸움 구경을 하던 사람들이 일제히 용감한 짚신장수에게 갈채를 보냈다. 이에 감동한 관우와 장비는 서로 공수(拱手, 공경을 표기 위해 두 손을 마주 잡는 중국식 절)의 예를 올리고 서로의 이름을 밝히고 자연스럽게 어울렸다.

여기에서 일룡분이호(一龍分二虎), 즉 한 마리 용이 두 호랑이의 싸움을 말려 갈라놓는다는 의미의 고사성어가 유래했다.

그날 이후 세 사람은 자주 만나 술잔을 나누며 우의를 다졌다. 그런데 장비가 때때로 관우에 대해 좋지 않은 이야기를 했는데, 관우는 알지 못하는 일이었다.

그 무렵 탁주 일대에서 상습적으로 부녀자 성폭행이 일어났는데, 피해자들의 증언이 한결같이 범인은 키가 9척에 가까운 장신에 힘이 엄청 세다는 것이었다. 장비는 이런 일이 관우가 탁주에 온 뒤에 일어나서 그가 범인이 아닐까 하고 의심했다. 결국 이 일로 인해서 관우와 장비가 말다툼을 하게 되었고 둘 사이가 멀어졌다.

관우는 나중에서야 장비가 그러한 행동을 하는 이유를 알게 되었고, 며칠 동안 잠복한 끝에 범인을 붙잡았다. 범인은 불량배인 요빈이란 자였다. 관우는 그자를 유비와 장비 앞에 끌고가서 그동안의 오해를 풀었다.

세 사람은 다시 가까워졌고 마침내 장비의 별장 후원에 있는 복숭아꽃이 만발한 나무 아래에서 의형제를 맺고 생사를 함께하기로 맹세했다.

이것이 바로 그 유명한 도원결의다.

그런데 전해지는 또 다른 이야기가 있다.

세 사람이 도원결의를 맺기 전에 황건 잔당을 물리칠 의논을 하고 의병을 모집하려 할 때였다. 당시 황건 반란의 주력군은 진압되었으나 잔당들이 수천수만의 무리를 지어 각 고을을 습격해서 노략질하는 일이 빈번했는데 그들이 탁주 고을이 있는 유주로 쳐들어온다는 소문이 돌았다. 황건 도적떼를 무찌르기 위해 의병을 모아 그들을 공격하자는 결정에 장비가 반대하고 나섰다.

"황제는 어리석고 조정은 부패했는데 어찌 그들을 위해 싸운단 말이오. 나는 싫소."

일설에는 장비의 형이 초기의 황건군에 가담했기 때문에 장비가 반대했지만 유비가 장비를 설득해 세 사람은 마침내 도원결의를 맺고 황건 잔당을 물리칠 의병을 일으켰다고 전해진다.

위의 이야기는 야담처럼 민간전승으로 전해지는 것으로 현실성이 떨어지기는 하지만 앞서 지적했듯이 도원결의의 참뜻이 기의(起義)에서 비롯된 최초의 황건 반란을 토벌하는 데 있지 않았음을 은연중에 암시한다고 할 수 있다.

유비, 관우, 장비의 서열은 어떻게 정해진 것인가?

《삼국지연의》와는 전혀 다른 도원결의의 이야기도 전해진다.

우선 소설부터 살펴보면, 세 사람이 의병을 일으키기로 결정하고 복숭아나무 아래서 의형제를 맺는 장면이 자세히 묘사되어 있다.

먼저 장비가 의견을 내놓았다.

"우리 집 뒤에 복숭아나무가 울창한 동산이 있는데 지금 꽃이 한창이오. 내일 거기서 하늘과 땅에 제사를 드려 뜻을 고하고 우리 세 사람이 형제의 의를 맺읍시다. 우리가 한마음 한뜻으로 뭉쳐야만 비로소 뜻한 바를 이룰 수 있소."

이에 대해 유비와 관우도 찬성했다. 이튿날 세 사람은 장비의 집 뒤에서 제물을 갖추고 향을 피우고 두 번 절한 뒤 함께 엄숙히 맹세했다.

"유비와 관우와 장비는 각기 성은 다르나 형제가 되었으니 마음을 함께하여 힘을 합쳐 서로 힘든 고비와 위험을 헤쳐나가도록 도와서 위로는 나라의 은혜에 보답하고 아래로는 만백성을 편하게 할 것입니다. 같은 해 같은 달 같은 날에 함께 태어나지 못한 것은 어쩔 수 없는 일이나, 같은 해 같은 달 같은 날에 함께 죽기를 원하오니 황천후토(하늘의 신과 땅의 신)는 우리를 굽어 살피소서. 만일 세 사람 중에서 의리를 저버리거나 은혜를 잊는 자가 있거든 하늘이여! 세상 사람들이여! 그를 죽이소서."

세 사람은 맹세를 마치자 나이에 따라 형과 동생을 정하고 절했다. 이리하여 유비는 맏형이 되고, 관우는 둘째, 장비는 막내가 되었다.

그러나 민간에 전해진 이야기는 전혀 다르다. 세 사람이 의형제를 맺을 때 나이에 따라 자연스럽게 형과 동생을 정한 것이 아니라 누가 형이 되고 누가 아우가 될 것인지를 두고 세 사람 사이에 한바탕 옥신각신했다는 것이다.

처음에 성미 급한 장비가 서둘렀다. 자신이 맏형이 되고 싶었기 때문이다. 장비가 말했다.

"나는 모년 모일 새벽녘에 태어났으니 내가 형이 되어야 마땅하오."

그러자 관우가 타이르듯이 말했다.

"나는 자네보다 태어난 때가 더 빠르네."

마지막으로 유비가 웃으면서 말했다.

"나는 장비 그대보다 네 살이 더 많네."

장비는 자신이 막내가 된다는 것에 흥분해서 큰 소리로 말했다.

"안 돼! 모두 거짓말하지 마시오. 이건 없었던 일이오."

그러더니 갑자기 옆에 있는 큰 나무를 가리키며 말했다.

"나무 오르기로 순서를 정합시다!"

장비는 관우와 유비의 대답을 듣기도 전에 재빨리 달려가
나무 위로 오르기 시작했다. 관우는 유비의 태도를 힐끗 살펴
더니 천천히 나무로 다가가 중간 정도까지 오르고는 멈췄다.
한가운데라면 위로는 형이 있고 아래로는 아우가 생기니 먼
타향에 와서 처신하는 데 무난하다고 내심 헤아린 것이다.

유비는 침착하게 나무 밑으로 다가가더니 오를 생각은 않
고 두 팔을 한껏 벌려서 나무를 부둥켜안았다. 나무 꼭대기
에서 이 모습을 내려다보던 장비가 의기양양하게 소리쳤다.

"이젠 됐다! 둘 다 나를 형님이라고 부르시게."

아래쪽의 유비가 웃으면서 장비에게 물었다.

"서둘지 말게나. 자네에게 묻겠는데 이 나무는 뿌리가 먼
저인가, 아니면 줄기가 먼저인가?"

장비가 머뭇거리며 대답했다.

"물론 나무는 뿌리가 먼저겠지요."

그러자 유비가 "그건 분명히 그렇지 않은가"라고 대꾸하
고는 여유롭게 위를 쳐다보며 타일렀다.

"바로 그 점일세. 지금 우리 세 사람이 나무를 잡고 있는
걸 보면 내가 뿌리에 해당하니 가장 먼저고, 관우가 그다음
이고, 그리고 장비 자네지 않겠는가."

장비는 더 이상 할 말을 잃고 승복했다. 관우는 사실 나이

로 따지면 자신이 유비보다 한 살 위이지만, 유비가 솔직하고 지혜가 있는 모습을 보고 형님으로 모시기로 결심했다.

　이렇게 해서 유비, 관우, 장비 세 사람의 서열이 정해졌다.

　민간에 전승되는 위의 이야기가 무엇을 근거로 하고 있는지는 확실하지 않지만, 정사의 기록이나 관우의 일평생에 관련된 자료인《관공연보(關公年譜)》에는 "관우가 유비보다 한 살 위였다"고 기록되어 있다.

　결론적으로 도원결의 당시의 나이를 살펴보면 관우가 29세, 유비가 28세, 장비가 24세라는 것이 정설이다. 장비의 나이가 혈기 왕성한 10대 후반이었다는 이야기도 있는데 이는 사실로 보기 어렵다.

의협과 충의가 얽히는 도원결의의 맹세

　　　세 사람이 맺은 도원결의의 맹세에서 "의리를 저버리거나 은혜를 잊는 자가 있거든 하늘이여! 세상 사람들이여! 그를 죽이소서"란 말을 다시 살펴볼 필요가 있다.

　앞에서 언급했듯이 한비는 "세상을 뒤흔드는 것은 바로 유자와 협객이다"라고 했다. 공자와 맹자의 학문을 배운 지식인들인 유자는 글로 법을 어지럽히고, 협객은 무(武)로 법을 범하기 때문이라는 이유에서였다.

한(漢) 제국 성립 이후 300여 년 동안 유학자들은 충효와 인의를 주장하면서 이에 대항하는 것이 있으면 천륜이나 인륜을 어기는 것으로 매도하면서 배척하고, 자신들은 자신들이 만든 규범 속에서 혜택을 누렸다. 지배계급이 유학의 가르침을 자신들의 부귀영화 수단으로 이용하자 결국 백성은 등을 돌리고 그들의 타락과 몰염치를 원망했다.

이렇듯 유학자들이 심하게 부패하자 민중이 마음속으로 진정 그리워하는 대상은 바로 협객이었다. 유학자들이 주장하는 충과 의와는 다른 의미의 충의를 갈망하게 된 것이다.

도원결의의 맹세에서 '배의망은 천인공륙', 이 여덟 글자는 바로 그러한 민중의 갈망을 반영한 것이다.

의형제를 맺은 후 세 사람은 탁현에서 장정을 모으고 무장을 갖춰 싸움터에 나서게 되는데, 관우는 한 살 연하의 유비를 친형 이상의 형제애로 섬기고 나중에는 주군으로 모시며 충성을 다했다.

이때 의협과 충의(忠義)의 화신인 관우의 활약상의 서막이 오른다.

의(義), 협(俠), 충(忠), 이 세 가지 덕목은 도원결의에서부터 이후 삼형제의 삶 전체를 지배하게 되는데 서로 기묘하게 얽히는 부분이 많았다.

먼저 충(忠)을 살펴보면, 앞서 설명한 것처럼 충이란 중(中)과 심(心)이 합쳐져 진심을 뜻한다.

의(義)는 양(羊)과 무(武)가 결합된 단어로 '인간으로서 마땅히 가져야 할 마음이나 해야 할 행동'으로, 자신의 이익이 아닌 공적인 이익을 위해 애쓰는 것을 의미한다.

그렇다면 협(俠)은 충의와 어떻게 조화를 이룰 수 있는가?

관우가 고향에서 여웅을 살해한 것이 좋은 예다. 이 경우 의협심에서 취한 행동인 것은 분명하다. 그러나 군주가 정한 법을 어겼기에 충(忠)과는 배치된다. 관우가 의형제이자 주군인 유비에게 바친 충절을 일반적인 관점이나 유학자들이 지배자에게 바친 충성과 동일시할 수 없는 점이 여기에 있다.

정사《삼국지》〈촉서(蜀書)〉*·관우전(關羽傳)〉에는 "유비는 잠잘 때도 두 사람(관우, 장비)과 함께했으며 그들 사이의 우애는 친형제와 같았다. 여럿이 모여 있는 자리에서 관우와 장비는 온종일 유비 곁에 서 있었고, 유비를 따라 전쟁터를 돌아다니며 고난과 험난함을 피하지 않았다"고 기록되어 있다.

'곁에 하루 종일 서 있고 잠잘 때 함께했다'는 것은 승복과 친밀함이 어느 정도였는지를 보여준다. 이는 정사의 기록인 만큼 신빙성이 높다. 당시는 난세였으므로 이익에 따라 쉽게 친분을 맺고 쉽게 멀어지는 세태가 만연했다. 설사 충성스런 부하라 할지라도 언제 작은 이익에 현혹되어 배신자로 돌변해 모시던 사람의 뒤에서 칼을 들이댈지 알 수 없었다.

그런 예는 당시의 역사에서 쉽게 찾아볼 수 있다. 의부가 친아버지와도 같은 존재로

> * 진수의 정사 《삼국지》 내의 촉(蜀)나라 역사서. 15권으로 이루어져 있다.

인식되던 그 시절에 여포는 눈 하나 깜짝하지 않고 자신의 의부인 동탁을 살해했고, 반동탁연합군의 맹주가 된 원소는 기주성을 차지하기 위해 어제의 동료였던 한복과 공손찬(公孫瓚)°을 기만했다. 또한 조조는 자신은 잠자리에 들면 꿈속에서도 곁에 접근하는 사람을 칼로 벤다고 하면서 시중드는 측근을 죽였다. 잠자리에 드나들 정도라면 보통 신뢰하는 사이가 아니었을 것이 분명함에도 말이다.

이런 기록들만 보더라도 유비와 관우, 장비의 관계는 진정한 의리로 뭉친 사이였다고 볼 수 있다. 그러나 관우와 유비, 장비의 이런 신뢰와 진정성은 소규모 집단에서 허용될 만한 사사로운 정이지 천하를 바로잡겠다는 대의를 내걸고 한 국가를 세우려는 야망을 가진 대규모 집단에서는 그리 환영받을 만한 것은 아니다. 나라보다 의형제가 소중하다는 식의 충의는 자칫 소승적인 것으로 보일 수 있기 때문이다.

관우와 유비의 관계에서 충의와 의협의 맹세로 이루어진 도원결의는 일반인들과는 다른 특이한 맹세였음이 분명하다. 도원결의를 할 당시에 세 사람은 세상을 구하고자 하는 마음은 일치했지만 그것은 창업(創業)이 아닌 한 왕실의 부흥을 향한 마음이었다는 점을 헤아릴 필요가 있다. 즉, 유비를 새로운 제국의 창업 황제로 만들기 위해 뭉친

° 후한 말의 장수로, 191년 황건적을 무찌르고 분무장군에 임명되었다. 원소의 죄상을 들추어 그와 격렬하게 싸웠으며, 유우를 쳐서 유주(幽州)를 차지하고 근거지로 삼았다. 백마를 탄 부하들을 거느려 백마장군으로 불리기도 했다. 199년 원소의 대군에게 크게 패하고 자살했다.

것이 아니기 때문에 유비를 주군(主君)이라기보다 주공(主公) 정도로 모시는 관계로 시작했다고 할 수 있다. 또한 세 형제가 황건의 난 이후 군벌들이 각축을 벌이는 예상치 못했던 변화를 겪으면서 '충, 의, 협'의 맹세가 때로는 대의로서 때로는 사사로운 의리로서 복잡하게 얽히게 되는 것을 볼 수 있다.

그리고 도원결의에서 또 하나 생각해 볼 것이 '열정'이다.

관우는 결단이 빠르지만 속이 깊은 열정적 성격이었다. 장비는 외향적이고 다혈질적 열정을 갖고 있었다. 이들의 열정적인 모습은 다른 사람들의 열정을 불러일으키는 잠재력을 갖고 있었다. 관우가 보여주는 차분한 열정과 속 깊은 활력은 다른 사람이 무의식적으로 따르게 만들고 나아가 그것이 다른 사람들에게 본보기가 되어 그들 역시 열정을 발휘하도록 이끌었다는 점이다.

유비의 경우를 살펴보자. 그는 온화하고 겸손했지만 상당히 뻔뻔한 면이 있었다. 야망은 컸지만 여러모로 무능했다. 대인관계에서 동정심을 유발하는 데 급급한 모습을 많이 보였다.

장비는 매우 열정적이기는 했지만 서두르는 성격에 자신의 분노와 감정을 제대로 다스리지 못했다. 지위가 높은 사람에게 고분고분했으나 부하를 다스릴 때는 지나치게 포악한 면이 있었다.

이에 반해 관우는 진심으로 사람을 대하고 너그러우면서 소신을 발휘함에 있어서는 불같이 뜨거운 성품이었다. 뜨뜻미지근하거나 서두르거나 포악한 면은 찾아볼 수 없었다.

바로 이런 성품이 도원결의를 맺게 한 원동력이자 이후 삼형제

의 우의를 대승적으로 승화시키는 열정을 발휘하게 했다. 그 열정
이 유비에게 전해지고 장비에게 전해져 그들 역시 자신의 성격적
결점을 상당 부분 보완할 수 있었다.

도원결의에서 연령 차이를 초월하는 관우의 침착함도 깊은 열
정의 소산이라 할 수 있다.

그는 한 살 어린 유비에게 맏형 자리를 양보했고, 장비가 성폭
행범으로 오해할 때도 흥분하지 않고 주도면밀하게 계획을 세워
잠복해서 범인을 체포해 오해를 풀었다.

관우의 차분하지만 내면에서 불타오르는 열정이 의협과 충의의
바탕이 되었음을 도원결의와 이후의 행동에서도 분명하게 엿볼
수 있다.

2

영웅으로서의 첫 번째 고리

악을 징벌하는 정의의 무기, 청룡언월도

관우가 의형제를 맺고 싸움터에 나선 이후 20여년에 걸쳐 분신처럼 갖고 다닌 무기가 청룡언월도(靑龍偃月刀)다. 이것은 관우의 상징이기도 한 만큼 상징하는 바가 무엇인지 궁금해하는 사람이 많다. 황건 잔당의 장수 정원지를 시작으로 화웅, 안량, 문추 등과 조조의 부하 여섯 장수와 방덕 등 기라성 같은 적장들을 무찌른 무적의 장군 관우의 신화가 바로 이 칼과 함께하기 때문이다. 수·당 이후 관우의 신격화와 더불어 청룡언월도는 비범한 무기로 여겨져왔다.

경극 등에서 청룡언월도를 쓸 수 있는 사람은 관우가 유일한 것으로 그려지는데, 도원결의 이후부터 청룡언월도를 쓰는 관우의 모습이 보이기 시작한다. 《삼국지연의》에서는 황건 잔당을 무찌르기 위한 의병대의 무장과 연결지어 묘사하고 있다.

삼형제가 처음 모집한 의병대의 수는 300여 명이었다. 그들은 무장할 형편이 되지 못해 무기를 대충 갖추고 탈 만한 말조차 마련하지 못했다. 이 무렵에 탁현 고을에 나타난 장세평과 소쌍이라는 상인이 좋은 말 50필과 금은 500냥에 강철 1000근을 희사하고 나서야 본격적인 무장을 갖추게 된다. 이때 기부받은 강철로 만들어진 것 중 하나가 청룡언월도다.

장세평과 소쌍의 막대한 재물과 강철의 희사가 사실이었는지 정확히 알 수는 없지만, 이러한 사례는 중국사에서 흔히 찾아볼 수 있다. 이른바 부호 상인들은 조정의 권력이 강해지면 조정대신이나 지방장관들에게 뇌물이나 상납금을 바쳐 이권을 확보하고, 조정의 장악력이 약해지면 지역의 유력자들을 후원하는 형식으로 자신들의 재산을 보호했다. 더욱이 황건군이 궐기한 이후 전국 각지의 치안이 엉망이었으므로 그들은 재산과 신변의 보호를 위해 휘하에 사병 조직을 두거나 새로운 세력으로 떠오르는 집단의 후원자가 되었다. 이는 장래를 위한 일종의 안전보험이었던 것이다.

이들 삼형제가 상당한 재물과 액수를 후원받은 것을 보면 급조된 의병대이지만 규모면에서도 그렇고 탁현 일대에서는 장래성이 있는 집단으로 인식되었음을 알 수 있다.

부유한 상인들은 권력의 부침이나 상대의 장래성을 헤아려 자신들에게 유리한 세력에게 금전적으로 지원하는 데 아낌이 없었다. 이는 세월이 흘러도 변함이 없어 사업가와 정권의 유착은 지금도 어렵지 않게 찾아볼 수 있다.

유비와 관우, 장비 삼형제는 이 후원금으로 각자의 무기를 만들었다. 유비는 강철로 한 쌍의 고검(股劍)을 만들었고, 관우는 무게가 80근인 청룡언월도를 만들고 이름을 냉염거(冷艶鋸)라 했다. 또한 장비는 길이가 1장 8척이나 되는 점강모(點鋼矛)를 만들었는데 창끝이 마치 뱀처럼 구부러져 있어 장팔사모(長八蛇矛)라고 했다. 이렇게 해서 청룡언월도가 탄생했다.

세 사람은 후원받은 돈으로 갑옷과 투구를 장만해 의용병을 무장시켰는데 그 수가 500여 명으로 늘어났다. 이후 청룡언월도에 대해 황당할 정도의 이야기도 많이 전해진다.

당시 전쟁터에서 많이 사용된 무기는 창, 과(戈, 쌍날을 가진 창과 비슷함)와 극(戟, 앞부분이 세 갈래로 갈라진 창)이었다. 이들 무기는 갑옷으로 단단히 무장한 상대를 베기보다 찌르기 위한 것이었고, 전쟁사를 살펴보면 청룡언월도와 같은 대도(大刀) 류의 무기는 후한 시대에 존재하지 않았다.

무기의 중량에 대한 부분도 그렇다. 당나라 때 무기가 15근(약 7.5킬로그램)에서 20근(약 10킬로그램) 정도였는데 상당한 힘을 가진 장수라 할지라도 사용한 무기의 무게가 대략 10킬로그램 내외의 중량이었다. 《신자원(新字源)》의 후한 시대 도량형에 따르면 관우의 청룡언월도의 무게는 18킬로그램이다. 이는 엄청난 무게로 웬

만한 장수가 말 위에서 한 손으로 휘둘러 상대를 무찌르기는 현실적으로 어렵다고 볼 수 있다.

그러나 다르게 생각해 볼 여지가 있다. 후한 시대 도량형으로 10킬로그램 내외의 무게를 18킬로그램 정도로 부풀리는 일은 관우의 청룡언월도뿐만 아니라 일반적인 현상이었다. 예를 들면 십여만 명의 군대를 몇 배 부풀려 백만 대군이라고 하거나 적군 몇백 명을 죽이고 몇천이나 몇만을 무찔렀다는 식의 과장은 아주 흔한 일이었다.

유비의 쌍고검이나 장비의 장팔사모 역시 마찬가지다. 말 위에서 적을 맞이해 말고삐를 놓고 두 손으로 쌍칼을 휘두른다는 것은 불가능한 일이며, 장팔사모는 그 길이가 사람 키보다 한 배 반이나 되는데 실제의 전투에서 사용하기에는 불가능한 길이다. 특히 산이나 숲 같은 곳에서 적과 싸울 때의 무기는 길이가 매우 제한적일 수밖에 없다.

《삼국지연의》에서는 첫 싸움에서 장비가 장팔사모를 한 번 휘둘러 황건 잔당의 부장 등무를 찔러 죽였고, 관우가 대장 정원지에게 청룡언월도를 휘둘러 단칼에 두 토막을 냈다고 묘사되어 있다. 이 역시 과장으로 볼 수 있다.

청룡언월도의 언월(偃月)은 반달 또는 상현(하현)달과 같은 모양을 의미하고 폭이 넓은 검신에 용(龍)모양이 새겨져 청룡언월도라고 했다. 이것은 날이 예리했으므로 상대를 충분히 벨 수 있었겠지만, 이것을 든 관우의 괴력과 위용에 유비의 의병대가 사기가 충천해 적군을 향해 과감히 공격할 수 있었다는 하나의 상징적인 의미가 크다. 현실적으로 보면 청룡언월도로 적장을 단칼에 베었다기보다 엄청난 힘을 구사해 상대를 후려쳤고 그 타격에 상대가 말 아래로 떨어져 죽었다고 보는 것이 타당할 것이다.

한편, 민간에 전승되는 청룡언월도에 얽힌 전설은 허황될 정도로 신비롭다.

관우는 마음에 드는 무기를 손에 넣기 위하여 도검 제작의 명인에게 부탁해서 두 달에 걸쳐 강철을 담금질하여 푸른빛의 강철 대도(大刀)가 만들어졌다. 장인들은 이를 보고 흡족해했으나 관우는 여기에 만족하지 못하고 담금질을 계속하게 했다. 이것이 한 달 이상 계속되어 달이 하늘 높이 뜨던 날 마침내 칼날에서 한 줄기 빛이 솟아올랐다. 때맞춰 창공에서 한 마리 청룡이 내려와 그 빛에 맞으니 용의 피가 방울방울 떨어져 칼끝을 적시는데 이때 우레 같은 소리가 울렸다. 사람들은 놀라서 달아났고 관우가 다가가서 보니 칼날이 맑고 투명해져 있었다. 이 칼은 마치 반달모양에 청룡의 피가 배어 있어 이름을 청룡언월도라 했다.

위의 이야기는 상식적으로 믿기 어렵지만 달리 보면 오늘날에도 최신 병기는 그럴싸하게 포장되고 과장되어 알려지듯이 청룡언월도의 탄생에 얽힌 이야기도 과장되어 알려졌을 것이다. 이는

징저우 관위츠(關羽祠)에 있는 말을 타고 청룡언월도를 휘
두르는 모습의 관우상.

적에 대한 위협이기도 하지만 상대가 싸우기도 전에 신무기의 위용에 겁을 먹고 쉽사리 도발하지 못하게 만드는 효과를 기대하는 것이기도 하다.

청룡언월도는 실제성보다 상징성이 큰 무기로 당시 살아가는 것 자체가 고난이었던 민중에게 미래가 보이지 않는 절망적인 세상에서 천하무적의 사나이, 의협의 상징이자 충절의 대명사인 관우의 분신으로서 악을 징벌하는 정의의 상징으로 여겨졌던 것이다.

관우가 세상에 이름을 알린 첫 번째 사건

관우가 신비의 무기 청룡언월도와 함께 본격적으로 싸움터에 나섰다.

황건 잔당과 싸울 때 수십 차례 승전고를 울리며 수많은 적을 베었으나 이때의 전공은 사실상 업적을 세운 것이라기보다 상대가 오합지졸이었으므로 쉽게 이길 수 있었던 것으로 대단하게 여길 정도는 아니었다.

관우가 무장으로서 본격적으로 두각을 나타낸 시기는 각지의 군웅들이 동탁에 대항해 관동의군(關東義軍)으로 뭉친 이른바 반(反)동탁연합군이 싸울 때였다. 당시 연합군으로 모인 제후들은 대단한 인물들이었다. 남양태수 원술, 기주자사 한복, 예주자사 공주, 연주자사 유대, 하내태수 왕광, 진류태수 장막, 동군태수 교모, 산양태수 원유, 제북의 상 포신, 북해태수 공융, 광릉태수 장초, 서주자사 도겸, 서량태수 마등, 북평태수 공손찬, 상당태수 장양, 장사태수 손견, 발해태수 원소, 그리고 동탁을 죽이려다 실패한 조조가 주축 세력이었다.

이들이 모두 의로운 인물이었다고 말하기는 어렵지만, 당시 중원 일대에서 내로라하는 영웅들 대다수가 회맹했던 것은 분명한 사실이다. 이들이 휘하의 부장과 십수만 병사를 이끌고 원소(袁紹)*를 맹주로, 손견을 선봉장으로 하여 낙양을 향해 진격할 때 사수관(汜水關)**, 호뢰관 옆에 있다)에서 동탁이 보낸 화웅(華雄)이란 맹장에 의해 길이 막혔다. 손견이 화웅의

* 후한의 장수로 정치적 부패 요인인 환관들을 제거하고 반동탁연합군의 맹주가 되었다. 반동탁연합군이 와해되고 하북 일대에서 큰 세력을 구축하고 조조와 관도에서 대결전을 벌였으나 대패했다. 관도대전 이후 원소의 주력은 거의 전멸했고, 원소는 2년 후에 병들어 죽었다.

** 허난 성 북서부 링바오에서부터 남쪽으로 5킬로미터 지점에 위치한 산길. 《삼국지연의》에서는 190년 동탁을 제거하기 위해 결성된 반동탁연합군이 처음으로 동탁의 군대와 싸운 곳으로 알려져 있다. 관동에서 낙양으로 이르는 가장 빠른 길이다.

대단한 기세에 밀려 겨우 목숨을 건져 달아나고 포신의 동생 포충, 손견의 부장 조무, 원술의 부장 유섭, 한복의 부장 반봉 등이 잇달아 화웅의 칼에 목숨을 잃자 원소 등은 얼굴빛이 변해 어쩔 줄 모르고 있었다. 화웅은 범같이 용맹한 장수였다.

이때 관우의 활약상을 《삼국지연의》에서 다음과 같이 그리고 있다.

그때 관우가 원소 앞에 나섰다.

"소장이 나가서 화웅의 목을 베어 장하(帳下)에 바치겠습니다."

원소가 물었다.

"그대는 누구신가?"

옆에 있던 북평태수 공손찬이 대신 대답했다.

"우리 진영에 가담한 유현덕의 의제 관우요."

"지금 무슨 벼슬에 있소?"

"유현덕 밑에서 마궁수 노릇을 합니다."

공손찬의 대답이 미처 끝나기도 전에 좌상의 원술이 내려다보며 호통을 쳤다.

"네가 우리 제후들에게 장수가 없다고 깔보는 거냐? 한낱 마궁수 주제에 함부로 입을 놀리다니, 어서 저놈을 밖으로 내쳐라!"

그때 조조가 손을 들더니 말했다.

"공로(公路, 원술의 자)는 너무 노여워마오. 저 사람이 이렇듯 큰소리를 치니 어느 정도의 용기와 지략이 있는 것으로 보이오. 시험 삼아 내보냈다가 이기지 못하거든 그때 꾸짖어도 늦지 않으리다."

조조는 사람을 알아보는 눈이 밝은 인물이었다. 이에 원소가 투덜거렸다.

"일개 마궁수를 내보냈다가 화웅이 비웃지나 않겠소."

"저 사람 풍채가 범상치 않으니 화웅이 어찌 마궁수인 줄 알겠소."

조조는 곧 더운 술을 한 잔 따라서 출전의 예로 관우에게 내주며 마시고 말에 오르도록 권했다. 관우가 술잔을 받아 옆에 놓으며 담담한 어조로 대꾸했다.

"그냥 두십시오. 소장이 곧 갔다가 오겠습니다."

관우가 말을 마치고 칼을 들고 밖으로 나가자 바깥에서는 곧 북소리가 진동하며 함성이 크게 일어났다. 모든 제후가 크게 놀라고 있는데 잠시 후 관우가 장막 안으로 들어서면서 화웅의 수급(首級)을 땅바닥에 던졌다. 그때까지 따라놓은 술잔에서는 따뜻한 김이 피어오르고 있었다.

위의 이야기에 따르면 관우는 군웅들의 장막을 나가자마자 말을 달려 화웅을 일 합에 해치우고 목을 베어 돌아온 것이다.

이 대활약은《삼국지연의》에서 관우의 용맹을 보여주는 백미로 전해지지만, 그 진위 여부에 대해 의문을 제기하는 사람이 많다. 유비, 관우, 장비 세 사람이 공손찬 휘하에서 동탁토벌전에 가담한 것은 사실이지만 화웅을 베었다는 기록은 정사 《삼국지》에는 보이지 않기 때문이다. 그래서 많은 사람이 이를 나관중의 창작이라고 주장한다. 그러나 사실과 상관없이 관우의 무용이 세상을 놀라게 할 만큼 대단했음을 우회적으로 보여주는 첫 번째 상징적 사건이라 할 수 있다.

관우가 단칼에 화웅을 물리치자 관동의군의 기세는 하늘을 찌를 듯했다. 동탁은 겁을 집어먹고 휘하의 병력 20만을 두 갈래로 나눠 5만의 병사는 사수관을 지키게 하고, 나머지 15만은 자신이 직접 이끌고 근처에 있는 호뢰관(虎牢關)으로 옮겨 진을 쳤다. 그리고 관소 앞쪽에 울타리를 세운 후 여포(呂布)*에게 병사 3만을 주어 선봉으로 삼았다.

이때 관동의군은 군사를 8군으로 정비한 뒤 호뢰관으로 진격했다. 이 호뢰관 싸움에서 맹장 여포를 상대로 유비, 관우, 장비 세 사람이 협공해 물리치는 내용이 소설에 실려 있다. 그러나 호뢰관에서 삼형제가 여포와 싸웠다는 내용 역시 정사의 기록에는 나오지 않는다.

여기서 우리는 관우가 청룡언월도를 들고 나서면 천하무적이 된다는 사실 그 자체가 중요한 것이 아니라 그런 모습을 민

* 후한 말기의 무장. 자는 봉선(奉先). 당시의 무장 가운데 무용이 매우 뛰어났던 인물로 평가받는다. 동탁의 신임을 받아 그의 양자가 되었지만 동탁이 폭정을 행하자 왕윤과 모의해 동탁을 살해했다. 이후 서주를 근거지로 조조와 맞서기도 했으나 패하고 처형되었다.

중이 갈망하고 있다는 점을 주목할
필요가 있다.

오늘날 정저우(鄭州)와 뤄양(洛陽)
사이에 있는 대비산 기슭의 이 사수
관과 호뢰관은 예로부터 전략적으로
중요한 위치에 있어 전투가 벌어지
면 반드시 선점해야 하는 곳이었다.

이곳에 가면 지금도 화웅령이라
불리는 고개가 있는데 소설에 나타
난 관우의 무용을 찾는 수많은 관광
객이 방문하고 있다. 화웅령과 호뢰
관은 대략 1킬로미터 정도 떨어져
있는데 오늘날에도 밭을 일구다가
화살촉 같은 걸 주웠다는 이야기가
전해지기도 한다.

"사람 가운데는 여포, 말 가운데는 적토마
(人中呂布 馬中赤兔)"라는 이야기가 전해졌을
정도로 뛰어난 무예를 자랑했던 여포.

이곳에 가면 호뢰관이라 쓰인 비
석이 서 있고, 그 뒤편 숲에 삼의묘(三義廟)가 있다. '삼의(三義)'는
유비, 관우, 장비 세 사람이 도원결의에서 의형제를 맺은 일을 기
념하기 위한 것으로 호뢰관에서의 활약을 높이 받들고자 지역의
주민들이 사당을 세웠다고 전해진다.

그런데 사당 안에는 유비와 장비의 모습은 없고 관우의 좌상만
이 자단목으로 조각되어 있어 민중의 관우에 대한 애정이 어느 정

도인지를 엿볼 수 있다.

이렇게 관우는 도원결의 이후 싸움터에 나설 때는 청룡언월도와 함께했는데 반동탁연합군에 가담해 동탁 휘하의 명장 화웅을 일거에 베어 세상에 그 무용을 널리 떨치게 되었다. 이렇게 해서 관우는 세상이 주목할 정도의 유명세를 얻게 되었다. 동시에 관우의 모습을 보고서 그 뛰어남을 알지 못했던 원소와 달리 인재를 알아보고 따뜻한 술 한 잔을 건넨 조조와 새로운 인연이 싹트는 복선이 깔려 있음을 눈여겨볼 만하다.

조조는 이미 관동의군 결집에서 수완을 보였고, 그의 거취는 제후들 사이에서 관심의 대상이 되었다. 동탁이라는 희대의 폭군과 맞설 수 있는 세력의 중심이 된 것이다.

그런 조조와 유명세를 타기 시작한 관우가 향후 어떤 인연으로 진전될까 하는 점도 화웅의 사건에 복선으로 깔려 있다.

제 4 장

패권 다툼의
격랑 속에서
근본을 잃지 않다

관우는 왜 조조의 본거지에서 자신의 목숨을 아끼지 않고 조조를 죽이려 했을까?

그 이유를 "천자를 업신여기기에 그를 죽여 나라의 피해를 덜려 했다"고 관우 스스로 밝히고 있다. 그렇다면 관우는 후한 황실을 받드는 친황제파였을까? 그렇지 않다. 그는 원래부터 조조의 반대파도 아니었고, 이 무렵 허도의 친황제파들과 교류조차 없었다. 이를 통해 관우라는 인물은 황제나 조조의 권력이 어떻게 작동하는지에 대해 전혀 관심이 없었고 천성적으로 거들먹거리거나 우쭐거리는 인물을 싫어한 나머지 무의식적으로 칼자루에 손이 갔고 조조를 벌하려 한 것임을 알 수 있다.

충을 위해 미색을 베고
의를 위해 장수를 구하다

중국 4대 미녀 초선과 관우의 이야기

관우에 대한 이야기 중에 희대의 미녀로 손꼽히는 초선
(貂蟬)과 관련된 흥미로운 이야기가 있다. 의형 유비가 궁지에 몰린
도겸을 구원하고 그 덕분에 서주목이 되었다가 서주에서 쫓겨나
삼형제가 허도의 조조 휘하에서 머무를 때 세상의 주목을 받고 있
던 두 인물 조조, 여포와 연관된 이야기다.

관우와 은원으로 얽힌 조조는 관동의군, 즉 반동탁연합군을 일
으키는 주도적 역할을 했다. 그러나 연합군 내부에 이견이 속출하
고 호뢰관 싸움 이후에 동탁이 불리함을 느껴 장안으로 도망치듯
옮겨갈 때 누구도 추격하지 않았는데, 조조만 홀로 공격했다가 대

패해서 동군(東郡)으로 떠났다.

이후 동탁에 맞선 맹장이었다는 이미지가 형성된 덕분인지 조조 진영에 인재로 소문난 순욱(荀彧)*을 비롯해 많은 인재가 모여들고, 조조가 청주 일대의 황건 잔당을 토벌해 휘하에 거느리는 등 일취월장해 마침내 연주목(兗州牧)으로서 당당한 군벌을 이루게 되었다.

조조는 '이제 입지(立志)했으니 집안을 일으킬 때다'라고 판단해 태산태수 응소를 보내 낭야에 피난 중이던 부친 조숭(曹嵩)을 모셔 오게 했다. 조숭은 아들의 출세를 기뻐하며 집안 식구 40여 명과 따르는 자 100여 명, 가재를 실은 수레 100여 대를 거느리고 연주로 향했다. 그런데 서주의 비현(費縣)이란 곳을 지날 때 서주목 도겸이 호송과 관련해 파견한 장개가 재물이 탐나 기습을 해서 일족이 모두 살해당하고 말았다.

평소 대단히 이성적이고 합리적이던 조조가 이때만은 복수의 화신으로 변했다. 그는 "도겸 이놈을 죽여버리겠다! 서주의 모든 것을 없애버릴 것이다"라고 분노하며 서주를 공격했다. 조조군은 진격하는 곳마다 살아 있는 것은 모조리 죽이고 불태워 그 참상이 이루 말할 수 없었다.

결국 도겸은 각지의 군웅들에게 도움을 청했고, 북해태수 공융이 평원현령으로 있

* 후한 말기 조조의 책사. 처음에 원소에게 의탁했으나 원소가 큰일을 이룰 수 있는 인물이 아니라고 생각해 조조의 휘하에 들어갔다. 조조에게 도읍을 허도로 옮기고 헌제를 모시도록 적극 건의했고, 조조가 원소의 군대를 무찌르는 데 큰 역할을 함으로써 조조가 북방을 통일하는 데 큰 공을 세웠다.

던 유비에게 권해 삼형제는 궁지에 몰린 도겸을 돕고자 서주로 가게 되었다. 그러는 사이 조조 진영 내부에서 지독한 복수에 반감이 생겼고, 그들 세력이 여포를 부추겨 반란이 일어났다. 회군한 조조와 여포가 싸우는 와중에 서주목 도겸이 병사했고, 후임자로 유비를 세웠다.

여포는 반조조의 세력을 모아 연주 땅을 차지하려고 조조와 싸웠지만 결국 패해서 유비에게 의탁해 서주 북부에 있는 작은 성채에 자리잡게 되었다. 그리하여 이들 사이의 관계는 상당히 복잡하게 얽히게 되었다.

용맹하지만 사소한 이익만 있어도 배신을 밥 먹듯 하는 여포에게 유비는 관대하게 대했다. 하지만 원술이 여기에 얽힌 데다 여포가 또다시 배신을 하는 바람에 유비가 오히려 작은 성채인 소패성으로 쫓겨나고 결국 서주를 잃게 되었다.

유비 삼형제는 결국 이마저 잃고 하는 수 없이 허도(許都)**에서 황제를 모시고 조적(朝賊) 체제를 갖춰 승승장구하는 조조에게 의탁하는 신세가 되었다. 유비가 의탁해오자 조조 진영에서는 받아들일 것인지, 아니면 죽일 것인지로 의견이 나뉘었다.

《삼국지》〈위서(魏書)·곽가전(郭嘉傳)〉에 따르면, 곽가(郭嘉)***는 "유비는 영웅이라는 평가가 있고 우리 쪽으로 몸을 돌

** 고대 허나라의 수도로 현재 중국 허난 성의 중앙에 있는 도시. 고대에는 중원의 전략적인 위치를 차지해 196년 조조가 황제를 현재의 쉬창(허창)으로 모시고 와서 정치적 대권을 선점하고 허도로 개명했다. 200년 조조와 원소가 관도에서 대치하고 있을 때 손책은 헌제를 모시고 와서 대업을 이루려 했으나 사전에 자객의 칼을 맞고 죽었다.

렸는데 그를 살해하면 찾아온 인물을 죽였다는 비난을 듣게 됩니다. 그리되면 지혜 있는 선비들은 의심을 품을 것이며 마음을 바꾸어 다른 주군을 택할 것입니다. 한 사람의 화근을 제거하려다가 오히려 천하의 기대를 잃게 될 수 있으니 살려 주십시오"라고 진언했다.

반면 정욱(程昱)****은 이번 기회에 유비를 없애야 한다고 주장했다. 《삼국지》〈위서·무제기(武帝紀)〉에 따르면, 정욱은 "유비를 관찰해보니 영웅다운 재능이 있고 인심을 많이 얻어 끝까지 남의 밑에 있을 인물이 아닙니다. 일찍이 화근을 제거하는 것이 좋을 것입니다"라고 건의했다.

이에 대해 《삼국지연의》의 내용은 또 다르다.

*** 조조의 책사. 순욱의 추천으로 조조의 참모가 되었고 뛰어난 계책으로 조조의 절대적인 신임을 받았다. 38세의 나이에 요절했다. 조조는 적벽대전에서 패배한 후 곽가의 부재에 대해 매우 안타까워했다고 전해진다.
**** 조조의 책사. 196년 헌제를 맞아들이는 문제를 두고 의견이 갈렸을 때 순욱과 함께 헌제를 받아들일 것을 주장했다. 적벽대전에서 일찍이 화공에 대비하라고 권하기도 했다. 위나라 건국 후 문제 때 재상으로 임명되자마자 80세에 사망했다.

순욱이 말했다.
"이번에 죽여서 뒷날의 두통거리를 없애야 합니다."
그러자 조조가 곽가에게 의견을 구했다. 곽가가 말했다.
"한 사람을 죽여 세상의 인망을 잃는 일이니 가볍게 생각하면 안 됩니다."
이에 조조가 말했다.
"내 생각과 같다."
조조는 곽가의 의견을 받아들였다.

이렇게 해서 유비 삼형제는 허도에서 살게 되었고, 조조는 표문을 올려 유비를 예주목에 추천했다. 이후 유비 삼형제는 조조의 휘하에서 여포 공략전에 참전해 공로를 세우고 공을 인정받아 유비는 좌장군(左將軍), 관우와 장비는 중랑장(中郎長)으로 임명되었다.

당시 군대의 편제를 보면 대장군(大將軍)이 가장 높은 직위였다. 그 밑으로 표기(驃騎), 거기(車騎), 위(衛), 전(前), 후(後), 좌(左), 우(右)의 일곱 장군이 있었는데 때와 장소에 따라 명칭을 달리하기도 했다. 중랑장은 평상시에는 근위사단장 격이지만 전쟁이 벌어지면 부대장 역할을 하는 고위직이었다. 관우에게는 공식적으로 첫 장군직이었다.

여포 공략전에서 관우와 관련해 두 가지 사건이 전개된다. 하나는 사람들의 흥미를 자극하는 '관대왕월하참초선(關大王月下斬貂蟬)' 이야기다. 관우가 달빛 아래서 미녀 초선의 목을 베었다는 내용인데, 무엇이 사실이고 무엇이 지어낸 것인지 명확히 알 수는 없다. 경극으로 전해지는 내용은 다음과 같다.

조조는 여포를 죽인 후 미인인 여포의 아내 초선을 이용해서 유비 삼형제를 갈라놓을 꾀를 내어 먼저 관우에게 그녀를 주었다. 관우는 그녀의 매력에 빠져 밤낮을 모르고 함께 뒹굴며 지냈다. 걱정이 된 유비가 관우에게 "여자에게 정을 주는 것과 우리 세 사람의 의와 한실의 부흥이라는 대의를 비교하면 어느 것이 중요한가?"라고 물었다. 결국 자신의 잘못을 깨달은 관우는 달빛 아래서 단호하게 미녀 초선의 목을 베어 죽였다.

전해지는 또 다른 이야기는 다음과 같다.

장비가 여포 처형 후에 미녀 초선을 데려와 의형 관우에게 헌상했다. 관우는 《춘추》를 읽고 있었으므로 옛일을 떠올리며 생각해 보았다. '예로부터 미녀나 요부들이 남자를 색(色)으로 유혹해 그릇된 길로 이끌어 나라가 망한 예는 수없이 많다. 이 여자는 일찍이 미모 때문에 동탁을 망쳤고, 여포를 파멸로 이끌었다. 절세 미모에 물오른 버드나무 같은 육체를 보면 나 역시 마음이 끌리지만 죽이지 않으면 안 되겠다.'
　단단히 결심한 관우는 달빛이 빛나는 밤에 초선을 밖으로 불러내서 단칼에 베어 죽였다.

위의 두 이야기는 역사 기록에서는 찾아볼 수 없고 경극이나 만담 같은 데서 종종 등장하는데, 초선에게 매혹당한 인물로 조조나 유비, 장비 등이 모두 등장하는 경우도 많다. 이런 설정이 등장하는 이유는 한마디로 혈기왕성한 남자라면 누가 천하의 미녀를 싫어하겠는가라는 논조가 배경에 깔려 있다.
　초선은 중국에서 서시, 왕소군, 양귀비와 함께 고대 4대 미녀로 일컬어진다. 실제 사서에는 그녀에 대한 기록이 없고 《삼국지연

의》에 등장하는 인물이다. 그녀가 등장하는 과정을 보면 다음과
같다.

1. 사도 벼슬의 왕윤이 동탁을 죽이려고 미인계의 꾀를 낼 때
   어릴 때부터 왕윤의 집에서 자란 가기(歌妓)로 등장한다.
2. 왕윤이 먼저 여포를 초대해 잔치를 열고 초선의 춤과 노
   래를 보여주자 여포가 그녀에게 반한다. 왕윤은 미리 세
   운 계책대로 여포에게 초선을 바칠 뜻을 비친다.
3. 왕윤은 다음으로 동탁을 불러 초선을 선보였는데 예측대
   로 그도 반하고 만다. 왕윤은 초선을 동탁에게 내주어 데
   려가게 한다.
4. 그 후 여포는 동탁에게 빼앗긴 초선을 그리워하여 몰래
   찾아가 봉의정에서 밀회하다가 동탁에게 들켜 죽을 뻔하
   는 위험을 겪기도 한다.
5. 마침내 왕윤의 미인계가 성공해 여포가 배신의 칼을 휘
   둘러 동탁을 죽이고 초선을 데려다가 자신의 애첩으로
   삼는다.

이밖에도 초선이 원래 동탁의 시녀였다거나 서역에서 온 가희
였다거나 산동성 부근에서 태어난 여인으로 성이 임씨(任氏)인데
아름다운 여성을 뜻하는 '여선'이란 이름이 '초선'으로 바뀌었다는
등 다양한 주장이 존재한다. 하지만 송(宋)대 이후 야담꾼들에 의

해 이런 내용이 흥미 위주로 꾸며져서 강담(講談) 형태로 대중에게 전달될 때 충의의 상징으로 꼽히는 관우와 색(色)의 심벌로 초선을 결부시켜 흥미를 더하게 된 것이다.

미녀 초선에게 천하를 거머쥔 동탁이 넋을 잃었고, 용맹무쌍한 여포도 푹 빠졌는데 과연 천하의 의협으로 꼽히는 관우는 그녀를 어떻게 처리할 것인가? 미색이 출중하니 데리고 살 것인가, 아니면 남자를 망치는 요녀라 하여 죽일 것인가 하는 일종의 내기 비슷한 심리가 바탕에 깔려 있었던 것이다.

영웅호걸들을 사로잡았던 고대 4대 미녀 중의 한 명인 초선.

《삼국지연의》에는 초선에 대해서 동탁이나 여포와의 사이에 애첩으로 있었지만 아이를 낳지 못했다는 정도의 이야기뿐이고 관우와의 관계는 전혀 나오지 않는다. 그 이유는 나관중이 소설을 쓸 당시 조정에서 관우를 황제로 격상시켜 국가적 영웅으로 숭배했기에 부정적으로 묘사할 수 없어 관우에 얽힌 초선의 부분을 뺀 것이 아니냐는 주장도 있다.

나관중이 소설을 썼던 시대가 원(元) 말기였는데, 이 무렵 많은 사람이 몽고족을 내쫓고 한족의 국가 건설을 꿈꾸었기에 시대적,

사회적 분위기를 살펴보면 일리가 있는 주장이다.

관우는 미색에 빠져 신세를 망친 동탁이나 여포와 달리 천하의 미녀를 받아들이지 않고 단호히 결단을 내려 죽인다는 설정을 통해 민중은 '과연 관우 장군님은 속된 인간들과는 무엇이 달라도 다르다'는 식으로 생각하고 있었음을 엿볼 수 있다.

명장 장료의 목숨을 위해 무릎을 꿇다

또 다른 하나의 사건은 여포와 부하들을 처형할 때 관우가 여포 휘하에 있던 명장 장료(張遼)를 구해준 일이다.

장료는 처음에 병주자사 정원(丁原)의 휘하에 있다가 여포의 부장이 되었지만 여포가 사로잡혔을 때 조조의 포로가 되었고, 이후 조조 휘하에서 활약했다. 장료는 원래 섭씨(攝氏)의 후예였으나 보복을 피하기 위해 성을 바꾸었다고 전해진다.

장료는 온화하면서도 용맹하고 의리를 중시하는 장수로 많은 사람과 잘 어울렸으며, 대장부다운 기상이 있었다. 여포가 백문루에서 최후를 맞이할 때 조조에게 살려줄 것을 사정하자 잠시 망설이는 조조에게 유비가 진언을 했다. 그러자 여포가 유비를 향해 욕을 했다. 이때 장료가 "추태를 보이지 말라. 대장부가 죽게 되면 죽는 거지 뭘 그리 말이 많으냐!"라고 질타하면서 조금도 두려움 없이 처형대에 스스로 목을 내밀었다.

그러자 조조가 친히 칼을 들어 장료의 목을 내리치려 했는데 유비가 뒤에서 조조의 팔을 붙들고 관우는 그 앞에 무릎을 꿇고 사정해 그의 목숨을 구해주었다. 관우가 무릎을 꿇은 것은 이때가 처음이었다. 소설에서는 이 이야기를 다음과 같이 묘사한다.

관우가 무릎을 꿇고 조조에게 "장료가 충의 있는 인물이란 것을 평소부터 잘 알고 있습니다. 바라건대 그를 살려주십시오" 하고 고개 숙여 청했다. 그러고 나서 장료의 결박을 풀어주고는 자기 옷을 벗어 입혀준 뒤 윗자리에 앉혔다.

이 내용에 대해 진수의 《삼국지》〈위서·장료전(張遼傳)〉에는 약간 다르게 기록되어 있다.

조조가 하비성에서 여포를 무찌르자 장료는 병사들을 인솔해 조조에게 투항하니 그 공로로 중랑장의 관직을 받았고 관내후의 작위를 받았다.

다른 내용도 전해지는데 오히려 소설이나 정사 쪽 기록보다 신빙성이 높아 보인다.
여포는 처형당하기 직전 조조에게 "이제 조공은 근심 걱정 없이 베개를 높이 하고 주무실 수 있겠구려"라고 말하면서 은근히 자신을 휘하에 거둬줄 것을 제안했다. 그 말뜻은 '나(여포)를 당신(조조)

휘하의 기병사령관으로 임명하면 천하무적의 기병부대를 갖게 될 테니 어려움 없이 천하를 정벌해 손아귀에 넣게 되지 않겠소'라는 의미였다.

여포는 용맹하기도 했지만 기마술이 뛰어나 최고의 기병사령관 재목이었다. 그런데 조조는 여포의 제안을 받아들이지 않았다. 그 이유는 장래 기병사령관으로 장료를 점찍었기 때문이다.《삼국지》의 저자인 진수도 "조조가 수많은 전투에서 무공을 세웠지만 당시의 훌륭한 장수 중에서 장료 등 다섯 사람이 가장 뛰어났다"고 평가했다.

나중의 일로, 관우를 수하에 거느리고 싶어 한 조조의 명을 받고 관우로 하여금 세 가지 조건을 내걸고 항복하도록 설득한 사람이 바로 장료였다.

여기서 관우가 장료를 구할 때 그를 '충의의 인물'이라고 강조한 사실을 주목해 볼 필요가 있다. 관우가 이런 평가를 했던 인물은 적(敵)으로 만난 사람 가운데 장료가 유일했고, 관우가 무릎까지 꿇으면서 구명을 청한 경우도 장료뿐이었다.

의형제인 유비와 장비를 제외하고 관우가 진심으로 대한 사람은 장료였으며, 장료도 관우를 진심으로 형처럼 여겨 예우했다. 이들 두 사람은 조조가 천하의 패권을 장악하는 관도대전*에서 나란히 조조군의 선봉

* 중국 후한 말기 화북의 2대 세력이었던 원소와 조조가 벌인 대전투. 현재의 허난 성 중무 현 근처의 관도에서 벌어졌던 전투로 조조는 이를 통해 화북에 대한 지배를 확립하고 세력을 한층 더 강화했다. 관도대전은 적벽대전, 이릉대전과 함께 삼국시대의 흐름을 결정지은 전투로서 조조는 유비, 손권과 함께 중국을 삼분하게 되었다.

장으로 출전해 원소군을 격파하는 대공을 세우기도 했다.

관우와 미녀 초선에 얽힌 이야기나 명장 장료를 구한 부분에서 등장하는 상대가 여포라는 점도 눈여겨볼 필요가 있다. 이는 《삼국지》 무대에서 최고의 용장으로 인정받던 여포가 죽으면서 자연스럽게 관우가 그다음의 최고 용장으로 손꼽히게 되었다는 사실과 연관이 있기 때문이다.

많은 사람이 '삼국지에 등장하는 장수 가운데 주변의 도움을 받지 않고 단둘이 상대해 싸운다면 누가 가장 강했을까?'라는 의문을 갖는다. 경극에서도 이런 뉘앙스의 장면이 종종 등장하는데 송대에 강담이 유행하면서 나타난 영향인 듯싶다.

대부분이 삼국지의 무장 가운데 가장 강한 장수로 여포를 지목한다. 인품은 좋지 못했지만 싸움에 있어서는 여포를 당할 자가 없었다는 것이다.

그런 여포가 죽음을 맞이했다. 그렇다면 이제 누가 최고의 장수가 될 것인가?

관우가 그 자리를 차지했다는 것을 말하기 위해 이야기꾼들이 천하제일의 미녀 초선과 여포 못지않은 기병대장 장료를 통해 이야기를 만들어낸 것이 바로 앞서 말한 두 가지 사건이라 할 수 있다. 즉, 천하무적의 장수가 된 관우가 천하제일의 미녀를 차지하는 것이 마땅한 일임에도 충의의 화신답게 여색에 휘둘리지 않고 과감히 미녀의 목을 베어 의협과 충의를 지킨 모습을 보여줌으로써 관우를 예찬하고 있는 것이다. 장료의 이야기도 충의의 인물을 구하기 위해 무릎을 꿇은 관우를 보여줌으로써 그에 대한 존경심을 불러일으키는 극적인 설정이라 할 수 있다.

관우의 유명세는 이 정도에서 끝나고 더 이상 화젯거리로 나타나지 않는다. 이후에는 군벌들이 할거하며 요동치던 천하가 북쪽의 원소, 그 아래에 조조, 더 남쪽으로 내려가서 유표나 장제 군단, 장강 이남의 손 씨 군벌 등으로 판도가 어느 정도 정해진 정세와 관련이 있을 것이다.

본거지를 이룬 군웅과 아직도 본거지를 만들지 못한 유비 세력이 펼치는 본격적인 천하 쟁패에서 가십에 가까운 흥밋거리가 아니라 영웅들의 진정한 활약상이 사람들의 흥미와 관심을 끌 수 있었기 때문이다.

과연 관우는 수많은 영웅이 다투는 대혼란의 시대에 어떤 활약으로 진정한 영웅의 반열에 오를 수 있었을까?

2

영웅 시대의 서막

관우가 조조에게 살의를 품다

천하가 혼란했지만 황제라는 명분은 여전히 군웅들이나 백성에게 끼치는 영향력이 막강했다. 조조는 재빨리 황제를 자신의 본거지로 끌어들여 다른 군웅들의 기선을 제압하고 자신의 정권을 수립했다. 허도 정권은 황제가 있어 외형적으로는 정통의 권력인 것처럼 보였지만, 속사정은 조조가 모든 실권을 장악하고 있었다.

유비 삼형제가 허도에 의탁했을 때는 더욱 그러한 상황이었다. 그런데 허도 정권의 막강한 실세인 조조를 관우가 손보려고 한 사건이 발생한다.

관우와 조조, 두 영웅의 첫 대면은 앞서 말한 것처럼 사수관에서 반동탁연합군이 궁지에 몰렸을 때 관우가 연합군을 구하기 위해 자청해 화웅과 싸우겠다고 나섰을 때였다. 조조는 따뜻한 술한 잔을 대접하면서 원술이나 원소의 비웃음으로부터 관우를 옹호해주었다. 그 이후 둘 사이에 벌어지는 사건은 조조가 황제를 모시고 허전(許田, 현재 허난 성 쉬창 시 남쪽)으로 사냥을 나갔을 때 발생한다. 유비 삼형제는 허도에서 조조에게 의탁하고 있을 때여서 사냥에 함께 동행했다.

소설에서는 이때의 상황을 다음과 같이 전한다.

한창 사냥 중인데 갑자기 가시덤불 속에서 큰 사슴 한 마리가 달려나왔다. 황제가 이를 겨냥해서 연달아 화살 세 대를 쏘았으나 맞지 않자 조조를 돌아보며 "경이 쏘아보시오"라고 했다. 조조는 황금촉으로 된 황제의 화살을 달라고 하더니 활을 힘껏 잡아당겼다. 순간 화살은 번개처럼 날아가 사슴의 등판에 꽂히고 사슴은 풀 속에 쓰러졌다. 모든 신하와 장수들이 달려가서 쓰러진 사슴을 보니 천자의 황금 화살이 꽂혀 있으므로 황제가 쏘아서 맞힌 줄 알고 일제히 기뻐하며 황제가 있는 쪽을 향해 연달아 외쳤다.

"만세! 만만세!"

이때 조조가 말을 몰아 앞으로 나서더니 황제의 앞을 가로막고 만세 소리를 받았다.

모든 사람이 만세를 외치다가 아연실색했다. 유비의 바로 뒤에 있던 관우가 이 광경을 보자 분노가 솟아올라 누에 같은 눈썹을 곧추세우고 봉새처럼 찢어진 눈을 부릅뜨며 칼자루를 잡은 손에 힘을 주었다. 당장 말을 몰고가 조조를 베려는 듯했다.

유비는 관우의 심상치 않은 기세를 보자 황망히 손짓을 하며 눈짓을 보냈다. 이에 관우는 감히 움직이지 못하고 스스로 눈을 감아버렸다. 유비는 이때 나아가 허리를 굽혀 인사하며 조조를 칭찬했다.

"활 솜씨가 신인(神人)이 하강한 듯 참으로 세상에서 보기 드문 바입니다."

사냥이 끝나자 잡은 짐승으로 잔치가 열렸고, 잔치가 끝났을 때 황제는 허도로 돌아갔다. 다른 사람들도 각기 집으로 돌아갔다. 관우가 유비에게 물었다.

"조조가 천자를 업신여기기에 제가 그를 죽여 나라의 피해를 덜려 했는데 형님은 어째서 말리셨습니까?"

유비가 대답했다.

"쥐를 잡으려 그릇을 던져서는 안 된다. 조조가 바로 황제 곁에 있었다. 그의 심복 부하들이 에워싸듯이 조조 곁에 있었으니 동생이 일순간 분노를 참지 못하여 경솔히 행동했다가 만일 실수라도 하는 날이면 천자만 상하게 되고 우리만 죄인이 되는 것이다."

관우가 얼굴을 찌푸리며 푸념했다.

"오늘 역적을 죽이지 않았으니 다음날에 반드시 국가의 불행이 있을 것입니다."

그러자 유비는 "내색하지 말아라. 그런 말을 경솔히 입 밖에 내서는 안 된다"고 관우를 간신히 타일렀다.

관우는 왜 조조의 본거지에서 자신의 목숨을 아끼지 않고 조조를 죽이려 했을까?

그 이유를 "천자를 업신여기기에 그를 죽여 나라의 피해를 덜려 했다"고 관우 스스로 밝히고 있다. 그렇다면 관우는 후한 황실을 받드는 친황제파였을까?

그렇지 않다. 그는 원래부터 조조의 반대파도 아니었고, 이 무렵 허도의 친황제파들과 교류조차 없었다. 이를 통해 관우라는 인물은 황제나 조조의 권력이 어떻게 작동하는지에 대해 전혀 관심이 없었고 천성적으로 거들먹거리거나 우쭐거리는 인물을 싫어한 나머지 앞서 말한 상황이 눈앞에서 벌어지자 무의식적으로 칼자루에 손이 갔고 조조를 벌하려 한 것임을 알 수 있다.

이 일에 대해 관우는 신중하지 못하고 불끈하는 성질 때문에 자칫 대형 사고를 칠 뻔했다는 비판의 목소리가 있다. 반면 관우의 행동을 말린 유비의 신중함과 상황판단이 높이 평가받기도 한다. 그러나 당시의 상황을 감안해 보면 꼭 그렇게 보기는 어렵다.

《삼국지》〈촉서·관우전〉에 주석으로 당시의 돌아가는 정세와 유비의 입장에 대한 설명이 나와 있다.

유비가 허도에 있을 때 조조와 함께 사냥을 한 일이 있었다. 사냥하는 가운데 사람들이 이리저리 흩어지게 되었다. 관우는 유비에게 조조를 죽이자고 권했으나 유비는 응하지 않았다. 나중 하구에 이르러 (적벽대전 직전) 장강 변두리를 떠도는 신세가 되었을 때 관우는 잔뜩 화가 나서 "지난날 사냥할 때 제 말을 따랐다면 오늘의 어려움은 없었을 것입니다"라고 불만을 표시했다. 그러자 유비가 "그때는 역시 나라를 위해 그를 아꼈을 뿐이다. 천도가 정의를 돕는다면 어찌 이것이 복을 위한 것이 아님을 알겠는가"라고 대꾸했다.

한편, 유비가 사냥터에서 돌아온 직후 동승 등과 결탁해 조조를 살해할 음모를 꾸몄으나 도중에 유비는 허도를 떠났고 일이 누설되어 동승 등이 모조리 잡혀 죽는 일이 있었다.

이런 상황을 감안해 보면 허전에서 유비가 국가를 위해 관우를 말렸다는 설명이 이해되지 않는다. 오히려 관우가 조조를 죽이자고 권했을 때 유비가 따르지 않았던 것은 당시 조조 주변에 심복이나 친척 등 따르는 자가 많았으므로 사전에 계획하지 않고서는 행동하기 어려웠기 때문인 것으로 볼 수밖에 없다. 설령 조조를 이때 살해했더라도 자신들 역시 화를 면하지 못했을 것이다.

그래서 유비는 이런 면을 계산하고 관우의 행동을 말린 것이지

어찌 조조를 아끼는 마음이 있었겠는가? 다만 지난 일이었기에 표현하기 좋은 말을 빌려 우회적으로 대답했을 뿐이다.

허도에 머물던 유비의 입장

관우가 조조를 죽이려 했을 때 유비가 말한 "국가를 위해 조조가 필요했기에 말렸다"는 부분과 유비가 동승의 조조 살해 음모에 가담한 부분은 상충되고 있다. 그 이유를 알아보기 위해 우리는 먼저 당시의 정세부터 살펴볼 필요가 있다.

조조가 용단을 내려 멸망 직전인 한 왕실의 황제를 허도로 맞이하고 명목상에 불과하지만 조정의 체계를 갖춘 '허도의 한실(漢室)'이 성립된 때가 196년의 일이다. 그 이듬해인 197년 원술이 합비(合肥)*에서 스스로 제위에 올라 황제를 칭했다. 그리고 유비 삼형제가 조조군의 일원이 되어 원술과 사돈이 되려는 여포를 죽이고 허도로 귀환해 장군 벼슬을 받은 것이 198년이다.

그러므로 관우가 사냥터에서 조조를 살해하려 했을 때는 허도 정권이 수립된 지 겨우 2년 남짓 되었을 무렵이었다. 북쪽에서는 대군벌 원소와 공손찬의 싸움이 계속되고 있었고, 남쪽에서는 부친의 원수를

> * 안후이 성의 성도(省都). 기원전 3세기에 진나라가 합비현을 두었고, 예로부터 중원과 강남을 잇는 교통의 요지였다. 삼국시대에는 위나라의 지배하에 있었는데 양주 공략의 주요 길목이어서 조조군과 손권의 오나라군 사이에 합비전투가 일어난 곳으로 유명하다.

갚으려 분투하는 소패왕 손책(孫策)*과 형주의 유표 사이에 일촉즉발의 대립 관계가 지속되고 있었다.

허도 주변을 둘러싼 군벌들의 정세 역시 복잡미묘했다. 바로 남쪽 지역에 황제를 참칭하는 원술이 있었고, 인근의 완성에는 동탁의 옛 부하였던 장제 군단이 군량 때문에 이주해 자리잡고 있었다. 그들이 명분을 차지하려는 목적으로 황제를 빼앗기 위해 언제 칼날을 허도로 향할지 알 수 없는 매우 긴박한 상황이었다.

또한 서쪽의 익주나 서북 방향의 양주 등지에 있는 유장, 장노, 마등, 한수 등의 군벌들도 호시탐탐 허도를 노리며 야심을 불태우고 있었는데 그들에게서 대의에 충실한 모습은 찾아볼 수 없었다.

이런 대혼란 속에서 동탁의 폭정과 그 이후의 여파로 무너지기 일보 직전이었던 후한 조정을 어느 정도 구해준 사람은 조조였다. 조조는 간웅이기는 했지만 인재를 뽑을 때 출신이나 평판 등에 상관없이 철저히 능력 위주로 발탁하는 공정함이 있었다. 관우나 유비의 눈에도 이런 부분은 명료하게 보였을 것이다.

게다가 조조는 여포를 죽인 후에 예전보다 더 극진히 유비 일행을 대해주었다. 외출할 때는 자신이 탄 마차에 동승하도록 했고, 연회석상에서는 언제나 유비를 자신의 옆자리에 앉혔다.

자신의 근거지가 없이 여기저기 기웃거리며 독립할 기회를 노리고 있던 유비로서는 이런 극진한 대접이 부담스러울

* 손견 사후 원술의 휘하에 들어가 아버지의 후광에 힘입어 현재 장강 하류의 강남 일대를 평정하고 큰 세력을 형성했다. 조조를 위협하는 큰 세력을 형성해 '작은 항우'라는 뜻에서 소패왕이라 불렸다.

수밖에 없었다. 하지만 허도에서 유비는 본심을 숨긴 채 조조의 기분이 상하지 않도록 조심하며 살아가야 하는 입장이었다. 세상에는 여전히 야심을 불태우는 군웅들이 도처에 존재하고 있었지만, 유비 자신은 한 뼘의 땅도 휘하의 군사도 없는 처지에 그나마 허도에 있기에 신변의 안전을 보장받으며 각지에 있는 군웅들의 형편을 살피면서 장래를 도모할 기회를 노릴 수 있었기 때문이다.

이런 상황에서 누가 성인군자이고 세상을 구할 어진 인재이며, 장차 태평성대를 이룩할 영걸인지 결정할 수 없는 것은 당연한 이치다. 설사 안다고 한들 당시 유비의 처지에서 어찌해 볼 방도가 없었다. 그는 은인자중하면서 기회가 오기를 기다리는 수밖에 없었다.

그런데 만약 관우가 성급하게 조조를 죽인다면 유비 자신을 비롯해 삼형제는 그 자리에서 조조의 심복에게 붙잡혀 처형당할 것이 분명했다. 그렇지 않다고 해도 자신을 지킬 힘과 근거지가 없는데 조조를 죽인다고 세상이 달라지고 후한 조정을 바로 세울 수 있는 것도 아니었다. 오히려 남쪽의 원술이나 장제 군단, 북쪽의 원소 등에게 날개를 달아주게 되는 것이나 마찬가지였다.

유비의 심중에는 이런 계산이 분명히 있었기에 조조를 죽이자는 관우를 적극 말린 것으로 해석된다.

그런데 이 일이 있은 지 얼마 지나지 않아 유비는 왜 동승의 '조조 주살 음모'에 가담한 것일까?

사실 유비는 이 음모에 주도적 역할을 한 것은 아니고 가담 이후에도 능동적으로 앞장서는 행동을 보이지 않았다. 그가 한 것은 단지 조조를 죽이자는 연판장에 서명을 한 것뿐이었다. 그것도 황제의 밀지가 있었기에 거절하기 어려웠을 수 있다. 이 연판장에 서명한 이후 유비는 하루라도 빨리 허도에서 벗어나려고 기회를 엿보며 더욱 발버둥치는 모습이 《삼국지연의》에 자세히 묘사되어 있다.

유비가 허도를 벗어나려고 서둘렀던 것은 조조의 그늘에서 벗어나 독립하려는 이유도 있었지만, 내심 허도에 있는 일부 관료들이 꾀하고 있는 반조조의 음모가 성공하지 못하고 오히려 자신들이 화를 당할 수 있다고 생각해 어떤 핑계를 대서라도 허도를 떠나야 한다고 판단했기 때문일 것이다. 따르는 병사도 거의 없고 통치 기반도 없는 친황제파들은 오로지 자신들이 권력을 잡기 위해 황제가 친정(親政)하기만을 원할 뿐이고 천하 정세에 대해서는 까막눈인 어리숙한 인물들이라는 것을 눈치 빠른 유비가 모를 리 없었다.

유비 삼형제와 조조의 인연

유비의 심정은 조조와 유비가 술잔을 나누며 천하의 영웅을 논한 이른바 '청매자주, 논영웅(靑梅煮酒, 論英雄)'의 고사에 잘 나타나 있다.

어느 날 유비의 처소에 조조의 부하가 와서 조조가 함께 자리하기를 청한다는 전갈을 전했다. 유비는 혹시 동승의 음모가 발각된 것은 아닌지 불안해하며 조조의 부중(府中)으로 갔다. 조조는 웃으면서 유비를 맞이했다.

"마침 매화나무에 매실이 푸른 것을 보니 지난해에 장수를 치던 생각이 났소. 당시 행군을 하다가 도중에 물이 없어서 모든 장병이 목말라 괴로워했지요. 그때 한 가지 계책이 생각나기에 내가 말채찍을 들어 앞을 가리키면서 '저기 산 너머에 매화나무 숲이 있다'고 했더니 과연 군사들이 내 말을 듣고 맛이 신 매실을 떠올리며 입에 군침이 돌아 갈증을 면한 일이 있었소. 이제 매화나무에 매실이 주렁주렁 열린 걸 보니 먹고 싶기도 하고 전번에 담근 술이 잘 익어 한잔하려고 귀공을 청했소."

유비는 그제야 안심하고 조조를 따라 후원의 정자로 올라갔다. 두 사람은 마주보고 앉아 술잔을 기울였다.

얼마가 지났을 때였다. 갑자기 하늘이 어두워지며 비가 쏟아져 내렸다. 시종이 멀리 하늘을 가리키며 "용이 하늘로 올라갑니다"라고 했다.

용이 승천하는 듯 치솟는 검은 구름의 모습을 보면서 두 사람 사이에 이른바 천하의 영웅이 누구인가 하는 대화가 이어졌다.

조조가 먼저 "용이 때를 만나 변화하는 것은 마치 사람이 큰 뜻을 세워 천하를 종횡무진 치닫는 것과 같기에 자고로 용을 영웅에 비유하지요. 귀공은 오랫동안 여러 곳을 돌며 깨달은 바가 많을 테니 반드시 당대의 영웅을 알 것이오. 누가 영웅이라 생각하시오?"라고 물었다.

유비는 몇 번 사양하다가 마침내 첫 번째 인물로 원술을 거론했다.

"회남 땅에 있는 원술이 군사와 곡식이 풍족하니 영웅이 아니겠습니까?"

그러자 조조가 일축했다.

"그자는 무덤 속의 백골이나 다름없소. 내 조만간에 사로잡아 보이겠소."

유비는 두 번째로 원소를 꼽았다.

"하북의 원소는 4대째 삼공 벼슬을 한 집안이고 부하도 많은 데다 기주 땅에 범처럼 웅크리고 있으니 영웅이 아니겠습니까?"

그러자 조조는 또다시 고개를 가로저었다.

"그는 겉만 그럴싸할 뿐 알맹이가 없는 자요. 큰일에는 몸을 아끼고 작은 이익에는 목숨을 걸고 덤비지요."

유비는 세 번째로 유표를 들었다.

"팔준(八俊)으로 불리고 형주를 다스리는 유표가 영웅이 아니겠습니까?"

조조는 이번에는 껄껄 웃었다.

"그는 명색뿐 실속이 없소. 영웅이라 하기에는 부족하오."

유비는 네 번째로 손책을 말했다.

"강동(江東)의 혈기왕성한 손책이 영웅이 아니겠습니까?"

조조는 일언지하에 잘라 말했다.

"죽은 아비(손견) 덕일 뿐이오."

이어서 유비는 익주의 유장, 한중의 장노, 양주의 한수 등을 거론했다. 조조는 "그런 자들은 녹록한 소인이라 말할 것도 못 되오"라고 깔아뭉개고는 "영웅이라 하면 가슴에 큰 뜻을 품고 뱃속에 뛰어난 계책을 숨기고 우주를 포용하는 기틀과 천지를 삼키며 토하는 의지가 있어 사람들로 하여금 자연히 따르게 하는 인물이어야만 하오"라고 단호히 말했다.

유비가 "세상에 누가 능히 그럴 수 있겠습니까?"라고 의아해하는데 조조가 엄지손가락을 세워 유비를 가리킨 후 다시 자기를 가리키며 말했다.

"오늘날 천하의 영웅은 그대와 나 둘뿐이지요."

이 한마디에 유비는 자신의 속내가 들킨 줄 알고 놀라서 들고 있던 젓가락을 떨어뜨렸다. 때마침 뇌성벽력이 진동해 유비는 떨어진 젓가락을 주워 올리며 변명했다.

"뇌성벽력이 위엄을 떨치니 제가 그만 실례를 범하고 말았습니다."

조조가 껄껄 웃으며 "대장부가 어찌 뇌성벽력을 무서워하시오?"라고 묻자 유비는 "공자님도 뇌성벽력 소리에 얼굴빛이 변하셨다고 하는데 어찌 무섭지 않겠습니까" 하고 재빨리 둘러댔다.

이 장면은 유비의 허도 탈출을 모양새 있게 해주려고 나관중이 꾸민 것으로 알려져 있다. 그러나 이 내용을 통해 유비의 임기응변이 뛰어남을 알 수 있는 동시에 그가 결코 호락호락한 인물이 아님을 알 수 있으며 조조의 패기가 얼마나 대단한지를 엿볼 수 있다. 또한 유비 자신이 영웅으로 내세운 인물들을 그가 진심으로 어떻게 바라보고 있었는지 엿볼 수 있다.

위의 이야기에서 유비가 거론한 인물들을 유비 자신도 대단하게 여기지 않았다는 증거는 많다. 만일 원소나 손책 등을 진정 천하의 영웅으로 여겼다면 유비는 아예 독립할 생각을 버리고 황제가 있는 허도 정권에서 조조를 떠받들며 한자리쯤 차지하는 것으로 만족했을 것이 분명하다. 따라서 '천하무적에 가까운 관우, 장비가 내 곁에 있고 조조 정도면 모를까, 나머지 각지에 있는 인물들은 의동생인 관우와 장비의 힘만으로 얼마든지 당해낼 수 있다'는 자신감이 있었다고 볼 수 있다.

위의 이야기에서 조조가 "누가 천하의 영웅이라고 생각하시오"라고 물으며 대답을 재촉할 때 유비가 제일 먼저 "원술이 아니겠습니까?"라고 대답했다는 점을 눈여겨볼 필요가 있다. 유비가 진정 원술을 영웅이라 여겨서 그렇게 말한 것일까? 전혀 그렇지 않다.

누가 봐도 원술은 영웅의 그릇이 아니었다. 그런데 왜 원술을 첫 번째로 말하고 두 번째로 원소를 거론했는지 그 순서를 헤아려 보면 유비의 진심을 어느 정도 알 수 있다.

원술은 황제를 칭했으나 당대 군웅 가운데에서 삼류급 인물이었다. 요즘으로 말하면 삼류 정당의 대표가 마치 국민의 지지를 한 몸에 받는 최고 지도자처럼 으스대는 것과 같다. 원소 역시 이류 정도의 인물이지 결코 일류급이 아니었다. 그럼, 역사적인 사실은 어떠했을까?

원소는 그 무렵에 기주를 둘러싸고 공손찬과의 오랜 싸움에서 겨우 승리해 황하 북방 4개 주(청주, 기주, 유주, 병주)를 병합했는데 얼마 후 10여만 군사를 보내 조조를 치려고 했다.

허도의 문무관들이 이 소식을 듣고 전전긍긍하고 있을 때 조조는 태연한 모습이었다. 조조는 원소에 대한 이야기만 나오면 현실적으로 다소 염려를 했을 뿐 이상하리만치 자신감을 보이며 다음과 같이 공언했다. "나는 어릴 때부터 원소를 잘 알고 있소. 그는 뜻은 크지만 지혜가 적고, 겉모양은 엄하지만 속은 겁이 많소. 질투심이 강하고 남보다 앞서고 싶어 하면서도 위엄이 적소. 병사들은 많으나 부서가 마땅치 못하고 장수들은 교만하여 명령에도 일관성이 없소. 비록 그가 차지한 땅이 넓고 양식이 풍부하지만 나중에는 반드시 우리를 받들게 될 것이오."

조조는 이처럼 원소를 낮게 평가했고, 원소가 군사를 일으키자 즉시 군대를 보내 관도에 진을 쳤다. 그때 원술이 황제놀이에 지쳐 북쪽의 원소에게 간다는 소식이 들려왔다.

원술의 북행코스는 대략 서주를 거쳐 청주 땅으로 향한다. 조조는 서주 일대를 잘 아는 유비와 주령(朱靈)*을 파견해 원술을 잡으려고 했다. 유비가 이를 허도 탈출의 기회로 여겨 적극적으로 나서서 조조의 허락을 얻었다는 견해도 있다.

이런 전후의 과정을 살펴보면 유비가 원술과 원소를 대단치 않게 여기고 있었음을 알 수 있다.

유비의 움직임을 좀 더 살펴보자. 유비는 서주에서 원술을 잡으라는 출전 명령을 받자 평소와 달리 급히 서둘렀다. 관우와 장비가 놀라 왜 그렇게 서두르는지를 묻자, 유비는 이렇게 대답했다.

"그동안 나는 새장 속에 갇힌 새요, 그물 속에 든 물고기 신세였다. 그러나 이제는 마치 고기가 큰 바다로 들어가고 새가 푸른 하늘로 날아오르는 것 같구나. 오늘에서야 조조의 무서운 손아귀를 벗어나게 되었으니 서두르는 것이다."

유비는 스스로 조조의 울타리만 벗어나면 얼마든지 자유자재로 세상을 활보하고 큰일을 할 수 있으리라 자신하고 있었다.

이후 유비가 허도를 떠나 원술을 붙잡으려 한다는 소식이 전해지자 원술은 북행을 포기하고 본거지로 돌아가다가 병사하고 유비는 서주에서 독립했다.

유비는 자신의 힘으로 독립하기를 원했다. 한실 부흥이라는 대의도 좋지만 자신의

* 원래 원소군의 장군이었으나 원소의 명령으로 조조를 도우러 갔다가 조조에게 귀순했다. 여러 차례 전쟁에서 승리를 거두어 문제 조비 때에는 후장군에 올랐다.

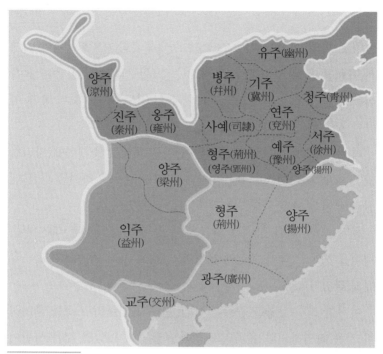

삼국 시대 지도.

힘부터 길러야 했기 때문에 조조를 찾아가 몸을 낮추고 기회를 엿보고 있었을 뿐이다. 그러다 기회가 오자 그는 다음과 같이 계산했을 것이다.

'군벌이라고 하지만 다른 세력에는 관심 없다. 문제는 조조의 반응인데 내가 서주에서 독립해도 조조는 북쪽의 원소를 막아야 하기에 어쩔 수 없이 바라보고만 있을 것이다. 이제부터 관우와 장비에게 군사를 기르게 해서 차근차근 군벌의 하나로 성장해야

겠다.'

청조 말의 사상가 이종오(李宗吾)는 《후흑학(厚黑學)》*에서 이때의 유비를 두고 "의리와 지조가 없는 기회주의의 달인 유비가 흑심을 가진 조조의 영웅론을 빙자한 진심 떠보기에서 보기 좋게 성공한 것"이라 말하기도 했다.

허도를 떠나 서주에 온 유비는 장비를 데리고 소패성에 자리잡았다. 이는 어디까지나 하비성을 다스리는 관우로 하여금 다른 데 신경 쓰지 않고 군사를 기르게 하려는 의도였다.

유비는 곧 '나와 장비가 외침을 막고, 관우는 내실을 다진다'는 계책을 세우고 즉시 실행에 옮겼다. 그리고 자기 가족까지도 관우에게 맡겼다.

이러한 전후 상황을 종합해 보면, 관우가 섣불리 조조를 죽이려 한 것은 분명하지만 유비의 진심과도 맞닿아 있었던 것은 사실이다. 유비가 볼 때 천하에서 자신과 맞설 영걸은 조조 하나뿐으로 원소나 원술 따위는 상대가 아니었다. 다만 장래를 도모하기 위해 조조 진영에 의탁해 있을 뿐이었다. 관우는 분명 의형 유비의 이런 속마음을 평소의 언행에 비추어 어느 정도 헤아리고 있었을 것이다. 다만 성급하게 행동에 옮기려 한 것이 흠이 될 수 있지만 관우의 성품이 교만해서 그런 일을 저지르려 했다고 평가하는 것은 지나친 감이 있다.

* 후흑은 '면후(面厚)'와 '심흑(心黑)'을 합성한 말로 두꺼운 얼굴과 음흉한 속마음이라는 의미다. 1912년 사상가 이종오가 제창했다. 뻔뻔함과 음흉함을 기반으로 하는 처세학인 그의 사상이 1936년 베이징에서 《후흑학》이라는 제목의 책으로 묶여져 나왔다.

오히려 관우는 의형 유비의 입장을 충분히 헤아리고 있었지만 당시 허도의 사냥터에서 목격한 조조의 교만에 대해 불끈 솟구치는 의협심을 참을 수 없었던 것이고, 어찌 보면 조조와의 인연에 얽힌 운명적인 매듭으로 보이기도 한다.

유비의 독립은 결국 조조에 의해 좌절되고 만다. 유비는 서주를 차지하고 나서 서둘러 조조의 공격에 대비해 북쪽의 원소와 동맹을 맺고 대비했으나 원소가 미적미적하는 바람에 조조군에게 패하고 말았다.

이때 유비는 재빨리 도망쳐 원소에게 의탁했고, 장비는 분전하다 어디론가 도망쳤다. 관우는 하비성을 지키다가 조조군의 강력한 공격에 직면해 최후의 결전을 각오했지만, 이는 계란으로 바위치기와도 같았다.

결국 조조가 평소 관우의 영웅다운 모습에 호감을 갖고 있었기에 최악의 상황을 면할 수 있었으나 관우는 어쩔 수 없이 세 가지 조건을 내놓고 항복하는 치욕을 겪게 된다.

이때 조조에게 조건부 항복을 하고 허도로 끌려가는 의협의 장수 관우의 심정은 어떠했을까?

제 5 장

목숨은
버릴지라도
의리는
저버리지 않는다

은혜를 갚았다고 하지만 불투명한 장래를 기약하며 떠나는 관우, 자칫하면 자신의 파멸을 초래할지도 모를 천하무적의 장수를 적진으로 떠나보내는 조조, 이 두 사람의 의기와 약속을 지키는 모습이 어지러운 난세에 피어난 아름다운 일화로서 진정한 사내대장부의 세계를 보여주고 있다.

관우는 적진에 들어가 온갖 유혹에도 변치 않는 의리의 참모습을 보여주어 천하의 의사라는 명성을 얻게 되었다. 또한 의형이자 주군인 유비에게 충절을 바치고자 조조 진영을 떠나 천리독행에 나선 것으로 오덕(五德), 즉 인(仁), 의(義), 예(禮), 지(智), 신(信)을 상징적으로 보여주었다. 금은보화와 미인에도 초연하고, 두 형수를 모시는 데 조금도 결례가 없었으며, 조조에게 은혜를 갚고 약속을 지키며 도리를 행하는 관우의 인덕(仁德)이 두드러지는 부분이다.

1

대의를 위한 항복

관우, 조조에게 항복하다

의형제와 함께 허도를 탈출하여 서주를 차지한 것은 관우에게 새로운 세상을 만들어 보겠다는 기대감을 심어주기에 충분했다. 예전에 그들이 서주를 근거지로 삼은 적이 있기는 하지만 그때는 일시적으로 담당했을 뿐이었다.

서주의 하비성을 본격적으로 다스리게 된 관우의 위상이 크게 달라진 무렵 군벌들의 판도 또한 상당히 바뀌어 있었다.

허도의 잠재적 위협 세력이었던 원술이나 장수(張繡)*의 군단이 이미 사라졌고, 황하를 사이에 두고 남북으로 대치한 조조와 원소 양 진영의 일대 결전이 눈앞에 다가오고 있었다.

조조가 파견한 군정관 차주(車胄)**를 제거한 후 서주를 차지한 유비 삼형제는 명실공히 서주의 주인이 되었다는 자신감에 차 있었다. 이제 위치상 허도와 형주의 중간 부분을 장악했으므로 인근의 영토(예전 원술이 다스리던 곳)까지 손에 넣는다면 일대 군벌로서 성장할 수 있는 기회였다. 그래서 서주의 중심인 하비성을 담당한 관우는 인근의 호족들을 끌어들여 민심을 얻는 일을 진행하며 군량을 확보하고 병사들을 모아 장래에 대비했다.

유비는 재빨리 보좌역 손건(孫乾)***을 원소에게 파견해 연합전선을 제의하고 있었다. 혹시 있을지 모르는 조조군의 남하를 미연에 방지하기 위해서였다.

당시 허도를 중심으로 볼 때 북쪽 지역에 있는 원소 세력과 남쪽에 있는 유비 세력이 손을 잡는다는 것은 반(反)조조 전선을 형성해 정세를 주도할 수 있는 매우 유용한 계책이었다. 만일 조조군이 원소군을 향해 북진하면 남쪽에서 유비군이 허도를 위협하고, 조조군이 유비군을 향해 남진하면 북쪽에서 원소군이 허도를 공격하는 동맹체제야말로 서주의 안전을 담보할 최상의 방책이었던

* 후한 말기의 장수로. 장제의 조카. 후한 말 장제를 따라 정벌에 나섰고, 장제가 죽자 무리를 거느리고 완성에 머무르며 유표에게 합세했다. 197년 조조에게 투항해 양무장군이 되었으나 조조가 자신의 숙모를 취하자 원한을 품고 조조의 군대를 습격해 대파했다. 207년 오환을 공격하다 죽었다.

** 조조의 부하로 조조가 여포를 멸망시킨 후 서주자사로 임명했다. 조조의 명을 받고 유비가 주령과 함께 원술을 공격했을 때 원술이 달아나자 유비는 서주로 가서 서주자사 차주를 죽이고 서주를 차지했다.

*** 유비가 서주에 있을 때부터 유비를 섬기며 사자 역할을 했다. 관우가 조조를 떠나 유비와 합류하도록 도운 인물이기도 하다. 유비가 관우와 장비의 원수를 갚기 위해 이릉으로 출병을 결정하자 남만 일대의 족장들을 설득하고 또한 사마가 유비를 도와 이릉 전투에 참전하게 했다.

것이다.

더욱이 북쪽을 장악한 원소의 세력은 외형적으로 조조보다 훨씬 우위에 있었다. 병력은 물론 다스리는 지역의 생산성과 인구수, 군량의 보급 조건 등을 종합적으로 따지면 몇 배나 앞서 있었다. 강한 세력과 동맹을 맺는 일은 약체 군벌로서는 당연한 선택이었던 것이다.

한편, 유비가 서주에서 독립한 얼마 후에 허도에서는 조조를 제거하고 왕정복고를 꾀하려 했던 친황제파 동승의 음모가 발각되어 관련자 모두가 형장의 이슬로 사라졌다.

조조 진영에서는 이 음모에 가담한 유비부터 제거하자는 논의가 일어났다. 그러나 당시 원소를 견제하면서 유비를 공략해야 하는 상황이었기 때문에 책사들의 의견은 양편으로 갈려 설왕설래했다.

그 무렵 원소는 조조 토벌 격문을 발표하고 한껏 의기양양해 있었다(이 격문은 위원소격예주(爲袁紹檄豫州)라는 제목으로 중국의 명문집《문선(文選)》**** 권44에 수록되어 있다).

격문은 진림이란 문장가가 지은 것인데 조조의 출신가문부터 지독히 깔아뭉개고 조조의 목을 가져오는 자에게 5000호의 제후자리와 5000만 금을 상으로 내린다는 내용을 담고 있었다.

조조는 이를 전해 듣고 껄껄 웃고 나서 이

**** 양나라 소명태자가 주대에서 양대에 이르는 130여 명의 문장가의 시문을 모아 엮은 책. 수나라에 이르러 널리 알려졌고, 당나라 때에는 사부(詞賦)로 인재를 등용해 문선학이 매우 성행했다.

렇게 말했다. "원래 글이란 무략(武略, 군사상의 책략)이 뒷받침되어야 효과를 거둘 수 있는 것이다. 진림의 글솜씨가 아무리 대단하다 할지라도 원소군의 힘이 부족하니 별 수 없을 게다." 그리고 이 기회를 이용해 서주에서 독립한 유비부터 치겠다고 선언했다.

이는 뜻밖의 일이었으므로 여러 책사들이 "그리하면 북쪽의 원소가 허도를 노릴 위험이 있습니다. 우선 원소와 결전해야 합니다"라고 말렸다. 그런데 곽가만은 단호히 "원소는 성격이 느리고 의심이 많습니다. 유비는 지금 막 서주에서 새로이 군사를 편성했기에 군사의 마음을 다 잡지는 못했을 것입니다. 우리가 쳐들어가면 쉽게 격파할 수 있고, 그동안 원소는 성격상 돌아가는 상황을 살피느라 군사를 움직이지 않을 것입니다"라고 주장했다.

조조는 곽가의 의견을 흔쾌히 받아들여 유비 공략전부터 시작했다. 유비나 관우에게는 예상 밖의 일인 동시에 최악의 상황이 전개된 것이다. 그들이 기대한 서주에서 필요한 수효만큼의 군사를 모으지 못했고, 조조군에 대항할 수 있는 대비책이나 군량이 충분히 준비되지 못한 데다 아직 민심 수습도 제대로 되어 있지 않았기 때문이다.

조조의 주력군은 먼저 유비가 있는 소패성으로 진격했다. 유비는 조조군이 쳐들어온다는 소식을 듣고 믿을 수 없다는 태도로 확인차 수십 명의 기병을 이끌고 성 밖으로 나갔는데 조조가 직접 군사를 지휘한다는 사실을 알게 되었다. 유비는 아직 원소와 확고한 동맹을 맺기 전이었으므로 조조군과 싸워 봐야 몰살당하기 쉽

상인 것을 누구보다 잘 알고 있었으므로 재빨리 원소 진영으로 도 망쳤다.

《삼국지연의》에서는 이때의 일을 유비의 입장을 세워주기 위해 장비의 꾀를 받아들여 야심한 밤에 조조군 영채를 기습 공격했다 가 크게 패해 도망친 것으로 되어 있다. 그러나 정사 《삼국지》에 는 "곧 백성을 버리고 도망쳤다"라고 기록되어 있다.

유비가 도망치고 장비는 소패성에서 홀로 분전했으나 상황을 역전시킬 수 없었다. 장비 또한 소수의 병사로 대항할 수 없어 도 망쳤다.

조조는 손쉽게 소패성을 점령한 후에 동남쪽으로 진격해 하비 성을 노렸다. 이곳은 관우가 지키면서 유비의 두 부인을 비롯해 가솔을 보호하고 있었다.

관우는 '목숨을 걸고 조조와 싸울 테다'라고 결사항전을 각오했 지만 상황은 그리 여의치 않았다. 《삼국지》〈촉서·선주전(先主傳)〉 에는 "조조가 쳐들어와서 병사들을 모조리 자신의 휘하로 편입시 키고, 유비의 처자와 관우 등을 사로잡아 허도로 돌아갔다"고 기 록되어 있다.

사실 관우라는 인물은 자신이 처한 상황이 어렵고 방어할 힘이 부족하다 해도 쉽사리 항복할 장수는 아니었으며, 하비성은 성채 가 대, 중, 소 3층으로 쌓아올려 튼튼했으므로 성문을 잠그고 저 항하는 데 유리한 조건을 갖추고 있었다. 그렇다면 관우는 왜 항 복을 선택한 것일까?

여기에는 복잡한 사연이 얽혀 있었다.

무엇보다도 적장인 조조가 허도에서 관우를 대해본 뒤 그에 대해 매우 감탄하고 있었다는 사실이다. 관우는 용맹하기 이를 데 없는 데다 《춘추》를 읽어 문무를 겸비하고 있었기에 조조는 어떻게 해서라도 그를 자신의 휘하에 거느리고 싶어 했다.

북쪽에서 호시탐탐 허도를 노리는 원소 때문에 서둘러 서주 일대를 제압하고 승전가를 부르면서 허도로 돌아가야 하는 조조와 목숨을 걸고 하비성만은 굳게 지키려는 관우와의 일대 격돌이 예상되던 상황이었지만 조조는 달리 생각하고 있었다.

조조가 소패성을 점령하고 하비성 공격을 의논할 때 순욱이 말했다.

"지금 성에는 관우가 유비의 처자들을 죽을 각오로 지키고 있으니 쉽지 않을 테지만 속히 점령하지 않으면 원소가 먼저 움직일지 모릅니다."

이에 조조가 말했다.

"나는 평소 관우의 무예와 그 인물됨을 사랑하기에 이참에 내 사람으로 만들어 쓰고 싶소. 그러니 서둘러 공격하지 말고 우선 사람을 보내어 항복하도록 달래보는 것이 어떻겠소?"

그러자 곽가가 대답했다.

"관우는 의리를 중요하게 여기는 사람이어서 쉽게 항복하지 않을 것입니다. 선불리 사람을 보내어 달래다가는 도리어 우리 쪽이 해를 당할까 염려됩니다."

그때 장료가 나섰다.

"이전에 관우와 사귄 일이 있으니 한번 가서 말해 보겠습니다."

그리하여 정욱이 꾀를 내어 관우를 하비성 밖으로 유인해 야산(토산진)으로 몰아 겹겹이 포위한 뒤 장료가 관우를 찾아가 설득했다. 그러나 관우는 끝까지 싸우다 죽겠다고 단호한 태도를 보였다. 이에 장료가 관우를 타일렀다.

"형님께서 지금 죽으시면 세 가지 죄를 면할 수 없습니다."

"세 가지 죄라니…… 그게 무슨 소리냐?"

장료가 차근차근 설명했다.

"애초에 유비공이 형님과 의형제를 맺을 때 살고 죽는 것을 함께하기로 맹세했는데 이제 유비공이 싸움에 패했다 하여 형님이 싸우다가 죽으면 어찌 되겠습니까? 만일 유비공이 살아 있어 형님의 도움을 바랄 때 형님이 죽고 없으면 이는 지난날의 맹세를 저버린 것이 되니 그 죄가 하나요, 또 유비공이 형님에게 가족을 맡겼거늘 형님이 이제 싸우다 죽으시면 감부인과 미부인은 의지할 곳이 없게 되어 유비공의 부탁을 저버린 것이 되니 그 죄가 둘이요, 또 형님은 무예에 출중하며 거기에 경서와 사기에 통달하였음에도 유비공을 도와 다시 한실을 세우려고는 하지 않고 쓸데없는 죽음으로 단지 필부의 용기를 이룬다면 그것은 충의라 할 수 없으니 그 죄가 셋입니다. 형님께서 세 가지 죄를 저지르려 하시니 제가 충고해 드리지 않을 수 없습니다."

관우는 한동안 말없이 생각에 잠겼다가 한풀 꺾인 음성으로 물었다.

"그대가 세 가지 죄를 말하니 나더러 어찌하라는 것이냐?"

장료가 대답했다.

"보시다시피 이제 사방이 모두 조 장군의 군사여서 항복하지 않으면 죽는 길밖에 없으니 쓸데없이 죽으면 아무런 이익도 없습니다. 그러니 일단 조 장군에게 항복했다가 유비공의 소식을 알아봐서 어디 계신지를 알게 되거든 그때 그리로 가십시오. 그러면 첫째로 두 부인을 무사히 보호할 수 있고, 둘째로 도원에서 결의하던 때의 맹세를 지킬 수 있으며, 셋째로 올바른 일을 위해 장차 활약할 수 있으십니다. 이 세 가지 좋은 점을 형님께서는 깊이 고려하십시오."

이 말을 듣고 관우가 결심한 듯 대답했다.

"그대가 세 가지 좋은 점이라 말했으나 내게도 세 가지 조건이 있다. 조 장군이 약속해주면 내 곧 갑옷을 벗겠지만 요구 조건을 들어주지 않으면 차라리 세 가지 죄를 뒤집어쓰고 싸우다가 죽겠다."

장료는 어느 정도 설득이 되었음을 알고 조조의 도량이 넓으니 아마 조건을 받아들일 거라면서 세 가지 조건을 말하라고 했다. 그러자 관우가 조건을 내놓았다.

"첫째는 내가 유비 형님과 맹세할 때 한나라를 바로잡기로 했으니 나는 한나라 황제에게 항복하는 것이지 조조에게 항복하는 것이 아니며, 둘째는 두 형수님께 녹을 주어 생활하시는 데 조금도 군색함이 없게 하되 상하를 막론하고 아무도 그 문 안에 들어오지 말게 할 것이며, 셋째는 유비 형님이 계신 곳을 알게 되면 천리든 만리든 곧 길을 떠나가도록 해줘야 한다는 조건이다. 이 세 가지 가운데 하나라도 들어주지 않으면 결코 항복하지 않을 것이니 그대는 속히 가서 알아보고 회답을 달라."

장료에게서 보고를 받은 조조는 세 번째 조건 때문에 주저하지 않을 수 없었다. 관우의 항복을 받는 까닭이 휘하에 거느리고 싶어서인데 유비가 있는 곳을 알면 떠나겠다고 하니 이는 받아들이기 곤란한 조건이었기 때문이다. 그때 장료가 옛날의 사례들을 들어 "극진히 대접해주면 관우라 할지라도 마음이 바뀌지 않겠습니까?"라고 간곡히 진언했다. 이에 조조가 관우의 조건을 받아들였다.

관우가 지켰던 서주의 하비성은 1668년 음력 6월 17일에 성 밑에서 발생한 대지진으로 완전히 무너지고, 한 달 후인 7월 20일에는 엎친 데 덮친 격으로 옛 황하가 넘치면서 강물이 폐허를 휩쓸어 지금은 갈대가 무성한 늪지대 아래에 있다.

그러나 관우가 항복한 야산, 이른바 토산진(土山鎭)은 하비성에서 북서쪽으로 30여 리쯤인데 오늘날에도 돌산 형태로 남아 있다. 이를 토대로 유추해보면 소설의 내용처럼 관우가 정욱의 꾀에 유인당해 하비성을 나온 것이 아니라, 군사를 나눠 하비성에 일 군을 두고 자신은 다른 일 군을 거느리고 토산진에 웅거하면서 조조 군을 양쪽에서 협공하려 했으나 여의치 않아 조건부로 항복한 것이 아닌가 생각된다.

조조는 간웅이었나 아니면 영웅호걸이었나?

관우의 허도 생활은 항복한 장수가 겪어야 하는 가시방석이 아니라 마치 국빈처럼 최고의 예우를 받는 비단방석이었다. 조조가 지극한 대우로 관우의 환심을 사고자 하는 모습이 《삼국지연의》에 다음과 같이 그려지고 있다.

조조의 정성은 지극하여 3일마다 소연을, 5일마다 대연을 베풀어 관우의 환심을 사려고 했다. 또 아름다운 여인 10여 명을 뽑아서 관우의 시중을 들게 했다. 관우는 그 미인들을 모두 안채로 들여보내 두 형수를 모시게 했다.

한번은 조조가 관우가 입은 녹금전포가 낡은 것을 보고는 곧 기장을 재게 하여 좋은 비단으로 새 전포 한 벌을 만들어 주었다. 관우는 새 전포를 받아 입고 그 위에다 낡은 전포를 겹쳐 입었다. 조조가 어이가 없어 크게 웃으며 물었다.

"관 장군은 어찌하여 그렇게 검소하오?"

"검소해서가 아닙니다. 옛 전포는 지난날 유비 형님께서 주신 것입니다. 이 전포를 입고 있으면 마치 형님을 뵙는 것만 같습니다. 조 장군님께서 주신 전포 때문에 형님이 주신 전포를 어찌 잊을 수가 있겠습니까. 그래서 겹쳐 입었습니다."

조조는 감탄해 마지않았다.

"관 장군은 참으로 의사(義士)이시오."

말은 그렇게 했으나 조조는 내심 매우 착잡했다.

얼마 후 그날도 조조는 관우를 위해 잔치를 베풀고 융숭하게 대접했다. 잔치가 끝난 뒤 조조는 돌아가는 관우를 배웅하려고 부중의 바깥까지 나왔는데 볼품없이 야윈 관우의 말을 보게 되었다.

"관 장군의 말은 어찌 이리 수척하오?"

관우가 웃으며 대답했다.

"소장의 몸이 너무 무거워서 말이 견디지를 못해 저렇듯 말랐습니다."

조조는 고개를 끄덕이더니 좌우 사람에게 마구간에 가서 붉은 말을 끌고오라고 했다. 그 말은 온몸이 붉고 매우 웅건

하여 한눈에 보아도 천리마로 말 가운데 단연코 으뜸이었다.
조조가 그 말을 가리키며 물었다.

"관 장군은 이 말을 아시오?"

"여포가 생전에 타던 적토마와 매우 닮았습니다."

"그렇소. 바로 적토마요."

조조는 안장을 얹게 하고 손수 말고삐를 끌어 관우의 손에
쥐여주었다. 관우는 크게 기뻐하며 조조에게 두 번 절하며
거듭 감사를 올렸다. 조조가 이상한 듯이 물었다.

"내가 여러 번 미인을 보내주고 황금과 비단을 주어도 관
장군은 한 번도 내게 절을 한 적이 없소. 그런데 말 한 필을
받고서 내게 두 번씩이나 절하고 기뻐하니 사람은 천대하고
말을 더 소중히 여기는 듯하오."

관우가 고개를 숙이며 대답했다.

"소장은 이 말이 하루에 천 리를 달릴 수 있는 명마인 걸
압니다. 이제 다행히 이런 명마를 얻게 되어 유비 형님이 어
디 계신지를 알게 되면 단숨에 달려갈 수 있으니 조 장군님
께 어찌 감사한 마음을 표하지 않을 수 있겠습니까?"

조조는 이 말을 듣고 적토마를 내준 것을 오히려 크게 후
회했지만 그렇다고 돌려달라고 할 수도 없는 일이었다. 단지
적토마를 타고 돌아가는 관우의 뒷모습을 망연히 바라볼 뿐
이었다.

이튿날 조조는 장료를 불러 물었다.

"내 지금까지 관우 장군을 극진히 대접했는데도 그는 늘 떠날 생각만 하니 어쩌면 좋겠소?"

장료는 자신이 직접 가서 본심을 알아보겠다고 말하고 관우를 찾아가 물었다.

"내가 형님을 모시고 허도로 온 뒤로 조 장군님께서 형님에게 혹시 뭐 잘못하는 일이라도 있었습니까?"

관우가 고개를 가로저었다.

"그런 일 없네. 나는 조 장군님의 극진한 대우에 깊이 감동했네. 다만 몸이 여기 있으나 마음은 유비 형님을 잊을 수 없어 편치 않을 뿐이네."

"형님의 말씀은 옳지 않습니다. 세상을 살아가는 데 있어 더 귀중하고 덜 귀중한 것에 대한 판단이 서지 않으면 남아 대장부라고 할 수 없습니다. 유비공이 형님을 대접한 것이 어느 정도인지 모르지만 우리 조 장군님께서 형님을 대접하는 것보다는 더 극진하지는 않았을 것입니다. 그런데도 형님은 어째서 이곳을 떠날 생각만 하고 계십니까?"

"조 장군님이 극진히 대접해주는 걸 내 어찌 모르겠는가. 그러나 나는 일찍이 유비 형님의 큰 은혜를 입었으며 생사를 함께하기로 맹세까지 했으니 절대 저버릴 수 없다네. 나는 결코 이곳에 끝까지 머물 수 없는 몸일세. 다만 공을 세워 조 장군님의 은혜에 보답한 후에 떠날 생각이네."

"만일 유비공이 세상을 떠났다면 형님은 어디로 가시겠습니까?"

"나 역시 형님을 따라 지하로 가야겠지."

장료는 더 이상 관우의 결심을 바꿀 수 없다는 걸 알고 돌아가서 조조에게 들은 대로 전했다. 조조는 거듭 탄식했다.

"주인을 섬기되 그 근본을 잊지 않으니 관우야말로 천하의 의사로다."

관우가 이때 선물로 받은 적토마는 몸길이가 1장, 머리까지의 높이가 8척, 하루에 천 리를 달릴 수 있는 명마라고 전해진다. "사람 중에 여포가 있고 말 가운데 적토마가 있다"고 할 정도로 유명하지만 정사의 기록에는 나타나지 않는다.

이렇듯 조조는 명장을 휘하에 거느리고 싶은 욕심 때문에 관우에게 온 정성을 다했지만 도원결의에서 맹세한 바를 지키려는 관우의 일편단심을 바꿀 수는 없었다. 오히려 그의 뜨거운 의기만 확인할 수 있을 뿐이었다.

허도에서 포로 신세의 관우가 보여준 행동, 즉 '약속을 하면 반드시 지킨다. 어떤 유혹이 있어라도, 어떤 손해를 입을지라도 약속을 어기지 않는다'는 굳건한 모습은 관우가 신의(信義)의 상징이 되는 데 결정적인 역할을 했다 해도 과언이 아니다.

훗날 조조가 관우에 대해 평가할 때도 천하의사라고 칭송하며 이 부분을 가장 높게 평가했다.

관우의 진심을 확인했을 때 '내가 그토록 정성껏 잘해줬는데 아직도 나에 대한 고마움을 모르다니'라는 야속한 심정도 어느 정도 있었을 테지만, "관우는 의사다. 진정한 사나이다"라고 부하들 앞에서 주저 없이 칭찬하고 있는 조조의 배포도 남다름을 볼 수 있다.

누구나 살아가면서 적어도 몇 번은 인생의 의미를 되돌아보고 마음속에 간직할 만큼 의미 있는 인물을 만나게 된다. 그 상대가 어떤 인물이냐에 따라 그 사람의 격이 달라지고 운명의 행로까지도 바뀌게 된다.

예를 들어 동탁과 여포의 경우, 만일 그들이 서로 만나지 않았다면 여포가 배신의 심벌이 되지 않았을 수도 있다. 아니 의부를 죽이는 패륜아로 낙인찍히지 않았을 가능성이 크다. 관우도 만일 상대가 조조가 아닌 소심하고 변덕스런 원소와 항복한 장수의 입장으로 만났다면, 자신의 끓어오르는 뜨거운 의기(義氣)를 보여줄 수는 있었겠지만 온전히 살아남아서 원소 진영을 떠날 수는 없었을 것이다.

"영웅이 영웅을 알아본다", "라이벌이 라이벌을 키워준다"라는 말이 있다. 물론 관우가 조조의 라이벌은 아니었지만, 조조의 아군과 적군이라는 이분법이 아닌 인간 대 인간으로 사람을 대하는 대인의 풍모가 결과적으로 관우의 일생을 빛나게 하는 데 어느 정도 역할을 했다고 할 수 있다. 즉, 조조의 영웅적인 풍도가 주군이자 의형인 유비를 향한 일편단심을 지닌 관우가 당당한 사내대장부이자 불굴의 영웅으로 살아남을 수 있게 일조했다는 말이다.

이처럼 우리 삶에서도 누구와 만나고 인연을 맺느냐에 따라 삶 자체가 달라질 수 있음을 되새겨 볼 만하다.

조조와의 인연은 관우에게 있어 인생의 세 번째 중요한 경험이었다. 첫 번째는 고향에서 살인을 하고 도망쳐서 세상을 떠돌아다니며 밑바닥 인생을 체험한 경험이었고, 두 번째는 유비와 장비를 만나 평생 신의를 잊지 말자고 맹세한 도원결의였다. 그리고 항복한 장수와 적장으로 만났지만 넓은 도량과 풍부한 감성을 지닌 당대의 영걸 조조와의 만남에서 또 허도에 있는 당대의 현사들을 사귐으로써 인생의 교훈이 될 경험을 한 것이다.

여기서 터득한 인간관계의 중요성이나 세상을 보는 새로운 시각이 장차 관우에게 어떤 영향을 끼치게 되었을까?

몸은 조조에게 있지만
마음은 유비를 향하다

의리는 천금과도 바꾸지 않는다

중국에서는 오래전부터 "선비는 자신의 가치를 알아주는 주군을 위해 목숨을 바치고, 여인은 자신을 사랑하는 남자를 위해 곱게 단장한다"는 말이 있다.

관우가 문무를 겸비하고 자신을 끊임없이 갈고닦은 인물이란 점은 분명하지만, 그의 진가를 진정으로 알아주고 그가 의로운 기개를 가진 인물로 활약할 수 있도록 배려해준 적장은 다름 아닌 조조였다.

조조의 입장에서 한번 살펴보자. 관우가 누구인가? 언젠가 천하를 놓고 다툴지도 모를 유비의 오른팔 격인 데다 천하제일의 무용을 자랑하는 장수다. 게다가 신의가 넘쳐 오로지 유비와의 결의만을 소중히 생각한다. 조조는 이런 관우를 보면서 유비가 이런 관우의 진정성을 어느 정도 알고 있을지 궁금했을 수도 있다. 조조는 매우 아쉬운 마음이었지만 끝까지 관우에게 진심으로 대하며 마치 소중한 손님처럼 호의를 베풀었다.

이제 유비의 경우를 살펴보자. 그는 상황이 조금이라도 여의치 않으면 주저 없이 가족을 팽개치고 부하 장병을 버리고 도망치기 일쑤였다. 천하를 도모하는 그가 우선 자기 목숨부터 소중히 여긴 것을 나무랄 수는 없다. 그러나 만약 유비 자신이 항복한 장수로서 적진에 갇힌 상황에 놓였다면 과연 어떻게 했을까? 유비 또한 의리를 소중히 여기고 한번 믿으면 끝까지 믿는 영웅의 그릇이었을 수도 있지만 변심했을 가능성도 꽤 높은 것이 사실이다. 다음의 일은 유비의 성향을 엿볼 수 있는 일례다.

관우가 끝내 조조의 호의를 거부하고 허도를 떠나기 직전, 유비가 은밀히 관우에게 다음과 같은 서신을 보냈다.

그대와 도원에서 의형제를 맺었을 때 언제고 함께 죽기를 서로 맹세했는데 이제 어쩌다가 도중에서 어긋나 그대는 은혜를 저버리고 의리를 끊어버리느냐.

그대가 공명을 탐하여 부귀영화를 누리고자 한다면 기꺼이 나의 목을 바치겠으니 소원을 풀라. 글로 다 말할 수가 없어 죽을 날을 기다리며 답장만 기다리노라.

이 내용만으로 유비가 내심 관우에게 품고 있는 진정성을 의심하기는 어렵지만, 적어도 관우에 대해 전폭적인 믿음은 없었던 것으로 보인다. 서신에 나타나는 협박성에 가까운 표현이 특히 이런 의심이 들게 한다.

유비가 의형제 관우를 신뢰하고 사랑했다면 서신에서 "부귀영화를 누리고자 한다면……" 그다음 구절에 "여기서 인연을 접고 그대의 공명을 바라겠다"거나, "이 형을 잊어달라"거나 하는 투의 표현을 쓰지 "기꺼이 나의 목을 바치겠으니 소원을 풀라"고 하는 협박은 하지 않았을 것이다.

또한 조조가 직접 대군을 이끌고 쳐들어오자 대적할 힘이 부족하다는 이유로 아무런 연락 없이 혼자 살기 위해 원소에게 도망쳐버린 유비가 이 서신에서 분명히 관우에게 밝혀야 할 것은 적어도 어찌어찌하다가 여의치 않아 원소에게 의탁하게 되었다거나, 자신의 도피에 대한 최소한의 변명과 아직도 관우를 동생으로 여긴다는 정도의 말은 했어야 옳지 않았을까?

위의 유비 서신에 대한 관우의 답장은 이러했다.

일찍이 듣건대 의리는 자기 마음을 저버리지 않으며, 충성은 죽음을 두려워하지 않는다고 했습니다. 어려서부터 책을 읽어 대략이나마 예(禮)와 의(義)를 알아 양각애와 좌백도의 옛일*을 읽을 때마다 거듭 탄식하고 눈물을 흘렸습니다. 지난날 하비성을 지킬 때 안으로는 곡식이 부족하고 바깥으로는 구원을 오는 군사가 없어 한때 죽기를 각오하였으나 귀한 두 형수씨를 난리 속에 버려둔 채 죽는다면 형님의 부탁을 저버리는 것이 되겠기에 잠시 조조에게 의탁하고 형님과 다시 만나기를 고대한 것입니다. 곧 조조에게 하직하고 두 형수씨를 모시고 형님이 계신 곳으로 가겠습니다.

유비의 서신대로라면 관우는 자칫 부귀공명이나 꾀하는 사람으로 전락할 수도 있었다. 그러나 관우의 실상은 의형제가 죽었는지 살았는지도 모르는 데다 자신이 두 형수님을 모시고 있는 형편에서 조조의 대군에게 겹겹이 포위당해 진퇴양난의 상황에서 항복할 수밖에 없었다.

유비가 보낸 서신과 관우의 답장은 물론 정사의 기록이 아니고 《삼국지연의》에서 나관중이 꾸며낸 이야기다. 그러나 한편으로 뻔뻔스러움과 두꺼운 얼굴로 그때그때 임기응변하면서 난관을 헤쳐나가는 유비의 모습을 나관중이 충분히 그리고 있다는 생각이 든다.

이제 관우는 온갖 정성을 다하는 조조를 떠나 의형 유비에게로 가게 되었다. 그 중간에 관우가 지닌 무용이 어떠했는지, 또 어떻게 처신했는지를 보여주는 일화가 무수히 등장한다. 그 가운데 조

* 양각애와 좌백도는 연나라 사람으로 친구 사이였는데, 함께 초나라로 가던 중 폭설을 만나 갇혀 식량이 다 떨어져 죽을 지경이 되었다. 이때 좌백도가 자기 옷과 양식을 건네주고 자신은 얼어 죽었다. 양각애는 좌백도 덕택에 무사히 초나라로 가서 상대부가 되었다. 나중에 양각애의 꿈에 좌백도가 나타나 고통을 호소하자 양각애는 지하에 가서 친구의 고통을 해결해주겠다며 자살했다.

조군의 관소를 돌파할 때의 무용담도 있으나 원소군과 격돌했을 때의 이야기는 백미로 꼽힌다.

관우가 적토마에 올라 청룡도를 비껴들고 산 아래로 달려 내려가 봉황의 눈을 부릅뜨고 눈썹을 곤추세우며 바로 상대편 진영으로 돌격하니 하북의 군사들(원소군)은 일시에 파도가 부서지듯 양 갈래로 흩어졌다.

관우는 곧장 원소군의 선봉장 안량(顏良)**에게 달려들었다. 대장기 아래서 말에 오르고 있던 안량은 돌진해 오는 관우의 모습을 보자 무슨 말인가를 물어보려고 막 입을 놀리려는 참이었다. 그러나 적토마의 속도가 너무 빨라서 이미 안량의 앞까지 이르렀다. 안량은 미처 손쓸 사이도 없이 관우의 청룡도에 맞아 말 아래로 떨어져 굴렀다.

관우는 성큼 말에서 뛰어내려 단번에 안량의 머리를 베어 적토마에 매달고 몸을 날려 올라탄 후 청룡도를 휘두르며 적진 속을 무인지경으로 달려나오는데 하북 군사들은 너무 놀라 감히 덤벼들지 못하고 도망치기에 바빴다.

조조군이 그 기회를 타고 일제히 내달려 적을 무찌르니 죽은 하북의 군사는 그 수를 헤아릴 수 없을 정도였고 빼앗긴 말과 무기는 부지기수였다.

관우가 유유히 말을 달려 산 위로 올라

** 후한 말의 무장. 200년 원소가 안량을 선봉으로 삼고 백마로 진격하게 했는데 조조가 군사를 이끌고 와서 싸웠다. 이때 관우에 의해 죽임을 당한다.

오니 조조의 모든 장수가 일제히 갈채를 보내며 칭송해 마지

않았다.

관우는 조조 앞에 이르러 안량의 목을 바쳤다. 조조가 찬

탄했다.

"관 장군은 참으로 신인(神人)이시오."

은혜를 갚고 조조를 떠나다

위의 이야기는 원소군 제일의 명장이자 날랜 군사

15만 명을 이끈 선봉장 안량을 단 일 합에 물리친 관우의 무용담

이다. 그 결과 관도대전의 서막인 백마전투˙에서 조조는 대승을

거두게 된다.

조조에게 입은 은혜를 갚았다고 여긴 관우는 조조에게서 받은

물품들을 정리해 창고에 쌓아두고 두 형수를 모시고 허도의 북문

으로 나가 유비가 있는 하북의 원소 진영으로 떠난다.

한편, 조조는 이 사실을 보고받고 아연

실색해 있는데 주위에서 이구동성으로 관

우를 죽이거나 막아야 한다고 주장했다.

사실 관우가 원소에게 가서 힘을 보탠다

면 조조 진영으로서는 앞으로의 싸움에서

패망의 위기까지 감안해야 했기 때문이다.

˙ 후한 말기 조조와 원소가 일
대 결전을 벌인 관도대전의
첫 전면전. 이 전투에서 관우
가 안량을 죽이고 조조군이 승
리했다. 그러나 조조는 관도를
지키려는 목적으로 전략적으
로 백마를 포기하고 퇴각한다.

154

첫 접전에서 관우 덕분에 원소군을 물리쳤다고 하지만 아직도 군사의 수나 군량 등 여러 면에서 원소군이 절대적으로 우위에 있었고, 더욱이 유비를 보좌하는 관우까지 가담해 쳐들어온다면 어찌할 것인가.

안량이 전사한 이후의 전개 부분을 《삼국지》〈위서(魏書)·무제기(武帝紀)〉는 다음과 같이 기록하고 있다.

> 원소는 선봉장 안량이 전사했다는 보고를 받고 작전을 바꿔 조조와 직접 싸우기로 했다. 조조는 백마에서 관도로 돌아오던 도중 원소의 대군과 마주쳤다. 적군의 대장 문추는 유비와 함께 5000~6000의 기병을 앞서 이끌고 있었다. 수적으로 불리하다고 판단한 조조는 무기와 군량을 길거리에 내다버리는 유인작전을 폈다. 이 작전이 성공하여 문추를 물리칠수 있었다. 원소는 후퇴했고 조조는 허도로 귀환했다. 그리고 관우는 조조가 있는 곳에서 떠났다.

이 간단한 기록만으로 전후 사정을 자세히 알 수는 없으나 정리해 보면 다음과 같다. 관우가 안량을 죽인 후 원소가 작전을 바꿔 문추의 기병대를 내보냈는데, 조조군이 문추를 물리쳤고 원소가 물러가자 조조가 허도로 귀환했다. 이 무렵에 관우가 허도를 떠나 유비가 있는 북쪽을 향했던 것이다.

《삼국지연의》에서는 문추도 관우가 벤 것으로 되어 있는데, 이는 관우가 문추 진영에 있던 유비와 싸운 것이 되기에 있을 수 없는 일이다. 관우는 떠나면서 조조에게 서신 한 통을 남겼다.

관우는 일찍이 유비 형님을 섬겨 생사를 함께하기로 맹세했으니 이는 황천후토(皇天后土, 하늘의 신과 땅의 신)께서도 들어서 아시는 바입니다. 지난날 하비성을 잃었을 때 정했던 세 가지 조건은 이미 조 장군께서 허락하신 바이거니와 이제 지난날의 주인이 원소의 군중에 계신다는 사실을 알았으니 옛 맹세를 돌이켜 생각하지 않을 수가 없습니다. 조 장군께서 생각해주신 은혜는 비록 두터우나 옛 주인과의 의리를 잊을 수 없습니다. 이에 글로 하직을 고하니 엎드려 바라건대 널리 통촉하소서. 아직 갚지 못한 나머지 은혜는 다음날에 보답하겠습니다.

옛 주인을 잊을 수가 없다는 것이 바로 충절(忠節)이다. 조조가 이 서신을 읽고 있을 때 관우의 집에 파견되었던 부하가 황급히 와서 고했다.

"관우는 장군님께서 주신 금은 등 모든 물건을 빠짐없이 봉해 곳간에 넣고 미인들은 안방을 지키라 이르고 거처하던 당상에 한수정후 인을 걸어놓은 다음 시중들던 사람들은 다 놔두고 데려왔던 사람들과 가지고 왔던 짐만 꾸려서 떠났습니다."

조조는 고개를 끄덕였다.

"관우는 옛 주인을 잊지 않고 오고 떠나는 것을 명백히 했으니 참으로 남아대장부다. 너희도 마땅히 관우를 본받도록 하라."

그때 정욱이 고했다.

"그가 원소에게 간다면 호랑이에게 날개를 달아주는 격이니 차라리 뒤쫓아가서 그를 죽여 후환이나 없게 해주소서."

조조는 받아들이지 않았다.

"내 지난날에 그와 세 가지 조건을 허락했으니 이제 와서 어찌 신의를 잃을 수 있겠는가. 각자 자신의 주인을 위해서 하는 일이니 누구도 뒤쫓지 말라."

조조는 이에 그치지 않고 직접 관우의 뒤를 쫓아가 "관 장군은 천하의 의사건만 내가 박복해서 떠나보내니 한이외다. 그러나 어쩔 수 없는 일이라 비단 전포 한 벌을 선물하니 나의 간곡한 정표를 사양하지 마시오"라고 비단을 권한 후에 돌아왔다.

관우는 허도의 실력자 조조의 허락을 받고 마음 편하게 유비가 있는 북쪽 원소 진영을 향해 천리독행(千里獨行)의 길로 들어서지만 이후의 상황은 그리 녹록치 않았다.

여담이지만, 은혜를 베풀어준 사람의 곁을 떠날 때는 그동안에 선물로 받았던 각종 물품을 모두 챙겨서 돌려주거나 봉인해 두고 가는 것이 그 당시 관례였다. 관우가 조조와의 인연을 칼로 자르듯이 끊고 싶어서 그간 선물로 받은 물건을 하나도 빼놓지 않고 정리해서 봉인해 두고 떠난 것은 아니었다.

은혜를 갚았다고 하지만 불투명한 장래를 기약하며 떠나는 관우, 자칫하면 자신의 파멸을 초래할지도 모를 천하무적의 장수를 적진으로 떠나보내는 조조, 이 두 사람의 의기와 약속을 지키는 모습이 어지러운 난세에 피어난 아름다운 일화로서 진정한 사내대장부의 세계를 보여주고 있다.

관우는 적진에 들어가 온갖 유혹에도 변치 않는 의리의 참모습을 보여주어 천하의 의사라는 명성을 얻게 되었다. 또한 의형이자 주군인 유비에게 충절을 바치고자 조조 진영을 떠나 천리독행에 나선 것으로 오덕(五德), 즉 인(仁), 의(義), 예(禮), 지(智), 신(信)을 상징적으로 보여주었다. 금은보화와 미인에도 초연하고, 두 형수를 모시는 데 조금도 결례가 없었으며, 조조에게 은혜를 갚고 약속을 지키며 도리를 행하는 관우의 인덕(仁德)이 두드러지는 부분이다.

관우의 북행 이야기는 역사적 사실과는 무관하나 경극에서는 대단히 인기 있는 내용으로 각광을 받고 있다. 부하 한 명 없이 두 형수를 모신 수레를 끌고 황야를 달리며 조조의 관소를 통과하는 관우의 활약상은 《삼국지연의》에서 손꼽히는 대목이다.

상대를 믿고
허물을 덮어주는
관용의 명장

천리독행 과정과 이후의 행동에서 관우의 또 다른 일면을 엿볼 수 있다. 즉, 다섯 관문을 통과하며 여섯 장수를 베었지만 불가피한 경우를 제외하고는 최대한 살상을 자제했다는 점이다. 관우에게서 잔인한 모습은 거의 보이지 않는데 이는 곧 그의 성품이 어질다는 것을 보여준다.

무예가 높은 경지에 오르면 오를수록 육체뿐만 아니라 마음도 함께 갈고닦았기 때문일 것이다. 더욱이 관우가 천리독행을 하는 동안에 유비의 행동은 도저히 종잡을 수 없을 정도였지만 관우는 단 한 번도 불평이나 불만을 표시한 적이 없다. 언제나 변함없이 충직하게 유비를 만나고자 열심히 손건의 뒤를 쫓아갈 뿐이었다.

1

주군을 향한 일편단심

유비를 향해 가는 험난한 여정

관우가 아무리 천하에서 손꼽히는 의로운 인물이라 해도 원소군과 운명의 결전을 벌여야 하는 조조로서는 그를 보낸다는 것이 불가능해 보였음에도 조조는 배웅까지 했다. 이 대목에서 우리는 조조의 영웅다운 기개에 감동하지 않을 수 없다.

관우와 조조가 헤어진 장소를 기념해 현재는 거대한 관우의 석상이 세워져 있다. 위치는 허도의 북문에서 대략 8리가량 떨어져 있어 '팔리교(八里橋)'라는 별명을 갖고 있는 파릉교다. 예전에는 이곳에 나무다리가 있었다고 하는데 지금은 돌다리가 놓여 있고, 다리 옆에 적토마에 올라타고 청룡언월도를 든 관우 석상이 서 있

한나라 당시의 그림을 참고해 1990년에 지어진 팔리교.

다. 그런데 그 곁에 전송하는 조조의 모습은 없다.

　이 감동적인 이별의 장면을《삼국지연의》의 내용으로 정리해보면 이렇다.

　관우가 두 형수를 태운 수레를 모시고 가고 있는데 장료가 달려와 "조 장군께서 먼 길을 가는 형님을 전송하기 위해 오시고 계시니 잠시 기다려 주십시오"라고 부탁하자 관우가 다리 위에서 기다렸다. 얼마 후 조조가 기병 수십 명을 거느리고 달려오는데 그 뒤로 허저, 서황, 우금, 이전 등 장수들이 뒤따랐다. 관우가 말에서 내리지 않고 예전의 약속을 상기시키자 조조가 이를 받아들이고 비단 전포를 내놓으며 이별의 정표를 사양하지 말라고 했다. 이에 관우가 받아들고 "다시 뵐 날이 있겠지요"라고 말하고는 다리를 건너 북쪽으로 달려갔다.

이 내용이 구전되어 오다가 원(元)대 이후 '관운장천리독행(關雲長千里獨行)'과 같은 화려한 제목으로 치장되고 내용은 더욱 극적으로 꾸며졌는데, 조조가 지킨 약속이나 의리는 빠지고 관우가 겪게 되는 많은 어려움과 이를 극복하는 활약상을 그리는 내용이다. 아마도 충(忠)을 지키려는 길이 쉽지 않음을 보여주려는 의도일 것이다. 그 내용은 이러하다.

관우가 파릉교를 떠나 북쪽으로 나아가 처음으로 통과해야 할 관문이 동령관(東嶺關)이었는데, 이곳은 공수(孔秀)라는 장수가 500여 명의 병사를 거느리고 지키고 있었다. 관우가 그에게 조조의 허락을 얻었다고 계속 설명했지만, 공수는 막무가내로 통행증명서를 요구하며 거칠게 막아서다가 끝내 관우의 청룡언월도에 목숨을 잃고 말 아래로 굴러떨어져 죽었다.

다음에 당도한 관소는 기수관(沂水關)이었다. 이곳은 변희(卞喜)라는 장수가 지키고 있었다. 그는 관우의 용맹을 염두에 두고 진국사(鎭國寺)로 유인해 매복시켜 놓은 200여 명의 자객들로 습격하려 했다. 그러나 진국사의 스님인 보정(普淨)이 사전에 알려주어 관우는 재빨리 변희를 베고 통과할 수 있었다.

다음으로 형양성(滎陽城)을 지날 때였다. 이곳 태수 왕식(王植)은 부하 호반을 불러 관우가 방심한 틈에 숙소를 불 질러 그를 태워 죽이려 했다. 그런데 호반은 밤늦게 호롱불 아래서 책을 읽는 관우의 모습을 보고 감동해 성문을 빠져나가게 한 후 관우 숙소에 불을 질렀다. 그러자 왕식이 추격하겠다며 나섰다가 관우에게 목숨을 잃었다.

관우는 두 형수를 모시고 이렇듯 온갖 위험이 도사리는 관소를 지나며 저지하려는 장수를 베고 북쪽으로 향했다. 마지막으로 진기(秦期)라는 인물까지 다섯 관소를 지나면서 조조 휘하의 장수 여섯을 베었다.

진기를 죽인 후 조조의 통행허가서가 도착해 마찰은 더 이상 없었다.

이것이 극이나 강담에서 '관운장천리독행'이나 '한수후오관참육장(漢壽侯五關斬六將)'으로 전개되는 내용이다.

관우가 조조의 영내에서만 이런 곤란을 겪은 것은 아니었다.

그가 험난한 고비를 넘기며 원소 진영으로 가고 있는데 손건이 달려와 "유비 공께서 여남 땅 유벽에게 갔으니 속히 여남으로 가시지요"라고 했다. 관우는 지금까지 온 길이 허사가 되고 다시 길을 돌아 남쪽으로 방향을 바꾸었다.

이때 관우가 곽상이라는 노인의 집에서 머물게 되는데 노인의 건달패 아들이 적토마를 훔치려다 실패하자 근처 산속에서 도적질을 하던 황건 잔당을 이끌고 나타나 관우 일행을 위협했다. 결국 그들은 관우를 알아보고 주창(周倉)*이란 인물이 평소에 관우를 흠모했다고 알려주는데 주창이 나타났다.

중국 요릿집 등에서 쉽게 볼 수 있는 관우의 초상화에서 관우 옆에 덥수룩한 수염을 기르고 청룡언월도를 들고 시립해 있는 인물이 바로 이 무렵부터 관우를 따르기 시작한 주창이다.

주창에 관한 기록은 정사에는 나타나지 않고 소설에만 나오기 때문에 역시 꾸며진 인물로 보이는데, 관우에게 충직한 부관으로서 최후까지 함께하는 충의의 인물로 그려지고 있다.

관우와 유비의 뜨거운 재회

주창이 앞장서서 관우 일행을 모시고 여남 방향으로 가던 중 오래된 산성 하나를 발견하게 되었다. 주창이 그 지방 사람에게 물으니 다음과 같이 대답했다.

"고성(古城)이라 하는데 얼마 전에 장비라는 장수가 기병 수십 명을 거느리고 와서 고성을 점령한 후 군사를 모으고 말을 사들이며 곡식을 저장해 지금은 5000명가량의 병사가 모였는데 장수가 워낙 사나워 이 일대에서 아무도 대적하지 못하고 있습니다."

> * 《삼국지연의》에 나오는 인물로 관우 휘하의 부장. 관우가 유비를 찾아가는 도중 만나게 되어 그후로 관우의 충실한 부하가 되었다. 관우가 사로잡혀 관평과 참수당하고 오나라 군대가 관우의 수급을 맥성으로 보내 투항할 것을 권하자 스스로 목숨을 끊었다. 관우의 사당에 관우상 옆에 시립해 있는 장수가 바로 주창이다.

관우가 이 말을 듣고 오랜만에 크게 기뻐하며 말했다.

"내 아우가 서주에서 패하여 헤어진 뒤로 간 곳을 몰라 궁금했는데 여기에 와 있을 줄이야."

즉시 손건에게 분부했다.

"속히 우리가 왔다는 걸 알리고 두 형수씨를 영접하도록 이르라."

손건이 고성으로 찾아가 장비를 만나 관우의 말을 전했다. 장비는 손건의 이야기를 말없이 듣더니 갑옷을 입고 장팔사모를 들고 부하 1000여 명을 거느리고 달려 나갔다.

관우는 한참을 기다리다 달려 나오는 장비를 보고서 기쁨을 참을 수 없어 주창에게 청룡도를 맡기고 앞으로 나아갔다. 그런데 장비는 다짜고짜 장팔사모를 휘둘러대면서 관우에게 소리쳤다.

"의리 없는 자가 어찌 날 보러 왔느냐?"

이에 관우가 대답했다.

"네가 몰라서 그런 소리를 하는 게다. 변명할 수도 없으니 여기 있는 두 형수님께 직접 여쭈어 보아라."

관우가 열심히 설명을 했지만 장비는 아랑곳하지 않고 말했다.

"잔말 말아라! 형님을 배반하고 조조에게 붙어 높은 벼슬을 하더니 이제 나까지 속이려고 하느냐!"

그러더니 다시 장팔사모를 휘둘러댔다. 마침내 감부인과 미부인이 황망히 수레의 발을 걷어 올리고 설명했다.

"관 장군은 잠시 조조에게 의탁했다가 형님에게 돌아오는 중입니다."

그러나 장비는 여전히 막무가내로 관우를 나무랐다.

"충신은 죽을지언정 두 주인을 섬기지 않는 법이지!"

마침 조조군의 채양(蔡陽)*이라는 장수가 조카 진기가 관우에게 죽었다는 소식을 듣고 복수하러 부하들을 거느리고 달려왔다. 관우는 이들을 베어 쓰러뜨렸다. 이를 보고 장비는 비로소 의심을 거두었다.

때맞춰 예전에 유비를 모셨던 미축(麋竺)**과 미방(麋芳)*** 형제가 찾아왔다. 이들은 미부인의 일족이었으므로 모두가 모여 한바탕 잔치를 베풀고 만난 것을 축하했다.

이튿날 장비는 남아서 계속 성을 지키고 관우는 손건과 함께 여남으로 달려가 유벽과 공도를 만나 유비의 행방을 물었다. 이때 관우는 유비가 하북의 원소에게 의논하러 갔다는 사실을 듣게 되었다. 관우는 하는 수 없이 고성으로 돌아가 이 일을 알리고 다시 하북을 향해 달려갔다.

《삼국지연의》에는 이 무렵의 일로 관우가 관씨 성을 가진 사람의 장원에 머물

* 후한 말기의 무장. 정사 《삼국지》에는 조조의 장수로 유비가 여남에 진을 치자 채양을 보내 공격하게 했는데 유비에게 죽은 것으로 기록되어 있다. 그러나 소설 《삼국지연의》에는 조조의 명을 받고 여남으로 가던 중 관우가 고성에 있다는 소식을 듣고 조카의 복수를 위해 부하들을 이끌고 관우를 추격하지만 관우에게 죽는 것으로 나온다.

** 유비의 처남으로 본래 서주(徐州)의 재력가였다. 유비가 원술과 싸우고 여포의 습격을 받았을 때 유비에게 노비와 금은을 제공하며 적극 도와주었으며, 유비와 함께 전장을 누볐다. 219년 그의 동생 미방이 관우를 배신하고 손권 휘하로 들어가고 관우가 참수당하자 그 일로 괴로워하다 1년 후인 220년에 사망했다.

*** 미축의 동생으로 유비에게 귀의해 관우 휘하의 장수로 일했다. 관우와 갈등이 생겨 손권에게 귀순했다. 《삼국지연의》에는 유비가 오나라를 공격했을 때 관우를 사로잡은 마충의 목을 베어 유비에게 돌아갔지만 관우를 구하지 않은 죄로 죽임을 당하는 것으로 되어 있는데, 사실이 아니다.

다가 관평을 양자로 삼는 내용이 나온다.

관우가 먼저 손건을 하북 경내로 들여보낸 후 사방을 둘러보니 아늑한 한 마을이 보이는데 그곳에 장원이 있어 찾아가 유숙을 청했다. 한 노인이 나와 자기소개를 하는데 자신의 성 또한 관씨(關氏)라고 하며 두 아들을 불러 관우에게 절을 하게 했다. 그리고 "언제까지라도 좋으니 편히 머무십시오"라고 흔쾌히 승낙했다.

그 후 며칠이 지났다. 마침내 유비가 손건의 안내로 장원을 찾아왔다. 관우는 문밖에 나와서 유비를 영접하며 땅바닥에 엎드려 흐느껴 울었다. 유비는 관우의 손을 잡아 일으켜 세우더니 부둥켜안고 함께 눈물을 흘렸다.

얼마 후 관씨 노인이 두 아들을 데리고 나와 유비에게 절을 올리게 했다. 관우가 이들에 대해 설명했다. 그때 관씨 노인이 의외의 청을 올렸다.

"이 어리석은 사람의 생각으로 관 장군께 둘째 아들을 딸려 보낼까 하는데 허락해주십시오."

그러자 유비는 둘째 아들의 나이를 묻고 관우의 양자로 삼으면 어떻겠냐고 제안했다. 이에 관씨 노인은 크게 기뻐하며 둘째 아들 관평으로 하여금 관우를 의부로 모시게 했다.

유비 진영의 새로운 인재들

　　관우의 아들 관평이 양자라는 것은《삼국지연의》에 나오는 내용으로 중국의 향토사 연구가들의 의견과는 다르다. 관평은 양자가 아니라 관우의 친아들로, 어머니 호씨부인과 함께 어릴 때 외가로 피신해 있다가 이 무렵에는 청년으로 성장해 부친 관우를 찾아가 만난 것으로 해석하고 있다.

　　아들을 만난 관우는 의형 유비를 모시고 고성으로 가던 도중 조자룡(趙子龍)*을 만나게 된다. 일행이 고성에 당도하자 모두들 크게 기뻐하며 소와 말을 잡아 천지신명께 바치고 무사히 살아온 데 대해 감사의 절을 올린 후 음식을 나눠 먹고 군사들을 위로했다.

　　유비는 오랜만에 삼형제가 모두 모인 데다 가족과 상봉하고 장차 함께 일할 인재 진용이 갖춰진 것에 크게 기뻐했다.

　　삼국지 연구가들 중에 이를 두고 제2의 도원결의로 해석하는 사람이 많은데, 고성에서의 재결합, 즉 '고성취의(古城聚義)'는 소설에만 나오는 이야기다.

　　아마도 조자룡이나 관평 같은 유비 진영의 주요 인물들이 가담하게 되는 부분이 정사의 기록에 분명치 않으므로 유비 진영의 재출발을 이런 설정으로 꾸며낸 듯하다.《삼국지》〈촉서·조운전(趙雲傳)〉에는 "본디 공손찬의 부하로 있었는데 공손찬이

> * 촉한의 무장. 공손찬 밑에 있을 때 유비를 만나 공손찬이 원소에게 망한 뒤 유비에게 귀순했다. 유비를 따라 30여 년 동안 각종 전투에 참여해 큰 전공을 세웠으며 '오호대장군'으로 일컬어진다. 중국사에서 창술이 매우 뛰어났던 장수로 꼽힌다.

유비를 보내 원소에게 대항하도록 했을 때 조운이 유비를 수행하여 그의 주기(主騎)가 됐다"고 기록되어 있어 조자룡이 유비 진영에 가담한 전후 사정에 석연치 않은 점도 있긴 하다.《삼국지》〈조운전〉의 주석을 살펴보자.

조운은 신장이 8척이며 자태나 안색이 웅장하고 위엄이 있었다. (원소와 공손찬이 싸울 때) 고향 군에서 추천되었고, 관민의 용병을 이끌고 공손찬이 있는 곳으로 갔다.

그 무렵 원소는 기주목을 칭하고 있었다. 공손찬은 주민들이 원소를 따를까봐 몹시 걱정했으나 조운이 자신에게 온 것을 기뻐하면서도 비웃었다. "그대는 어찌하여 혼자 마음을 돌려 미혹되게 정도에서 돌아올 수 있었소?"

그러자 조운은 "천하가 흉흉하여 누가 옳은지 알 수 없으며 백성은 눈앞에 액운을 걸어놓고 있는 실정입니다. 우리 고을의 의견은 인자한 정치를 하는 쪽을 따르지 원공(袁公, 원소를 말함)을 경시하고 명장군(공손찬)을 따른 것이 아닙니다"고 응수했다. 그리고 공손찬과 함께 원소와 싸웠다.

그 무렵 유비 역시 공손찬에게 몸을 의탁하고 있었는데 항상 조운을 높이 평가하면서 조운과 깊은 관계를 맺고 있었다. 얼마 후 조운은 형이 죽었으므로 공손찬을 떠나 고향으로 돌아갔다. 헤어질 때 조운은 유비에게 "절대로 은덕을 잊지 않겠습니다"라고 했다.

그 후 유비가 원소에게 의지하자 조운은 업(원소의 본거지)으로 가서 유비를 만났다. 유비는 조운과 한 침대에서 잘 정도로 그와 친밀하게 지내며 조운을 보내 병사 수백 명을 모으게 했다. 원소는 이 사실을 알지 못했다.

위의 기록에 따르면 조자룡과 유비는 공손찬 진영에서 처음 만나 후일을 약속했고, 원소 진영에서 탈출한 유비가 관우를 비롯한 다른 일행과 만났을 때 조자룡이 합류한 것으로 보인다.

한편, 이 무렵에 조조와 원소 양대 진영이 마지막 결전을 하게 되는데 그 직전에 유비가 허도를 공격할 절호의 기회라고 여겨 여남의 유벽과 합세하려 했다.

《삼국지연의》에서는 조조군이 이를 선제공격하여 싸운 것으로 이야기가 전개되지만, 사실 이는 유비가 새로운 근거지를 찾아 형주의 유표에게 의탁하는 명분을 만들어주기 위해 다소 살을 붙인 것으로 볼 수 있다.

《삼국지》〈위서(魏書) · 조인전(曹仁傳)〉에는 조인(曹仁)*의 군대가 여남의 유비를 격파하고 주변 지역을 평정한 후에 허도로 귀환했다고 기록되어 있다. 이 기록에 따르면 이때 전투가 없었다고 하기는 어렵지만 《삼국지연의》에 나오는 그러한 대규모 전투는 없었다.

소설에서는 이때 패배한 유비가 주위를

* 조조의 사촌동생이자 휘하의 장수. 관우와의 형주쟁탈전에서 관우의 공격을 막아내고 형주의 거점인 번성을 지켜냈다. 말년인 조비 시대에 대장군이 되었으며, 합비에서 오나라 군대와 대치하였다.

돌아보며 "그대들은 모두 일당천, 일당만의 용맹한 장수들인데 나를 만나 이 꼴이 되었으니 여기서 끝내고 좋은 주군을 찾아가시오"라고 당부하며 강물에 빠져 죽을 듯이 하여 모두들 울음바다가 된 것으로 전개하고 있다. 그러나 이것은 전적으로 나관중의 창작이다.

우선 이 무렵의 유비군이 조조의 세력에 도전해 싸운다는 것은 도저히 불가능한 일이었다. 또한 유비 삼형제를 비롯해 조자룡, 관평 등이 가담했다고는 하지만 병사를 모으는 일이 그리 쉬운 것은 아니었다. 여남의 황건 잔당을 끌어모은 유비의 장수 유벽(劉辟)*의 세력도 변변치 못한 데다 더욱이 그들을 전적으로 믿을 수 있는 상황도 아니었다.

유비는 그때까지 조조군에 맞서 싸운 적이 없었다. 서주의 소패성에서 상당한 병력을 거느리고 있었지만 조조군이 쳐들어오자 가족은 물론 관우나 장비까지 버리고 무작정 원소에게 도망쳤다.

관도대전의 최종 결과가 나온 시기는 아니었지만 조조가 원소를 물리치리라 예측한 유비는 손건을 형주로 보내 형주자사 유표에게 자신들을 받아줄 것인지 반응을 탐색했다. 그리고 동의를 얻자 곧바로 형주로 가서 유표에게 의탁한 것으로 보인다.

《삼국지》〈촉서·선주전〉에는 "조조가 원소를 격파하고 직접 남쪽으로 내려와 유

* 후한 말기 황건군의 장수. 원래 여남 황건군의 수령이었는데 조조의 공격을 받았을 때 원소와 연합했다가 원소에게 의탁해 있던 유비의 장수가 되었다. 조조가 원소를 대파한 뒤 유비를 정벌하고자 양산에서 그를 포위했을 때 조조의 장수 고람에게 죽었다.

비를 공격했다. 유비는 미축, 손건을 보내 유표와 소식을 서로 알리도록 했다. 유표는 직접 교외까지 나와서 상빈의 예절로 유비를 맞이하고 병력을 늘려 신야성((新野城)에 주둔하도록 했다"는 기록이 있다.

또 《삼국지》 〈위서·무제기〉에는 "201년 9월, 조조는 허도로 돌아갔다. 원소가 패하기 이전에 유비를 보내 여남을 공략했으며 여남의 황건 잔당 공도 등이 유비에게 호응했다. 조조는 채양을 파견해 공도를 공격했으나 전세가 불리하여 공도에게 패했다. 조조는 유비를 정벌하러 남쪽으로 향했다. 유비는 조조가 직접 온다는 소식을 듣고 유표에게 도주했으며 공도 등은 뿔뿔이 흩어졌다"고 기록되어 있다.

관우는 온갖 어려움을 겪은 천리독행 끝에 유비를 만났고, 적벽대전이 있을 때까지 싸움터에 나설 일이 없었다. 이후 유표의 형주에 의탁해 신야성에서 무위도식하듯 세월을 보냈으므로 이 무렵 관우의 활약상이 나타난 기록은 없다.

이 시기는 정국을 주도하는 조조가 원소에게서 빼앗은 북방의 영토를 다스리며 장차 천하통일에 나서기 위한 준비를 하는 기간이었다. 그래서 군웅들 사이에 전체적으로 소강상태가 지속되었으며 형주 일대는 한시적인 평화를 누리고 있었다.

관우가 형제들과 함께 의탁한 형주의 유표는 이미 노쇠해 이런 잠정적인 소강상태를 평화로 여기고 즐겼기 때문에 관우로서는 마땅히 할 일이 없었을 것이다.

그러나 천리독행 과정과 이후의 행동에서 관우의 또 다른 일면을 엿볼 수 있다. 즉, 다섯 관문을 통과하며 여섯 장수를 베었지만 불가피한 경우를 제외하고는 최대한 살상을 자제했다는 점이다. 관우에게서 잔인한 모습은 거의 보이지 않는데 이는 곧 그의 성품이 어질다는 것을 보여준다.

　무예가 높은 경지에 오르면 오를수록 육체뿐만 아니라 마음도 함께 갈고닦았기 때문일 것이다. 더욱이 관우가 천리독행을 하는 동안에 유비의 행동은 도저히 종잡을 수 없을 정도였지만 관우는 단 한 번도 불평이나 불만을 표시한 적이 없었다. 언제나 변함없이 충직하게 유비를 만나고자 열심히 손건의 뒤를 쫓아갈 뿐이었다.

　관우와 헤어져 있는 동안이나 이후 형주에 의탁하기까지 유비의 행실을 살펴보면 석연치 않은 점들이 있다.

　그동안 원소에게 있다가 조조를 배후에서 공격하겠다는 핑계를 대고 여남으로 가 황건 잔당인 유벽과 어울리고, 이것이 여의치 않자 다시 원소에게 달려가 의탁한다. 그다음 형주의 유표를 끌어들여 조조의 배후를 치겠다는 거짓 핑계로 원소를 속여 하북을 떠난다. 아무리 좋게 평해도 배신과 속임수의 연속이라고 할 수 있다. 고성에서 삼형제가 재회한 이후에도 유비의 이런 태도는 그다지 변함이 없었다.

　이때 관우는 묵묵히 의형 유비를 따르면서 새로 맞아들인 부하 주창, 아들 관평과 새로운 상황에 적응해나갔다.

2

유비를 따라
운명의 땅 형주로 가다

형주에 자리잡다

관우에게 형주는 의형 유비를 따라 일시적으로 무위도식하며 보내게 된 곳이지만, 결국에는 역사의 격변 속에서 둥지를 틀게 되고 영욕을 함께한 최후의 땅이 되었다.

201년 9월, 원소 진영에서 도망친 유비 일행은 유표에게 의탁했고, 그의 배려로 형주 북부에 있는 신야성에 머물렀다. 이때 관우는 42세의 나이로 한창 장년의 시기였다.

형주는 장강을 기준으로 삼으면 위치상으로는 중원에 가깝지만, 역사적으로나 풍토상으로는 중원이 아니라 남아시아계의 영향을 받고 성장한 남방 지역이라고 하는 쪽이 더 어울린다.

춘추 전국 시대에 각축했던 남방의 적수 오(吳)나라와 월(越)나라가 위치했던 곳은 손권(孫權)*이 지배하는 강동 지역에 해당되고, 유표가 다스리던 지역은 초(楚)나라의 중심지에 해당했다.

초나라는 진시황(秦始皇)에 의해 멸망되었지만, 이곳 출신인 항우가 한 제국을 세운 유방과 맞서 천하를 노렸던 의미에서 중국사의 한 축을 이룬 곳이기도 했다.

삼국지의 무대가 펼쳐질 당시 낙양을 중심으로 황하 유역을 통칭하는 천하(天下)의 개념에서 보자면 형주 일대는 분명 남방의 변두리에 불과했다. 그러나 이곳은 기후적으로 온대와 아열대가 나뉘는 경계여서 사철이 따뜻하며 무엇보다도 농사를 짓기에 좋은 지역이었다. 남쪽 지대에는 논이 많고, 북부 지대로 가면 밭이 많았다. 형주의 중심지였던 양양과 번성(지금은 두 도시가 합쳐졌다)은 낙양과 대략 800리 남짓의 거리에 있었다.

* 삼국 시대 오나라의 초대 황제. 200년에 형 손책이 죽자 그 뒤를 이어 강남의 경영에 힘썼다. 당시 형주에는 유표가 자리잡고 있었고, 화북에는 조조가 남하할 기회를 노리고 있었다. 208년 유비와 연합해 남하한 조조의 대군을 적벽에서 격파함으로써 강남에서의 지위를 확고히 했다. 229년 무창에서 황제를 칭하고 24년 동안 재위했다.

관우가 형제들과 머문 형주 북방의 신야성은 남양과 양양의 중간 지점으로 따뜻한 기후에 풍성한 농작물의 수확이 가능했고, 동탁의 폭정을 피해 이주해온 북방의 사람들도 상당수 거주하고 있었다. 전란의 시대에 어울리지 않을 정도로 평온을 유지하고 있었으나 유비 삼형제가 정착한 이후 서서히 이 지역을 중심으로 조조와 유표 진영이 격돌할 조짐을 보이기 시작했다. 물론 양쪽이 다퉜다기보다 조조의 일방적인 공략 대상이었다고 할 수 있다.

이 무렵 형주를 다스리고 있던 유표(劉表)는 원래 산동성 출신으로 후한 시대 팔준(八俊, 여덟 명의 걸출한 인물)으로 꼽히면서 젊은 시절에 중원 땅에서 명성을 날리던 인물이었으나 이곳에 자리잡은 이후 20여 년이 흐르는 동안 이전의 면모를 잃은 상태였다. 또한 형주에 와서 얻은 후처 채부인의 친정 세력이 내세우는 둘째 아들 유종(劉琮)과 본부인이 낳은 첫째 아들 유기(劉琦)를 놓고 누구를 후계자로 세울지 고민하는 나약한 모습을 보이고 있었다.

유비는 처음부터 확실한 자신의 근거지가 없이 출발했으므로 계속 떠돌아다니는 신세였다. 따라서 식량과 물자가 풍부한 이곳에서 장차 세상을 호령할 근거지를 마련하고 싶었을 것이다. 그는 신야성에 자리를 잡자 예전과 다른 행보를 보였다. 관우와 장비에게 군사를 기르게 하면서 장래를 설계하고 진영을 이끌어나갈 책사를 구하고자 동분서주했다.

삼국지 무대에서 창업주로 성공한 조조와 유비, 손권 세 사람 모두 유능한 인재를 모으는 데 심혈을 기울였지만, 유비의 경우는 형주의 신야성에 정착한 이후의 일이다. 그때까지 유비에게는 한실 부흥이라는 목표가 있었지만 구체적인 전략이 없었다. 관우와 장비라는 걸출한 장수만 믿고 '어떻게 하면 되겠지' 하는 정도의 주먹구구식 전략이 전부라고 해도 과언이 아니다.

유비는 관우나 장비와 같은 무예와 능력을 지닌 뛰어난 장수에 조자룡 같은 맹장이 합세했는데도 자신의 근거지를 만들지 못하고 겨우 신야라는 작은 성 하나를 얻어 기생하는 처지임을 이때서야 비로소 절감했다고 볼 수 있다.

다행히 기회가 빨리 찾아왔다. 유비의 인재를 구하려는 적극적인 노력이 기회를 만들었다고 볼 수 있는데 형주군 총사령관이자 유표의 처남 채모(蔡瑁)가 의도한 것은 아니지만 결과적으로 도와준 셈이 되었다.

채모는 처음부터 유비를 눈엣가시로 여겼고 장차 자신의 친조카 유종을 후계자로 세우는 데 방해가 될 것으로 보았다. 무엇보다 조조 진영에 항복했다가 안량을 베고 돌아온 맹장 관우의 존재를 부담스럽게 생각했다. 그래서 유비를 암살하려 했는데 일이 이상한 방향으로 꼬였다.

유비는 채모가 세운 자신의 암살 계획이 성공하기 직전 돕는 사람이 있어 탈출할 수 있었는데, 어디선가 은둔해 있던 거물급 선비 수경선생 사마휘(司馬徽)를 만나는 행운을 얻게 되었다. 사마휘는 깊은 산골에서 살고 있었지만 형주의 소문난 인재들과 두터운 교분을 가진 선비이자 석학이기도 했다.

그는 거문고를 뜯다가 갑자기 "거문고 소리가 청아했는데 살기를 띠는 것은 아무래도 피냄새가 나는 영웅이 나를 엿보는가 보다"라고 하면서 마치 신선처럼 유비 앞에 불쑥 나타났다.

유비는 은둔해 있는 기인인 것을 즉시 눈치채고 "유비입니다"라고 자신을 밝혔다. 그러자 사마휘는 "이름을 익히 들었다"고 대꾸하며 "당신은 도대체 무슨 심산을 갖고 있는가?"라며 책망하듯이 물었다.

유비는 큰 소리로 대답했다.

"한실을 부흥시키고자 합니다."

그러나 사마휘는 비웃는 투로 다시 물었다.

"당신의 뜻은 알겠는데 당신에게는 그럴 만한 휘하의 인물이 없지 않은가?"

이에 유비가 화가 나서 대들 듯이 말했다.

"제게는 관우, 장비, 조자룡 같은 일기당천의 용장들이 있습니다."

사마휘는 그제서야 타이르듯 부드럽게 설명했다.

"당신이 말하는 사람들은 훌륭한 장수들이기는 하지만 천하의 정세를 알고 계책을 세워 장수들이 승리하게 만들어주는 전략을 가진 인재가 휘하에 없지 않은가?"

유비가 이를 인정하며 간곡하게 부탁했다.

"그런 인물을 소개해주십시오."

사마휘가 대답했다.

"있지. 와룡과 봉추 중 하나만 얻어도 능히 천하를 넘볼 수 있을 것이네."

그렇게 말한 뒤 사마휘는 입을 굳게 다물었다.

사마휘가 이름을 알려준 인재의 거주지나 찾아갈 방법 등을 유비에게 설명하지 않은 것은 당연한 일이었다. 인재는 널리 구하고 찾아가서 만나려는 노력이 있어야 얻을 수 있는 것이지 어느 날 하늘에서 뚝 떨어지는 것도 아닌 데다 "인재를 구한다"고 광고를 낸다고 해서 "내가 바로 당신이 찾는 인재요" 하고 불쑥 찾아오는 것도 아니기 때문이다. 소문을 내면 찾아오는 인재도 있기는 하지만 세상을 깜짝 놀라게 할 만한 인재는 노력 없이 구할 수 없는 법이다. 사마휘는 그런 원리를 유비에게 우회적으로 가르쳐준 것이다.

서서라는 유능한 책사를 얻다

유비가 신야성에서 인재를 구한다는 소문이 퍼지고 나서 영입한 첫 번째 인재는 서서(徐庶)라는 인물이었다.

그는 처음에 단복(單福)이라는 가명을 쓰고 있었는데 사연이 있었다. 어려서부터 학문과 칼쓰기를 좋아했는데 남의 원수를 갚아주기 위해 살인을 하고 도망 다니는 신세였다. 서서 역시 일찍부터 '의협의 길'을 걸었음을 알 수 있다.

서서는 유비 진영의 군사(軍師)가 되자 여러 차례 계책을 내어 형주와의 경계 지역을 지키던 조조의 부장 조인을 괴롭혔다.

조조 진영에서는 유비에게 유능한 책사가 생겨 실력이 예전보다 훨씬 강해졌다는 것을 알고 수소문한 끝에 서서의 정체를 알게 되었다. 그래서 조조의 책사 정욱이 모략을 꾸며 그를 유인하려 했다.

정욱은 서서의 모친에게 접근해 글씨체를 흉내낸 편지를 만들어 신야성으로 보냈다. 이런 사실을 알지 못하는 서서는 모친이 궁지에 빠졌다고 여겨 허도로 갈 의사를 유비에게 밝혔다.

"저는 원래 영주 출신으로 본명이 서서입니다. 부득이한 사정이 있어 고향을 도망쳐 나와 이름을 단복으로 바꾸었습니다. 전에 유표가 어진 선비를 공경한다는 소문이 있기에 가서 만나보았더니 실로 쓸모없는 인물이었습니다. 그래서 형주를 떠나려던 차에 수경선생(사마휘)께서 '그대는 모실 만한 사람을 알아보지 못하는구나. 여기 유비공이 와 있는데 어찌 섬기지 않느냐'고 하시기에 마음을 바꿔 공을 찾아온 것이었습니다. 그런데 늙으신 어머님께서 조조의 간특한 계책에 걸려 허도에 감금당하시어 장차 목숨을 잃게 되셨습니다. 연로하신 어머님께서 친서를 보내시어 자식을 부르시니 저는 그곳으로 가지 않을 수 없습니다. 유비공께 견마지로(犬馬之勞)를 다하고 싶으나 모친이 붙들려 계시니 힘을 쓸 수가 없어 작별 인사를 드립니다. 언젠가는 다시 뵐 날이 있으리라 생각합니다."

유비는 눈물을 흘리며 말했다.

"어머니와 아들은 지극한 천륜이니 그대는 내 염려 말고 어서 가서 노부인을 뵌 뒤에 다시 돌아와 나를 지도해주면 천만다행이겠소."

그날 밤 손건이 유비에게 은밀히 고했다.

"서서는 천하의 기이한 재주를 지닌 사람입니다. 그동안 신야에 있었기 때문에 우리 군사의 내막을 모조리 알고 있습니다. 그러한 그를 조조에게 보내면 장차 우리가 위태로워집니다. 주공은 그를 붙들어 두고 보내지 마십시오. 서서가 가지 않으면 조조는 반드시 그 어머니를 죽일 것이며 서서는 어머니 원수를 갚기 위해서라도 전력을 기울여 조조를 칠 것입니다."

유비가 고개를 가로저었다.

"옳지 못한 일이다. 남의 손을 빌려 그 어머니를 죽이게 하고 내가 그 아들을 쓴다면 이는 어질지 못한 짓이며, 아들을 붙들어 두고 그 어머니와의 사이를 끊게 한다면 이는 의리가 아니다. 내 차라리 죽을지언정 어질지 못하거나 의롭지 못한 일은 할 수 없다."

이리하여 서서가 거짓 편지에 속아 허도로 가면서 형주에 있는 한 명의 인재를 천거했다.

"마음이 산란해서 깜빡 잊고 있었습니다. 양양성(襄陽城)에서 20리 떨어진 융중(隆中) 땅에 재주가 비상한 인재가 삽니다. 와룡 선생이라는 별호를 가진 그를 찾아가 만나 보십시오. 그를 얻으면 한 고조(유방)가 장량(張良)*을 얻은 것과 다름이 없을 것입니다."

서서가 추천한 인재는 바로 제갈량(諸葛亮)이었다.

유비 진영, 제갈량이라는 날개를 달다

　　인재가 과연 누구이며, 그가 어디에 있으며 어떻게 발탁하는가 하는 문제에 있어서 이때의 경우를 예로 삼아 심도 있게 따져볼 필요가 있다.

　　"우리 조직에는 인재가 없다"고 말할 때 인재에 대한 어떤 기준을 가지고 판단했을 것이다. 그런데 나름대로 세운 기준이 과연 인재를 규정하는 진정한 잣대가 될 수 있을까?

　　우선 인재를 구하려면 적극 나서서 찾지 않으면 안 된다. 유비는 관우와 장비 같은 인재를 너무 손쉽게 얻었기에 그동안 백방으로 노력하지 않았는지 모른다. 그러나 사마휘를 만난 이후 유비는 책사의 필요성을 절감하고 변했다고 볼 수 있다.

　　그다음에 인재를 찾고 구하기 위해서는 우선 '이런 인물이 인재다'라고 생각하는 구체적인 기준을 세우고 인재에 대한 정확한 안목을 가져야 한다. 이런 점에서 유비의 인재에 대한 의식 변화는 적잖은 의미를 갖는다.

　　특히 인재 영입의 전형이 된 고사, 유비가 융중 땅에서 숨어 사는 제갈량을 세 번씩이나 찾아가 만난 '삼고초려'는 시사하는 바가 적지 않다.

　　제갈량은 이때 양양 교외의 융중이라는 시골에 은거하고 있었다. 일부러 몰래 숨은

> ＊ 한나라 고조 유방의 공신이자 책략가. 소하와 더불어 한나라 창업에 큰 공을 세웠다. 유방을 초한전쟁의 승자로 만들고, 뒤에 여후를 도와 유영을 태자의 자리에 올려놓았다. 만년에 적송자를 따라 은거했다고 전해진다.

것이 아니라 어릴 때부터 살았으니 그곳에 사는 사람이라는 사실은 작은 교분이 있으면 쉽게 알 수 있다. 하지만 유비가 뒤늦게 세 번씩이나 찾아가서 예를 갖춰 그를 맞아들였다는 것은 무엇을 뜻하는가?

서서의 천거가 효과를 발휘하긴 했으나 유비가 관우, 장비를 대동하고 찾아갔다는 사실은 이들 삼형제 외에는 누구도 제갈량을 영입하고자 찾아가지 않았다는 것이 된다. 천하를 차지하려고 인재를 구하는 데 혈안이 되었던 군웅은 많았지만, 그 누구도 융중의 제갈량을 찾아가지 않았다. 제갈량의 형 제갈근(諸葛瑾)이 이미 손권 진영에서 벼슬을 하고 있었으므로 그 동생이 뛰어난 인물이라는 사실을 듣긴 했어도 적극 찾아가지는 않았던 것이다.

군웅들 가운데 누구도 그를 찾지 않았기에 제갈량은 양양 교외의 시골에 머무르고 있었다. 그곳에 유비가 직접 찾아가 그를 영입하기 위해 예를 갖추고 정성을 다했다.

유비는 관우와 장비, 수행원과 함께 융중으로 갔다. 농부들이 호미로 밭을 매면서 노래를 부르는 초여름이었다. 마침내 제갈량이 사는 장원을 찾아 친히 시립문을 두드렸는데 제갈량은 외출하고 집에 없었다. 하는 수 없이 "유비라는 사람이 찾아 왔었다고 전해달라"는 정도의 전갈을 남기고 신야성으로 돌아와야 했다. 첫 번째 걸음에서 빈손으로 돌아온 것이다.

얼마 후 사람을 보내 제갈량이 귀가했는지 소식을 알아오게 했는데, 제갈량이 집에 돌아왔다는 보고를 받았다. 유비가 서둘러 행차 준비를 시키자 장비가 투덜거렸다.

"형님이 또 촌사람을 찾아가려 하다니요. 사람을 보내 불러오도록 하세요."

예전 같으면 유비 역시 그렇게 했을지 모르지만 지금은 인재에 대한 인식 자체가 바뀌어 있었다. 그래서 유비가 한마디 했다.

"너는 옛 말씀을 듣지도 못했느냐. 맹자가 말씀하시기를 '어진 어른을 찾아뵙되 도리를 다하지 않는다면 이는 안으로 들어가려 하면서도 들어가야 할 문을 닫아버리는 것과 같다'고 하셨다. 제갈 선생은 당대의 어지신 분인데 어찌 이리 오시라고 부른단 말이냐."

유비는 장비를 크게 꾸짖고 두 번째로 융중으로 제갈량을 찾아 나섰다.

이때도 제갈량은 외출하고 집에 없었다. 유비 삼형제는 겨우 그의 동생 제갈균을 만날 수 있었다. 그는 이렇게 말했다.

"형님이 집에 계시지 않으니 오래 계시라고 할 수는 없으나 형님이 돌아오시면 직접 장군님을 찾아뵙도록 말씀드리겠습니다."

그러자 유비가 황망해하며 부탁했다.

"어찌 선생을 찾아오시게 한단 말이오. 다시 오리다. 붓과 종이를 빌려주면 내 간절한 뜻을 몇 자 적어놓고 가겠으니 꼭 전해주시오."

유비는 찾아온 뜻을 몇 자 적고 세상을 위해 분연히 일어나 함께 일하자는 것과 머지않아 다시 찾아오겠다는 말을 남기고 신야로 돌아왔다.

유비 삼형제가 세 번째로 제갈량을 찾아간 것은 이듬해 봄이었다. 떠나기 직전 관우와 장비 모두 지나친 일이라며 유비를 말렸다. 장비는 심지어 "내가 가서 오랏줄로 묶어 끌고 오겠다"며 행차를 적극 저지했다. 그러자 유비가 또다시 크게 꾸짖었다.

"너는 어찌 그리도 견문이 없느냐. 옛날 주 문왕이 강태공을 뵙던 일을 듣지도 못했느냐. 주 문왕 같은 분도 어진 선비를 그렇듯 공경했는데 어찌 이다지도 무례하단 말이냐. 너는 이번에 따라올 것 없다. 나는 관우와 함께 가겠다."

장비는 어쩔 수 없이 겨우 허락을 얻어 융중으로 따라나섰다. 삼형제가 도착했을 때 마침 제갈량이 집에 있었다. 그런데 제갈량은 한창 낮잠을 자고 있었다. 유비는 댓돌 아래서 제갈량이 잠에서 깰 때까지 기다렸다.

장비는 이를 보고 화가 치밀어 떠들어댔다.

"저 선생이란 것이 어찌 저리도 오만한가. 우리 형님이 댓돌 아래서 저렇듯 공손히 기다리고 계신데 자빠져 자는 체하고 일어나지 않다니. 둘째 형님은 구경이나 하십시오. 내 이 집에다 불을 지를 테니 그래도 저것이 일어나나 안 일어나나 두고 봅시다."

이에 관우가 장비를 말리며 겨우 진정시켰다.

세 번의 행차 끝에 유비는 드디어 제갈량을 만났다. 당시 유비의 나이 48세, 제갈량이 29세였으니 둘은 19년의 나이 차이가 있었다. 거의 한 세대의 차이라 할 수 있다.

하지만 두 사람은 곧 의기투합했고, 제갈량이 방책으로 제시한 '천하삼분지계(天下三分之計)'는 유비 진영의 전략 목표가 된다. 그리고 역사의 물줄기를 바꾸어 명색은 후한(後漢) 시대였으나 실질적으로는 위·촉·오 삼국시대의 문을 열었다.

유비는 제갈량을 모시고 신야로 돌아와 스승처럼 대우하고 식사 때는 한 상에서 밥을 먹고, 잘 때는 한 침상에서 자면서 매일 천하대사에 관해 담론을 나누었다. 그리하여 두 사람은 서로 없으면 살 수 없는 물고기와 물의 관계 같다고 해서 군신수어지교(君臣水魚之交), 즉 중국 역사상 가장 이상적이라고 칭송받는 군주와 신하 사이가 되었다.

유비 진영은 그동안 관우, 장비, 조자룡 등 무용이 뛰어난 인물들 뿐이었으나 이들을 이끌 책사로 제갈량을 얻음으로 해서 마침내 제대로 된 진용을 갖추게 된다. 얼마 후 천하통일의 야심을 드러낸 조조가 남정에 나서 형주를 공략했고, 이후 조조를 저지하는 유비 진영과 손권 진영의 연합작전으로 적벽대전이 일어나게 되었다.

이러한 역사의 전환기를 맞아 50을 바라보는 관우의 인생에 있어서 형주 땅은 최후의 열정을 불사르는 무대가 되는 동시에 충의와 무용으로 천하를 진동시킨 후 비극적 종말로 이어지는 영욕의 땅이 되었다.

제 7 장

명예보다
사람을
선택하다

유비 같은 인물은 후덕함 속에 권모술수의 비정함을 함께 사용했고 타인의 동정심에 기대면서 자신은 그런 동정심을 활용해 이익을 보려는 후안무치의 영웅으로 꼽히는데 반해, 관우 같은 인물은 오히려 후덕하지 않았으나 권모술수를 몰랐고 목숨을 잃을지언정 자신의 의기를 결코 잊지 않았으며 상대의 곤경을 충분히 배려하지 않았던가. 남에게 동정을 받지 않으면서도 남을 배려하고 베풀 줄 아는 심성이야말로 얼마나 고결한 정신인가. 그것은 위대한 걸세. 바로 자신에게 평화를 주고 상대에게도 전파시킬 수 있는 미덕이 아니겠는가. 그저 작은 일에 승리를 거두려고 하는 소인배들의 무익한 논쟁을 보고 있으려면 인생을 허비하고 있다는 안타까움과 슬픔이 솟는다네. 우리도 다른 사람의 작은 허물, 말실수를 파고들어 만족을 얻으려는 그런 일을 경멸함세. 관우가 진정한 모습을 보여주고 있지 않은가. 말 다리가 꼬여 눈앞에 쓰러진 황충을 용서하고 그에게 기회를 줌으로써 진정한 대인의 풍모를 보여준 일 말일세. 내가 말하고자 하는 것은 선의(善意)는 빠를수록 좋고 내가 아는 한 그렇게 살아간 사람 가운데 실패한 인생은 없다네.

1

은혜를 갚기 위해
충을 저버리다

제갈량의 재능에 머리를 숙이다

제갈량은 융중을 나오기 이전 10여 년 동안 낮에는 농사를 짓고 밤에는 책을 읽으며 홀로 공부한 것으로 알려져 있다. 그러나 북쪽의 동란을 피해 형주로 내려온 지식인들과의 교류를 통해 세상을 보는 눈이 남달랐다.

장안이나 낙양을 중심으로 하는 북방 지식인 계층과 형주 일대의 토박이 지식인들은 분명 같지 않았다. 북방 중원의 지식인들은 지역보다 천하를 염두에 두고 생각할 줄 알았다. 중국 대륙의 역사적 흐름을 주도하면서 천하를 살피는 안목이 발달한 것은 어디까지나 북방의 지식인들이었던 것이다.

유비가 융중으로 찾아간 이른바 삼고초려의 만남에서 제갈량이 도도히 설파한 세상의 정세를 보는 시각은 중원에서 피난온 지식계층의 인물들에게 힘입은 바가 컸다. 그리고 손권 진영에 가 있는 형 제갈근에게서 가끔씩 전해오는 소식들, 이른바 주유(周瑜)*가 손권에게 진언한 천하이분지계 같은 책략도 크게 참고가 되었을 것이다.

제갈량은 그러한 여러 가지 지식을 종합해 유비에게 그 유명한 '천하삼분지계'를 설파했다.

* 오나라의 명장. 손견이 동탁을 토벌하기 위해 군사를 일으키면서 남은 가족이 서(舒)로 옮겨갔을 때 주유가 집과 부지를 제공했다. 208년 조조군이 남하하자 주유는 군대를 이끌고 유비군과 연합해 적벽에서 조조의 대군을 화공으로 격파했다. 이로써 본격적인 삼국 시대가 시작되었다. 사천 지방 일대인 익주를 점령해 촉을 병합하고 조조의 위나라를 점령해 천하통일을 도모하는 천하이분지계를 손권에게 진언했으나 계획이 실행되기 전에 36세의 나이로 병사했다.

** 삼국 시대 때 아버지의 뒤를 이어 익주목이 되었다. 214년 유비가 성도(成都)를 포위하자 성도를 유비에게 넘기고 남군 공안으로 옮겨갔다. 손권이 형주를 점령했을 때 익주목으로 추대되었다.

"조조는 지금 백만의 병력에 천자를 끼고 제후를 호령하며 그 휘하에 뛰어난 책사와 무장이 많습니다. 따라서 경솔하게 싸워서는 승산이 없습니다. 그리고 손권은 험난한 장강(양쯔 강)의 방어선을 가진 땅에서 벌써 3대에 걸쳐 지역 기반을 다지고 민심을 얻고 있기에 역시 다투기 쉽지 않은 상대이니 적대관계를 맺어봐야 유리할 것이 없습니다.

그다음으로 서쪽의 파촉 땅이 있는데 그곳을 다스리는 유장(劉璋)**이란 인물은 자질이 변변치 않습니다. 이곳은 많은 호족이 자리잡고 있어 힘이 분산되어 있고, 더구나 한중의 장노(張魯)***와 대립하여 궁지에 몰려 있는 실정입니다. 그 중간에 있는 형주는 유표가 이미 노쇠하고 외척의 발호로 물산이 풍부한 이점을 살리지 못하고 있습니다.

그럼 어떻게 해야 할까요? 주인이 허약한 형주와 파촉(익주)을 차지하여 힘을 기르면서 기회가 오면 중원으로 치고 나가는 것이야말로 천하를 손에 넣을 수 있는 방법입니다."

이는 정확한 정세 판단이자 성공가능성이 높은 전략이었다.

유비는 이 날카롭고 정세를 꿰뚫는 안목에 감동해 어린 제갈량을 받들어 모셨다. 이 같은 전략은 천하를 독점하겠다는 조조의 꿈을 깨뜨려 훗날 삼국(위, 촉, 오)이 맞서는 다이내믹한 역사의 활력을 가져왔다. 그러나 이때까지 제갈량의 진가는 아직 흙 속에 묻힌 진주처럼 세상에 알려져 있지 않았다.

유비 진영에서조차 처음에 제갈량을 과소평가했다. 장비는 물론 관우까지 "공명(孔明, 제갈량의 자)이란 젊은 친구는 아직 입에서 젖비린내 나는 주제에 무슨 놀라운 학문과 재주가 있단 말이냐. 형님은 지나친 대우를 하고 있고 공명은 별로 솜씨를 보여주지 못할 게다"라고 마땅치 않게 여겼다. 장비는 아예 대놓고 헐뜯기 일쑤였다.

유비는 계속해서 관우와 장비를 타일렀다.

"내가 공명을 얻은 것은 물고기가 물을 만난 격이다. 두 아우는 여러 말 말라."

이 무렵 조조의 명을 받은 하후돈(夏候

*** 오두미교의 교주 장도릉의 손자로 한중(漢中)의 군벌. 후에 조조에게 투항해 진남장군에 임명되었다.

惇)˚이 10만 대군을 거느리고 쳐들어온다는 소식이 전해졌다. 유비가 놀라 관우와 장비에게 대책을 물으니 장비가 비꼬듯이 말했다.

"형님, 물고기가 물을 만났으니 그 물인가 뭐시긴가를 쓰면 될 게 아닙니까?"

관우는 아무 말도 하지 않았지만 장비와 비슷한 생각이라는 듯이 바라보고 있었다.

유비는 관우와 장비를 타일렀다.

"물론 작전이야 공명이 세우겠지만 싸움은 두 아우가 맡아줘야 하는데 어찌 그런 말을 하는가?"

그러나 관우와 장비는 여전히 달갑지 않은 표정이었다.

결국 제갈량이 작전을 세우고 장수들을 불러 명을 내렸다. 제갈량은 관우나 장비 등이 명령에 복종하지 않을까 염려해 유비의 패검과 인(印)을 받아두었다. 제갈량은 조목조목 지시를 내리고 장수들의 위치와 역할에 대해 명령을 내렸다.

제갈량이 이때 세운 계책은 쳐들어오는 하후돈의 군사를 박망파라는 계곡으로 유인해 화공(火攻)으로 물리치는 것이었다.

박망파는 오늘날의 허난 성 난양 시에 있는 팡청(方城) 현의 보왕진(博望鎭)에 위치한다. 후한 시대에는 박망둔(博望屯), 박망파(博望坡)라고 했다. 당시 이 계곡의 통행로는 폭 2미터 정도의 구불구불

˚ 위나라의 무장으로 조조의 심복. 조조와 함께 여포를 정벌하다 왼쪽 눈에 화살을 맞았는데 "부모로부터 물려받은 것을 버릴 수 없다"고 하여 눈을 먹은 일화가 유명하다. 많은 공적을 세워 조조에게 깊은 신임을 받았고, 조비 때 대장군이 되었다.

한 흙길이었으나 역로(驛路)로서 중원 지역과의 공문서나 서신 교환은 물론 물산이 교류되던 주요 교통로이기도 했다. 북쪽에 있는 복우산(伏牛山)은 울창한 숲이 발달해 있었다.

제갈량의 작전에 대해 《삼국지연의》에 다음과 같이 묘사되어 있다.

박망파 왼쪽에 산이 있으니 예산(豫山)이요, 오른쪽에 숲이 있으니 안림(安林)이다. 그곳에 군사를 매복할 만하니 관우 장군은 군사 1,000명을 거느리고 매복했다가 적군이 오면 그냥 지나치게 하고 치중부대를 공격하는데 남쪽에서 불길이 오르는 것을 신호로 하라. 장비 장군도 군사 1,000명을 거느리고 안림 너머 산골에 매복했다가 남쪽에서 불길이 오르거든 박망성으로 가서 적의 군량과 마초를 쌓아놓은 창고에 불을 질러 태우라. 관평과 유봉(劉封)**은 각기 군사 500명을 거느리고 인화물을 준비하여 박망파 양쪽에서 기다리다가 초경 무렵 적군이 당도하거든 즉시 불을 지르도록 하라.

지시가 끝나자 관우가 단상의 제갈량에게 물었다.

"우리는 모두 적군과 싸우러 가는데 군사는 뭘 할 것이오?"

** 유비의 수양아들. 많은 전투에서 전공을 쌓았고, 맹달과 함께 상용성(上庸城)을 공격해 취하고 부장군에 임명되었다. 동오가 형주를 공격해 관우가 맥성으로 달아나 유봉과 맹달에게 도움을 요청했지만 거절했다. 이후 유봉은 위나라의 공격을 받아 패하고 성도로 돌아갔으나 관우를 돕지 않아 죽음에 이르게 했다는 죄목으로 유비에 의해 처형되었다.

제갈량이 대답했다.

"나는 여기서 성을 지키겠다."

장비가 껄껄 웃으며 한마디 했다.

"우리는 다 목숨을 걸고 싸우는데 그대는 집 안에서 편안히 앉아 있다니 참 좋겠소."

유비가 호통을 쳐서 그 자리가 끝나고 군사들이 출동하는데 관우가 장비에게 말했다.

"그의 계책대로 들어맞는지 아닌지 한번 두고 보자. 일이 어긋나면 그때 따져도 늦지 않을 게다."

마침내 박망파에 들어선 하후돈의 군사는 제갈량이 준비한 계책에 걸려 무수히 타 죽고 군량과 건초를 모두 잃었다. 그야말로 완패였다. 하후돈은 겨우 수천 명의 병졸을 수습하여 허도로 돌아갔다.

관우와 장비는 대승을 거둔 것에 크게 기뻐하며 신야성으로 돌아오면서 "아무래도 공명이 영걸이야"라고 찬탄했다. 이때 때마침 제갈량이 탄 수레를 만났다. 관우와 장비는 말에서 뛰어내려 엎드려 절을 올렸다. 진심으로 승복한다는 표시였다.

오늘날에도 그곳 언덕에 '박망파'라는 옛 지명의 석비가 세워져 있다. 하지만 이 박망파 전투*는 《삼국지》 〈촉서·선주전〉에 따르면 제갈량이 유비 진영에 가담하기 5년 전에 일어난 싸움이다. 그러므로 제갈량의 신출귀몰하는 작전 능력을 돋보이게 하기 위해서 나관중이 사실을 기초로하여 햇수를 바꾸고 제갈량을 슬쩍 끼워 넣은 것이다.

그러나 싸움의 사실 관계보다는 평소 그 누구에게도 승복하지 않고 무용을 뽐내던 관우와 장비가 제갈량의 지모에 감탄해 진심으로 그를 받들게 되었다는 점이 중요한 대목이 아닐까 싶다.

박망파 전투는 원래 유표가 형주 일대를 평정하는 과정에서 일어났는데 박망파의 대승은 관우와 장비, 조자룡

박망파라고 쓰여 있는 비석. 박망파 전투에 관한 기록이 쓰여 있다.

등이 활약한 유비 진영 무장 군단의 업적이라는 주장도 있다.

박망파 비석에서 서쪽으로 약 200미터 떨어진 곳에 불에 탄 고목이 하나 있는데, 박망파 전투의 화공전에서 타지 않은 것이라 하여 사람들은 그것을 삼국수(三國樹)라 부르며 옛 일을 이야기한다. 부근 일대에서는 아직도 숯이 된 곡물과 목재, 말의 뼈 등이 다수 출토되고 있어 화공에 의한 대규모 전투가 있었음을 증명해 주고 있다.

● 유비가 박망현(博望縣)에서 주둔지를 화공으로 불태우고 하후돈이 이끄는 조조의 군대와 싸워 이긴 전투. 《삼국지연의》에는 제갈량의 전략에 따라 이긴 것으로 되어 있으나 진수의 《삼국지》 기록에 따르면 여기에 제갈량은 참여한 적이 없다.

화용도에서 조조를 살려주다

208년, 삼국 시대의 막을 여는 적벽대전(赤壁大戰)*이 장강 일대에서 벌어졌다.

《삼국지연의》의 내용은 마치 송대의 이야기꾼이 늘어놓은 것처럼 지나치게 흥미를 자극하고 제갈량을 초인적인 전략가로 꾸미기 위해 여기저기서 가져다 붙인 부분이 많아 역사적 사실로 대접받지 못하는 것이 사실이다. 그러나 많은 화젯거리를 만들어 일반 대중에게 삼국지의 무대나 등장인물들에 대한 큰 관심을 끌게 한 점은 《삼국지연의》의 공로라 할 만하다.

나관중은 제갈량 이외에도 유비 군단의 활약을 돋보이게 하기 위해서 이 부분에서 많은 허구를 가미했다. 예를 들면, 조자룡이 감부인을 보호하면서 후퇴한 곳은 관산(關山)이었으므로 당양벌에서 조조군 속을 종횡무진 헤치며 유비의 젖먹이 아들 아두(유선)를 구했다는 내용은 있을 수 없는 일이라는 것이 정설이다.

장비의 경우도 마찬가지다. 장판교(長坂橋)**에서 장비가 활약한 것은 사실이지만 조자룡을 도와주었다는 부분과 "내가 장비다. 한판 붙어볼 놈은 나서거라"하고 큰 소리로 외쳐 조조의 부장이 말에서 떨어져

* 후한 말기 조조에 대항해 손권과 유비의 연합군이 적벽에서 싸웠던 전투. 이 전투에서 조조가 크게 패하고 손권의 강남 지배가 확정되고, 유비가 형주를 얻어 삼국 시대가 열렸다.
** 형주 장판파에 있던 다리. 208년 조조가 대군을 이끌고 신야의 유비를 공격하자 유비는 도망치다가 경산 근처에서 대패했는데 장비가 장판교에서 조조군의 진격을 저지했다.

죽었다거나, 장팔사모 하나로 수만 대군을 물리쳤다는 이야기는 전적으로 허구다.

그 밖에 제갈량이 손권과 연합하기 위해 동오로 가서 강동의 군유들과 설전을 벌인 일, 손권군의 대도독 주유를 그의 능력 이하로 묘사하고 도량이 좁은 인물로 그린 부분, 손권 진영에 있는 의협의 사나이 노숙(魯肅)***을 마치 바보처럼 묘사한 것, 조조의 참모 장간(蔣幹)이 주유의 계책에 놀아났다고 기술한 부분, 제갈량이 화살 10만 개를 조조 진영에서 가져온 사건, 제갈량이 동짓달에 동남풍을 불게 하려고 제단을 쌓고 제사 지낸 일, 방통이 화공을 돕기 위해 조조군의 선박을 묶도록 한 연환계, 제갈량과 주유의 화공 계획과 심지어는 전투가 벌어진 장소 등도 작가가 창작한 부분이다. 나관중이 소설 속 이야기를 실제보다 한층 장대하게 묘사하고 다른 사람의 공적이나 예전의 일까지도 유비 진영을 빛내기 위해 가져다 붙인 것은 분명한 사실이다.

그러나 이후 수많은 문인이 적벽대전의 현장으로 알려진 적벽(赤壁)을 찾아 글을 짓고 찬미하니 역사적 진실 여부보다 황실을 수호하려는 유비와 황실을 깔아뭉개는 조조가 싸워 황실 수호세력이 이겼다는 하나의 상징으로 훨씬 더 중요한 의미를 갖게 되었다.

관우는 적벽대전의 종반부에 등장하는

*** 오나라의 정치가이자 전략가. 유비와 연합해 조조에 맞설 것을 주장했으며 적벽대전 때 주유를 보좌해 조조의 군대를 물리치는 데 공을 세웠다. 손권에게 유비에게 형주를 빌려주라고 주장했는데 이는 유비의 힘을 빌려 조조의 공세를 막아 손권을 유리한 위치에 서게 하는 삼국정립의 정세를 만들어내는 전략이었다.

청나라 화가 예전(倪田, 1855~1919)의 〈적벽범주 (赤壁泛舟)〉. 배를 타고 적벽 풍경을 감상하는 모습을 그린 그림.

데, 하나의 사건으로 인해 의리와 용맹의 화신이라는 이미지 이외에 목숨을 버릴지라도 은혜는 반드시 갚는 강렬한 의(義)의 이미지가 더해지게 된다.

화용도(華容道)에서 힘이 꺾인 조조의 처량한 모습을 보고 옛 인연을 떠올려 명령을 어기고 조조를 살려준 사건이다. 《삼국지연의》에는 이때의 일을 다음과 같이 묘사하고 있다.

강동에 갔던 제갈량이 유비의 본진이 있는 하구로 돌아오자 즉시 여러 장수를 부른 다음 조자룡에게 먼저 명령을 내렸다.

"조 장군은 군사 3000명을 거느리고 강을 건너가 바로 오림 땅 소로로 나가서 수목과 갈대가 빽빽이 우거진 곳을 골라 매복하라. 오늘 밤 4경 이후에 조조가 반드시 그 길로 도망쳐 올 것이니 그들 군사를 반쯤 지나가게 한 뒤에 불을 지르고 무찌르도록 하라. 비록 그들을 몰살시키지 못할지라도 아마 반 정도는 죽일 수 있을 것이다."

그러고는 장비를 불렀다.

"장 장군은 군사 3000명을 거느리고 강을 건너가 이릉 길을 끊고 호로곡에 가서 매복하라. 조조는 감히 남이릉으로는 달아나지 못하고 반드시 북이릉 쪽으로 갈 것이니 내일 비가 멈추면 그들이 필시 냄비를 걸고 밥을 지어 먹으려 서두를 것이다. 그러니 연기가 일어나는 것이 보이거든 곧 산기슭에 불을 지르고 내달아 무찌르도록 하라. 비록 조조는 잡지 못할지라도 장군의 공이 적지 않을 것이다."

마지막으로 미축과 미방, 유봉을 불러 "그대들은 각기 배를 타고 강을 돌아다니며 적의 패잔병을 사로잡고 그들의 무기를 닥치는 대로 노획하라"고 명을 내렸다.

제갈량은 모든 장수에게 역할을 주어 보내면서 끝내 관우는 거들떠보지 않았다. 참다못한 관우가 소리쳤다.

"내가 형님을 모신 이후 오랜 세월 싸워왔지만 한 번도 남에게 뒤떨어진 일이 없었소. 그런데 오늘 큰 적을 상대하는 마당에 군사가 나를 쓰지 않으니 이는 무슨 뜻이오?"

제갈량이 웃더니 대답했다.

"관 장군은 의심을 거두시오. 내 귀공에게 요긴한 곳을 맡아달라는 부탁을 하고 싶으나 좀 뭣해서 감히 가리고 못하는 것이오."

"좀 뭣하다니 그게 무슨 말씀이시오? 툭 터놓고 내게 말해주시오."

"예전에 조조가 허도에서 관 장군을 극진히 대우했으므로 장군은 늘 조조에 대한 은혜를 잊지 않고 있을 것이오. 오늘 조조가 패하면 반드시 화용도 길로 도망칠 것인데 장군이 가면 필시 옛 은혜를 잊지 못해 조조를 놓아줄 것이 분명해서 감히 장군을 보내지 못하는 것이오."

"군사께서는 지나친 생각을 하십니다. 그 당시 조조가 나를 극진히 대우한 것은 사실이지만 내가 안량과 문추를 베고 백마 땅 포위를 풀어주어 은혜를 갚았는데 어찌 그를 놓아줄 거란 말입니까?"

"만약 관 장군이 놓아주면 어찌하시겠소."

"군법대로 처벌을 받겠소이다."

"그러면 어떤 처벌이라도 받겠다는 군령장을 쓰시오."

관우는 즉시 군령장을 써주고 출동했다.

한편, 조조군은 기진맥진하여 화용도로 향했다. 불에 그을린 자들은 지팡이를 짚고, 화살과 창칼에 부상당한 자는 거의 끌려가고 있었다. 그들의 옷과 갑옷은 젖은 데다가 그나마 제대로 갖추어 입지 못하고 무기와 기, 번은 제멋대로 흩어져 질서가 없었다. 이는 이릉 땅 중도에서 갑자기 장비의 습격을 받아 겨우 말에 올랐으나 안장과 의복을 다 버리고 도망쳐왔기 때문이다.

궁벽한 좁은 길인 데다 새벽에 내린 비로 물이 잔뜩 고인 웅덩이에 말이 자꾸 빠져 행군하기가 정말 어려웠다. 조조가 돌아보니 따르는 군사가 고작 300여 명에 불과한데 그 모습은 처량하기 그지없었다.

"말들이 굶고 지쳤으나 서둘러 형주로 가서 쉬어도 늦지 않을 것이다."

조조가 재촉해 앞으로 나아갈 때 갑자기 포 한 방이 울리며 시퍼런 칼을 든 500여 명의 군사가 나타났다. 맨 앞에 선 장수는 다름 아닌 관우였다. 관우가 청룡도를 잡고 적토마를 타고 앞을 가로막았다. 조조군은 혼비백산하여 서로 쳐다만 보고 있었다. 정욱이 조조에게 고했다.

"저는 관우를 잘 압니다. 그는 윗사람에 대해서는 오만하지만 아랫사람에 대해서는 인정에 약하고, 강한 자를 멸시하나 약한 자는 돕는 성격입니다. 그리고 은혜와 원수를 대하는 태도가 분명해 신의와 의리로 천하에 명성을 드날리고 있습니다. 승상께서 지난날 관우에게 많은 은혜를 베푸셨으니 친히 사정해보시면 이 위기를 면할 수 있을 것입니다."

조조는 그 말에 동의해 관우 앞으로 말을 몰아 나아갔다.

"우리가 허도에서 작별한 뒤로 관 장군께서는 별고 없으시오?"

관우가 몸을 굽혀 답례하고 대답했다.

"나는 우리 군사의 명령을 받고 이곳에서 조 승상을 기다린 지 오래 됐소이다."

"내가 싸움에 지고 위기에 몰려 이곳까지 왔으나 벗어날

길이 없으니 장군은 그 옛날에 맺은 우리의 정을 참작하여 갈 길을 터주시기 바라오."

"옛날 조 승상께 은혜를 크게 입었으나 이미 갚았다고 생각합니다. 오늘은 사사로운 정으로 공적인 임무를 거스를 수 없습니다."

조조가 처연한 표정을 지으며 사정했다.

"관 장군은 신의를 목숨보다 소중히 여긴다고 들었소. 더욱이 《춘추》에 대해서 깊이 아시니 인정을 베풀어 주시오."

그 순간 조조 휘하의 모든 장병이 무릎을 꿇고 관우의 처분만 기다렸다. 이 모습을 보자 관우는 측은한 심정이 들어 말 머리를 돌려세웠다. 그리고 부하들에게 소리쳤다.

"너희는 사방으로 흩어져라!"

이는 조조를 살려 보내주겠다는 뜻이었다. 순간 조조와 그의 장병들이 일제히 말을 달려 달아났다.

이 이야기는 사실 나관중의 창작이다. 그러나 흥미진진한 내용이므로 사건의 진행 과정을 정리해 볼 필요가 있다.

앞서 말했듯이 적벽대전에서 신출귀몰한 계략을 내는 제갈량의 이야기를 비롯해 유비 진영의 활약상 대부분이 허구다. 그러나 그것은 화용도에서 조조를 놓아준 관우의 사건과는 어느 정도 의도적으로 궤를 달리하고 있다는 점을 살펴볼 필요가 있다.

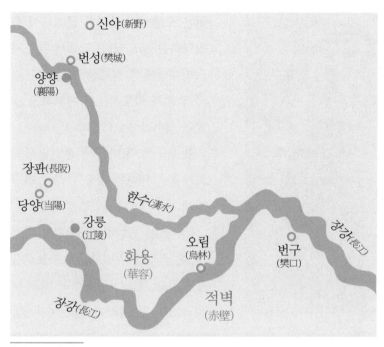

화용(華容)과 적벽(赤壁).

충성과 의리 중 무엇이 더 중요한가?

적벽대전에서 조조는 전력을 기울여 천하통일을 실현하려고 노력했지만 실패했다.

나관중은 전통적인 유교적 봉건주의 입장에서 조조를 역적 또는 찬탈자로 보고 있었으므로 조조에게 대적하는 집단을 철저히 미화하고 유비 진영을 운명의 승리자로 그리려 했다. 따라서 조조

적벽대전을 승리로 이끈 오나라의 명장 주유.

군은 오만하고 불의한 군대로서 응징당하는 구도였다. 그래서 조조가 적벽대전에서 실패한 까닭이나 경과에 대해 의도적으로 지적하지 않았던 것이다.

조조군이 적벽에서 손권군에게 화공을 당했다는 것은 널리 알려진 견해다.

《삼국지》〈촉서·선주전〉에 따르면, 손권과 유비 연합군이 조조군을 무찌르고 그들이 사용했던 배를 모두 태웠다는 기록이 있다.《자치통감(資治通鑑)》의 사마광도 화공설을 채택하고 있다.

또한 당나라의 시성(詩聖) 이태백이 적벽대전을 읊은 〈적벽가송별(赤壁歌送別)〉에 이런 구절이 있다.

烈火張天照雲海(성난 불길이 하늘에 펼쳐져 구름바다를 비추니)
周瑜于此破曹公(주유가 여기서 조조를 물리쳤네)

이 시에서도 화공작전의 최고사령관은 주유라는 사실이 잘 나타나 있다.

그 밖에 많은 사람이 소수의 군사를 이끌고 화공으로 막강한 조조의 대군을 크게 물리친 손권 휘하의 대도독 주유의 업적을 칭송하고 있다.

그러나《삼국지연의》에서는 적벽대전의 화공작전이 손권 진영의 주유의 계책이었다는 사실은 별로 부각되지 않고 마치 제갈량의 계책인 것처럼 묘사되어 있다.

정사《삼국지》의 저자 진수는 적벽대전의 화공에 대해 전혀 언급하지 않았다. 단지《삼국지》〈위서·무제기〉에 "손권·유비 연합군과 적벽에서 싸웠으나 고전하였으며 전염병이 유행하여 쓰러지는 장병이 속출하였기에 배를 불태우고 철수했다"고 서술했고, "손권도 조조군이 여의치 않게 되자 나머지 배를 불태우고 스스로 물러갔다"고 기록하고 있다.

여기서 전염병, 즉 남방 지역의 흡혈충병이 조조군에게 널리 퍼졌다는 주장이 힘을 얻는다. 이 풍토병은 장강 일대에 유행했는데 조조군은 북방 출신들이 대부분이었기에 속수무책으로 당했으나 손권의 병사들은 이 지역에 오랫동안 살아서 면역력을 갖고 있었다는 것이다.

적벽대전의 승패를 가른 요인이나 역사적 진실이 무엇인지는 여기서 중요하지 않다. 다만 여러 허구의 이야기 가운데 관우가 조조를 풀어준 화용도 사건의 경우는 사람들로 하여금 '만일 천하를 차지하려던 조조가 크게 패하여 도망치는 도중 그에게서 은혜를 입은 관우와 불시에 맞닥뜨리는 상황이 벌어졌다면 과연 의리

촉한의 정치가이자 천재적인 전략가인 제갈공명 초상화. 중국사에서 공자, 관우와 더불어 가장 유명한 인물로 꼽힌다.

를 중시하는 관우가 어떻게 행동했을까?'라는 강렬한 호기심을 불러일으킨다는 점에서 차원이 다르다고 할 수 있다.

관우는 군사인 제갈량에게 군령장을 써놓고 출전했기 때문에 은혜를 갚기 위해 조조를 풀어준다면 군법에 따라 참수형 감이었다. 그렇다면 관우는 과연 어떤 결정을 내릴 것인가?

우리는 관우가 목숨은 버릴지언정 결코 은혜를 저버리지 않을 것이라고 기대를 하게 된다.

관우를 은혜를 입으면 반드시 갚는 의리의 화신으로 각인시키면서 관제(關帝) 신앙의 중요한 모티브가 된 이 화용도 사건에 대해 여러가지 견해가 존재한다.

우선, 조조를 살려준 일은 충(忠)의 관점에서는 잘못된 행동이었고, 의(義)의 관점에서는 과연 관우다운 행동이라는 견해다. 그러나 상충되는 이 부분을 어떻게 받아들일 것인가 하는 문제가 생긴다.

관우는 분명 후한 황실을 떠받들고 의형인 유비를 주군으로 모시는 '충'의 대표적 인물이다. 어떤 상황이 전개되든 자신의 주군에게 가장 위험한 적수인 조조를 죽여야 마땅한 것이다. 더욱이 한실 부흥이라는 목표에서 본다면 조조야말로 마땅히 물리쳐야 할 세력이자 악의 근원이라 할 수 있다.

하지만 적벽대전의 이야기를 전개하면서 유비 진영을 미화하고 조조 진영을 최대한 깔아뭉개려 했던 나관중도 관우의 의기를 훼손하는 데 있어서는 주저했을 것이 분명하다. 조조를 죽여 은혜를 모르는 인간으로 관우를 설정할 수는 없었던 것이다. 그리고 똑똑하지만 유자(儒者)의 성격이 강한 제갈량과 무장으로서 협자(俠者)의 성격이 강한 관우의 관계에서 한 번쯤은 복선을 깔아두어야 했을 것이다.

결국 조조를 놓아주고 빈손으로 돌아온 관우를 죽이겠다고 펄펄 뛰는 제갈량에게 유비는 주군으로서의 자존심을 굽히고 고개를 숙여야 했다. 복선의 일차적인 준비로 수많은 부하 앞에서 주군을 굴복시킨 제갈량은 이제 유비 진영의 전권을 거머쥔 실력자로 확실하게 부각된다.

나관중이 화용도 사건을 설정한 이유 가운데에는 분명 제갈량을 미화하려는 의도가 있었다. 또한 제갈량이 결국 유비 진영의 실력자가 되어 자신의 구상대로 유비 정권을 수립하면서 조금이라도 자신의 계획에 장애가 된다면 천하의 관우라도 가차 없이 제거 대상이 될 수 있음을 암시하는 복선도 깔려 있었다.

관우처럼 의리를 목숨보다 소중히 여기는 인물이 존재한다는 것이 힘없는 백성에게는 더할 나위 없이 바람직하지만, 제갈량 같은 권력지향적인 정치가에게는 오히려 거추장스런 짐이 될 수도 있다는 것이다.

이 어려운 난관 속에서 관우는 어떻게 처신해 극복해나갈 수 있을까? 또한 협객형 인물의 의리와 충의가 권력을 추구하는 유자형 인물의 전략과 어떤 갈등을 빚게 될 것인가?

이 점은 화용도 사건의 이후에도 흥미 이상의 주요 관점이 될 법했으나 제갈량을 너무 미화하다보니 갈등요소가 사라지고 제갈량이 처음부터 계획하고 있었던 것처럼 되고 말았다는 점이 안타까움을 남긴다.

관우와 조조의 관계는 의리 이상으로 인간관계의 또 다른 문제의식을 제기하는데 화용도 사건은 결국 관우가 중국인의 의식구조에서 의협을 실천한 가장 인간다운 사나이로 각인되는 계기가 되었다.

정정당당함으로
황충과 장사성을 얻다

경쟁일지라도 상대의 허점을 이용하지 않는다

베이징에 있는 고궁박물관(자금성) 안에는 황제의 정원인 어화원(御花園)이 있는데 관황대도(關黃大刀)라는 제목의 모자이크가 있는 길이 있다. 관우와 황충(黃忠)*, 두 장군이 말을 타고 칼을 휘두르며 접전하는 장면이다.

적벽대전이 끝나고 형주 남쪽에 있는 장사성(長沙城)을 빼앗기 위해 관우가 파견되었을 때였다. 조자룡이 계양(桂陽)

> * 촉한의 장수. 원래 유표 밑에서 중랑장을 지냈는데 적벽대전 이후 유비에게 투항했다. 211년 유비를 도와 유장을 공격했고, 219년 조조의 부하인 하후연을 일격에 죽이고 정서장군에 올랐다. 촉한의 '오호장군' 중 한 명이다. 황충은 220년에 죽었기 때문에 75살의 나이로 유비를 따라 오나라를 공격했다는 《삼국지연의》의 내용은 사실이 아니다.

을 점령하고 장비가 무릉(武陵)을 빼앗자 형주에 남아 있던 관우가 "아직 장사 땅을 얻지 못했다고 하니 형님께서 이 아우의 재주를 인정하신다면 이번 기회에 공을 세우게 해주십시오"라고 청했다. 유비는 이를 받아들였다. 화용도 사건에서 관우가 입은 불명예를 배려한 것이었다.

《삼국지연의》에서는 관우와 황충의 이야기를 다음과 같이 그리고 있다.

장사성을 다스리는 태수 한현은 급한 성격 때문에 사람을 경솔히 죽여 백성의 미움을 사고 있었다. 그런데 중랑장으로 있는 용맹한 노장군 황충이 있어 장사성을 빼앗는 것은 결코 쉬운 일이 아니었다.

관우는 명을 받자 자신만만하게 황충과 한현의 목을 베어 바치겠다고 장담하며 군사 500명을 이끌고 달려갔다.

한현은 관우가 쳐들어온다는 기별을 받자 우선 교위 양영에게 1000명의 군사를 주어 내보냈는데, 그는 힘 한 번 써보지도 못하고 관우의 청룡도에 목숨을 잃었다.

한현은 그제야 상대가 만만하지 않다는 걸 알고 황충을 내보내 싸우게 했다. 두 장수는 장사성 밖 벌판에서 싸운 지 백여 합이 되도록 승부가 나지 않았다.

첫날의 싸움은 이렇게 끝나고 관우는 10리 밖으로 물러나면서 '늙은 장수 황충이 소문 이상으로 용맹하구나. 나와 백여 합을 싸웠어도 빈틈이 없다니……. 내일은 타도지계(拖刀 之計, 도망가는 척하면서 쫓아오는 상대를 갑자기 되돌아 공격하는 계책) 로 베어버릴테다'라고 생각했다.

이튿날 아침 일찍 관우는 또다시 성문 앞으로 가서 싸움을 걸었다. 황충이 달려 나와 두 사람이 무섭게 부딪쳤다. 싸운 지 50～60합 정도 되었을 때였다. 관우가 슬그머니 말머리를 돌려 달아나는 것처럼 하자 황충은 맹렬히 관우의 뒤를 쫓 았다.

관우가 회심의 미소를 지으며 갑자기 몸을 돌리자 황충이 타고 있던 말의 앞다리가 꺾이면서 황충이 땅바닥에 나가떨 어졌다.

이는 관우로서는 부담스런 상대를 간단히 처치할 수 있는 절호의 기회였다. 그러나 뜻밖에도 관우는 말을 돌려세우더 니 청룡도를 번쩍 치켜들고 소리쳤다.

"너의 목숨을 살려줄 테니 어서 말을 바꿔 타고 오너라!"

황충은 처참한 기분이 되어 성으로 돌아갔다.

그때 한현이 황충을 질책했다.

"그대는 활 솜씨가 백발백중인데 왜 그걸 사용하지 않는가?"

황충은 '내일 다시 싸울 때는 거짓으로 패한 체하고 성문 가까이 관우를 유인한 후에 쏘아 죽이리라'고 결심하고 자기 처소로 돌아갔다. 그런데 이때 황충은 속으로 '관우가 의기 있는 장수라고 듣기는 했지만 이처럼 대단한 인물인지는 몰랐다. 말에서 떨어진 나를 죽이지 않았으니 난들 어찌 그를 죽일 수 있으랴. 허나 활을 쏘지 않으면 명령을 어기게 되니 이를 어찌하면 좋은가'라고 깊이 고민했다.

다음 날 관우와 황충이 다시 맞부딪쳤다. 두 장수가 무기를 휘두르며 싸운 지 어느새 30여 합이 되었을 때 황충이 버티지 못하겠다는 듯이 몸을 돌려 성문 쪽으로 달아났다.

관우는 이미 이틀 동안이나 혼신의 힘을 다해 싸웠지만 이기지 못한 까닭에 초조하여 적토마의 배를 맹렬히 걷어차며 서둘러 황충의 뒤를 추격했다.

황충은 계획대로 활을 꺼내 들었지만 막상 쏘려고 하니 어제의 일이 생각나서 차마 쏘지 못하고 돌아보며 빈 활을 쏘았다. 뒤쫓던 관우는 활시위 소리를 듣고 몸을 비켰으나 화살은 날아오지 않았다. 황충이 다시 빈 활을 쏘고 관우가 몸을 비키기를 서너 번 하는 가운데 황충이 탄 말이 어느새 성문 앞에 이르렀다.

황충은 어쩔 수 없이 화살을 먹여 쏘니 화살은 정통으로 날아가 관우의 투구 끈 매듭에 꽂혔다.

관우는 깜짝 놀라 화살을 달고 달아났다. 그제야 황충이 명궁임을 알고 '오늘 내 투구 끈을 맞춘 것은 어제 자신을 죽이지 않은데 대한 보답이로구나'라고 생각해 군사를 뒤로 물렸다.

한현은 성루에서 두 사람이 싸우는 모습을 지켜보다가 황

충이 활을 쏘자 '됐다! 관우를 잡았구나'라고 여겼는데 관우
가 투구 끈에 화살을 달고 물러가는 모습을 보고 의심이 들
었다. 그래서 명령을 내렸다.

"황충을 잡아와라!"

한현은 황충이 끌려오자 분노에 차서 호통을 쳤다.

"내가 3일 동안 싸우는 걸 지켜봤거늘 감히 날 속이다니.
당신은 힘껏 싸우지도 않고, 관우는 말에서 굴러떨어진 당신
을 죽이지 않고, 오늘은 몇 번이나 빈 활을 쏘고서 마지막으
로 관우의 투구 옆을 맞췄으니 짜고 그러는 게 틀림없다!"

그러더니 황충을 끌어내 참수하라고 고래고래 소리를 질
렀다.

장수들이 몰려와 그 앞에 무릎을 꿇고 탄원하며 말렸지만
한현은 막무가내로 "목을 치라"고 소리칠 뿐이었다.

마침내 한 도부수가 황충의 목을 베려고 칼을 높이 치켜들
었을 때였다. 장수 한 명이 무리에서 뛰어나와 도부수를 쳐
죽이고 좌우를 향해 소리쳤다.

"황충 장군은 우리 장사성의 간성(干城)이니 지금 죽인다
면 우리 장사성의 백성 모두를 죽이는 것이다. 한현은 천성
이 잔인하고 어진 사람을 업신여기니 죽여야 할 사람은 바로
그다."

모두 소리치는 자를 바라보니 위연(魏延)°이란 장수였다.

"옳소!" 하고 누군가 외치자 구경 나온 사람들 수백 명이

일제히 이에 호응했다. 위연은 달려가 한현을 베어 쓰러트리고 그 머리를 잘라 성을 나와서 관우에게 항복했다.

이리하여 장사성은 정복되고 황충도 관우의 의기에 감동해 유비 진영에 귀순했다.

《삼국지》〈촉서·황충전(黃忠傳)〉을 보면 황충은 한현의 부장으로 유비에게 귀순했다고 되어 있을 뿐 귀순 경위는 나와 있지 않다. 또한 관우의 의기에 감동했다는 내용은 전혀 찾아볼 수 없다.

그렇지만 관우가 싸우는 도중 말에서 떨어진 황충을 죽이지 않고 돌아가서 새로운 말을 갈아타고 나오라고 기회를 준 부분이 허구라고만 볼 수는 없다.

분명한 점은 관우가 장래를 염두에 두고 황충을 어떻게든 살려서 유비 진영에 귀순케 하려고 그랬던 것은 아니고, 상대의 실수를 이용해 승리하고 싶지 않았기에 살려주었다고 볼 수 있다. 훗날 유비가 한중왕에 즉위했을 때 오호대장군(五虎大將軍)**을 두면서 관우와 황충을 같은 서열에 두자 관우가 "노병 따위와 같은 반열에 두다니……"라고 하면서 불쾌한 표정을 지으며 직위를 받지 않으려 한 일이 있기 때문이다.

황충은 유비에게 귀순한 뒤 한중공략

* 촉한의 장수. 원래 유표의 부장이었지만 태수 한현을 죽이고 유비에게 귀순했다. 유비가 한중왕이 된 뒤 한중태수가 되었다. 제갈량이 북벌에 나섰을 때 선도를 맡으며 공을 세웠다. 제갈량이 죽은 후 장사 양의와 대립하다가 양의가 마대를 보내 위연의 목을 베고 삼족을 멸했다.

** 《삼국지연의》에 나오는 칭호로, 촉한의 다섯 명의 호랑이 대장을 뜻한다. 관우, 장비, 조자룡, 황충, 마초를 가리킨다.

부락당(富樂堂) 앞에 세워진 오호장군상. 가운데가 관우의 상이다.

전에서 노익장을 과시하며 하후연(夏侯淵)***의 목을 베는 큰 공을
세웠는데 장사공략전 당시 관우가 죽이지 않고 살려준 일이 결과
적으로 큰 공적을 세우게 했다 하여 많은 사람이 칭송했다.

　이 사건이 관우의 의로운 처신으로 미화된 부분도 있는 것이 사
실이다.

관우와 관련된 노도하의 전설

　　　관우와 황충의 일화와 관련
된 '노도하락도휘(撈刀河落刀暉)'라는 이
야기가 오늘날에도 창사(長沙) 지역에
전해지고 있다. 황충의 화살이 투구 끈

*** 위나라의 장수. 관도 전투에
서 조조에게 군량을 조달했고, 원
소, 마초, 한수 등을 정벌하면서 큰
공을 세웠다. 조조가 양주와 한중
을 차지하는 데에도 커다란 역할을
했다. 220년 정군산에 주둔하며 유
비와 대치했는데, 다음 해 유비의
부하 황충의 습격을 받고 죽었다.

에 꽂히자 깜짝 놀란 관우가 허둥대며 자기 진영으로 돌아오는 도
중 강가 어느 지점에서 청룡언월도를 떨어뜨렸는데 그 장소가 바
로 낙도휘라는 것이다. 또 주창이 곧바로 강물로 뛰어들어가 청룡
언월도를 건져 올려서 '칼을 건져올린 강'이라는 의미로 노도하라
부르게 되었다는 이야기도 전해진다.

오늘날의 노도하는 강폭이 80미터 정도인데 인근에서는 주방
용 칼 등의 생산지로 유명하다. 바로 관우의 청룡언월도가 지닌
예리함을 물려받았기 때문이라고 그곳 사람들은 자랑한다.

또한 창사 시의 학부평이라고 하는 곳의 장쥔(長郡)중학교 교정
운동장 남서쪽 한편에 한현의 묘가 지금도 '한 충신 한현의 묘'라
고 쓰인 비석과 함께 남아 있다. 만약 한현이 《삼국지연의》에 나
오듯이 정말로 잔인하고 포악해 사람을 많이 죽였다면 그의 무덤
이 지금까지 남아 있을 것 같지는 않다.

이런 사실을 통해 유추해 보면 관우가 싸우는 도중에 황충의 위
기를 이용하지 않는 정정당당함의 의기를 보인 부분은 당연히 그
러했을 것이며, 이에 감동한 황충의 설득으로 한현이 처음에는 고
집을 부렸으나 결국 성문을 열고 투항했을 것으로 생각된다.

결과적으로 관우가 보여준 의기와 정정당당함이 큰 충돌 없이
장사성을 굴복시키는 결정적 역할을 했으며, 그런 이유로 한현의
묘가 지금껏 건재하고 있다고 생각된다.

어화원의 관황대도 모자이크 그림은 청대에 만들어진 것으로
관우와 황충의 장사성 싸움을 소재로 택한 까닭은 관우가 상대의

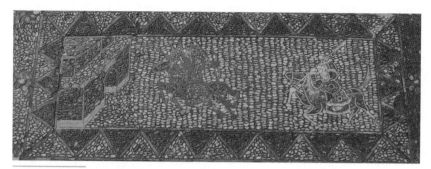

자금성 어화원의 관우와 황충이 싸우는 모습을 묘사한 모자이크.

허점을 노려 승리를 취하지 않고 오로지 정정당당하게 싸우는 의
협의 장수였음을 돋보이게 하여 상무(尙武) 정신을 고양하려는 의
도가 담겨 있을 것이다. 청나라가 그 어느 왕조보다 관우를 무신
(武神)이자 호국의 상징으로 높이 평가해 백성에게 관우 신앙을 전
파하려 노력했기 때문이다.

관우를 높게 평가한 청나라 때의 한 학자는 그의 친구에게 보낸
서신에서 다음과 같이 썼다.

세상의 부도덕한 성향에 맞서는 데 가장 좋은 무기이자 그런
성향과 조화를 이루는 데 적절한 자질은 어느 한편에 기울지
않는 중용의 마음씨, 어려운 상대를 감싸줄 수 있는 부드러
움, 그리고 배려할 줄 아는 마음일 걸세. 그것은 후덕함이나
동정심 같이 비난받을 일이 없다네. 유비 같은 인물은 후덕함
속에 권모술수의 비정함을 함께 사용했고 타인의 동정심에

기대면서 자신은 그런 동정심을 활용해 이익을 보려는 후안무치의 영웅으로 꼽히는데 반해, 관우 같은 인물은 오히려 후덕하지 않았으나 권모술수를 몰랐고 목숨을 잃을지언정 자신의 의기를 결코 잊지 않았으며 상대의 곤경을 충분히 배려하지 않았던가. 남에게 동정을 받지 않으면서도 남을 배려하고 베풀 줄 아는 심성이야말로 얼마나 고결한 정신인가. 그것은 위대한 걸세. 바로 자신에게 평화를 주고 상대에게도 전파시킬 수 있는 미덕이 아니겠는가. 그저 작은 일에 승리를 거두려고 하는 소인배들의 무익한 논쟁을 보고 있으려면 인생을 허비하고 있다는 안타까움과 슬픔이 솟는다네. 우리도 다른 사람의 작은 허물, 말실수를 파고들어 만족을 얻으려는 그런 일을 경멸함세. 관우가 진정한 모습을 보여주고 있지 않은가. 말 다리가 꼬여 눈앞에 쓰러진 황충을 용서하고 그에게 기회를 줌으로써 진정한 대인의 풍모를 보여준 일 말일세. 내가 말하고자 하는 것은 선의(善意)는 빠를수록 좋고 내가 아는 한 그렇게 살아간 사람 가운데 실패한 인생은 없다네.

이 서신은 노용의 수필집에 나오는 일부분이다. 이 글을 통해 관우에 대한 중국인의 생각을 엿볼 수 있다.

이렇듯 관우가 황충과의 접전에서 보여준 정정당당함은 많은 화제를 낳았고, 상대의 허점은 결코 이용하지 않는다는 의기(義氣)의 진수로서 오늘날에도 관제신앙의 주요 부분으로 전해진다.

제 8 장

정치가가 아닌
충직한 장수의
길을 걷다

조조나 손권이 절호의 기회를 노려 형주로 군사를 움직이지 않은 이유는 결코 제갈량의 여덟 자 계책에 영향을 받았기 때문이 아니다.

《삼국지》〈오서(吳書)·여몽전(呂蒙傳)〉을 보면 유비 진영의 90퍼센트의 전력이 파촉에 가 있는 상황에서 여몽(呂蒙)과 노숙의 대화 가운데 형주를 지키는 관우를 두고 한 말이 나온다.

지금 동쪽(손권 진영)과 서쪽(유비 진영)은 비록 한집안이지만 형주를 지키는 관우는 사실 곰이나 호랑이 같이 강한 사람입니다.

손권 진영에서는 기회만 있으면 형주를 빼앗고자 노렸지만 관우처럼 정치적으로 판단하지 않는 우직하고 용맹한 장수가 있었기에 공격을 자제했음을 분명히 알 수 있는 대목이다.

이 시절에 흔한 표현으로 여우나 이리 같다는 말은 주로 정치적인 인물들에게 사용한 반면, 곰이나 호랑이 같다는 말은 장수들에게 사용했다. 이는 교활하다거나 작전 능력이 뛰어나다는 것보다는 장수로서의 우직함, 용맹, 위엄의 의미가 담겨 있었다.

1

장수 관우와 책사 제갈량

형주를 둘러싼 각축전

적벽대전으로 조조의 천하통일의 야망은 깨져버렸다. 이와 동시에 연합전선으로 승리했지만 중원을 제외한 나머지 땅을 양분하게 될 손권과 유비의 관계는 미묘해질 수밖에 없었다.

조조는 허도로 돌아가면서 조인에게 형주 북부에 있는 요충지 번성을 지키게 했다. 한편, 손권 진영의 주유와 노숙 그리고 유비 진영의 제갈량은 승리의 여세를 몰아 각각 형주 전역을 차지하려고 음모를 꾸미고 군사를 동원하는 등 각축을 벌였다.

유비는 이번 기회에 자신의 근거지를 마련할 의도로 우선 형주를 차지할 계획을 세웠다. 신세를 졌던 유표는 이미 죽었고, 후계자인 유기마저 죽은 상황이었으므로 이 무렵에는 형주 땅 전역이 무주공산(無主空山)이 되어 유비의 입장에서는 형주를 노리는 것이 당연했다. 이때 제갈량이 계책으로 내놓은 것이 '손권 진영에 형주를 빌린다(借)'는 것이었다.

제갈량의 천하삼분지계 전략에서 유비 진영이 겨냥한 최종 목표지는 파촉 땅이었고, 형주는 징검다리 정도의 의미였다.

당시 유비 진영의 계획은 '지금은 힘이 부치지만 좋은 근거지를 마련하고 힘을 길러 언젠가 기회가 오면 중원으로 진격해 천하를 통일하겠다'는 것이었기에 물산이 풍부하다는 점에서 형주와 파촉의 조건이 비슷했다. 하지만 장래를 도모하는 약체 군벌의 입장에서 본다면 두 지역의 입지는 매우 큰 차이가 있었다.

형주는 사통팔달의 지역이므로 힘이 있으면 사방으로 뻗어 나갈 수 있으나 힘이 약하면 사방의 공세로부터 방어하기가 힘들어 적에게 쉽게 공략당할 수 있는 형세였다. 이에 비해 파촉은 지세가 험준해 중원으로 진격하는 데 어려움이 많지만, 한편으로 외부에서 공격하기도 쉽지 않아 수비하는 쪽에서 보면 외부 침략을 손쉽게 막을 수 있는 이점이 있는 지역이었다.

아직 힘이 약한 유비 진영으로서는 파촉을 차지해야 했기에 형주를 빌리는 정책은 적절한 선택이었던 것이다.

당시 정세는 강력한 군대를 거느린 조조는 상당한 정예병을 형주 일대에 남겨두었고, 강동의 손권은 거의 병적으로 형주에 집착해 적벽대전의 전리품으로 당연히 자기 영토에 편입해야 한다고 믿고 있는 상황이었다.

이 같은 형주를 둘러싼 군벌들의 갈등 구도 속에서 유비와 손권의 여동생 사이에 정략결혼이 이루어졌고, 제갈량은 유비로 하여금 '곧 파촉으로 진격해 성도를 차지하면 형주 땅을 넘겨주겠다'는 약속을 손권에게 하도록 했다.

하지만 제갈량 같은 책사들에게 약속은 목숨보다 소중하게 지켜야 할 도리가 아니라 승리를 위해 그때그때 전략상 또는 전술상 필요하면 얼마든지 남발하는 꾀에 불과했다. 제갈량뿐만이 아니라 그 당시 조조나 유비, 손권 진영 책사들 대부분이 그러했다. 어찌 보면 당시 책사들의 약속이란 오늘날 정치인의 립서비스 같은 것이었다.

따라서 형주는 일시적으로 유비가 빌린 곳이며 언젠가는 손권에게 내놓아야 할 땅이라는 사실을 유비나 제갈량은 물론 많은 사람이 분명하게 인식하고 있었다.

이런 상황 속에서 형주를 책임진 인물이 관우였다. 더욱이 시간이 흐르면서 형주를 둘러싼 군벌들의 관계는 더욱 미묘해졌다.

적벽대전이 있은 지 3년 후, 조조는 서북 방면으로 주력군을 투입해 장안 지역에서 오랫동안 세력을 키운 마초(馬超)*를 몰아내고 익주의 일부인 한중(漢中)을 손에 넣으려는 공략을 개시했다.

> *양주의 군벌로 촉한의 장수. 211년 반란을 일으켜 조조에 의해 마초의 일족 200명이 피살되었다. 유비에게 투항해 촉한의 장수가 되었다. 유비가 성도를 공략할 때와 한중 전투에 참여해 공을 세웠다. 오호장군 중의 한 명.

이에 한중을 다스리던 장노가 위협을 느끼고 조조에게 패한 마초를 맞이해 파촉 땅을 넘보게 되었고, 파촉 땅을 다스리던 유장은 전전긍긍하다가 장송, 법정 등의 간계에 걸려 형주의 유비에게 구원을 청하는 쪽으로 대책을 세웠다. 유장이 사신을 파견했는데 유비 진영으로서는 오래전부터 장래의 운명을 걸고 파촉을 차지할 기회를 호시탐탐 노리고 있었으므로 이는 호박이 넝쿨째 굴러들어온 것이나 다름없었다. 그동안 유비나 제갈량은 형주 땅에서 좌불안석하며 천하삼분지계의 1단계 전략인 파촉 점령을 고심하고 있었기 때문이다.

유비는 구원군의 입장이 된 만큼 휘하의 군사를 거느리고 저항을 받지 않으며 파촉 땅으로 들어갈 수 있었다. 이후 성도를 점령하는 것이 그리 어려운 일은 아니지만 아무리 난세라 해도 어찌 보면 치사한 수법을 써야 하는 일이었으므로 제갈량이나 관우, 장비, 조자룡 같은 맹장들을 거느리고 갈 필요가 없었다. 이들 주력군을 거느리고 가면 오히려 상대방에게 구원이 아니라 점령하러 왔다는 의심을 받을 수도 있었다. 그래서 제갈량 대신 방통(龐統)*이 군사가 되어 일부 장수를 거느리고 파촉을 차지할 작전을 짰다.

이 무렵 파촉 내부에서는 지도자의 자격이 부족한 어리석은 유장을 제거하고 새 지도자로 유비를 옹립하려는 세력이 남몰래 활동하고 있었다. 장송과 법정, 맹

* 촉한의 장수이자 군사. 유명한 전략가로 제갈량은 와룡, 방통은 봉추(봉황의 새끼)로 일컬어졌다. 유비가 익주 땅을 얻는 데 그의 계책이 큰 역할을 했다. 낙성으로 진격할 때 화살을 맞고 36살의 나이로 요절했다.

달(孟達)이란 인물이었다.

파촉에 입성한 유비군은 유장을 돕는 척하면서 장송과 법정이 주도하는 정권 탈취 계획을 지원했다. 그런데 이 비밀이 장송의 실수로 새어나갔다.

결국 배신당했다고 여기는 유장의 군사와 꾀를 사용하려다 실패한 유비의 군사가 격돌하게 되었고, 이 과정에서 방통이 전사하고 말았다.

한편, 손권 진영에서는 유비에게 시집간 손부인이 친정 나들이를 한다는 명목으로 유비의 아들 유선을 데려다가 형주와 맞교환하려는 음모를 진행시켰으나 중도에 발각되어 유선은 성도에 남고 손부인만 강동의 친정으로 돌아갔다.

관우가 형주를 홀로 지키다

이러한 상황에서 형주에 남아 있던 유비의 주력군이 파촉으로 진격해 성도를 점령해야 할 급박한 상황이 되었다. 유비는 구원을 청하는 서신을 관흥(關興)**에게 주어 형주로 파견했다. 《삼국지연의》에서는 당시 상황을 이렇게 묘사하고 있다.

> ** 관우의 차남이자 촉한의 장수. 어려서부터 총명해 제갈량에게 인재로 인정받았다. 약관의 나이로 시중, 중감군이 되었다.

관흥이 형주에 와서 유비의 서신을 바

치니 제갈량이 뜯어보고 방통의 죽음을 비통해하면서 통곡한 후 말했다.

"지금 주공께서 부관 땅에 계시는데 나아가지도 물러나지도 못하시니 내가 가지 않을 수 없소."

"군사가 떠나시면 누가 이 형주를 지킨단 말입니까?"

"주공이 서신에 형주를 지킬 사람을 지목하지는 않으셨으나 나는 그 뜻을 알 수 있소."

제갈량은 이렇게 말한 뒤 유비의 서신을 모든 관원에게 보이며 말했다.

"주공께서는 형주에 관한 일을 나에게 일임하시고 나의 재량에 의해 결정하도록 하신 것이오. 그러나 이번에 관흥에게 서신을 주어 보내셨다는 것은 관우 장군에게 형주를 맡기라는 뜻이니 관 장군은 옛날 도원결의한 정을 생각해 전력을 기울여 형주를 지켜주시오. 가벼운 책임이 아니니 부디 힘쓰고 힘쓰시오."

관우는 사양하지 않고 결연히 승낙했다. 이에 잔치를 베풀고 형주의 인수(印綬. 벼슬을 상징하는 도장과 이를 묶은 수실)를 넘겨주는데 관우가 두 손으로 받으려 할 때에 제갈량이 말했다.

"이 인수를 받으면 형주의 모든 일은 다 장군의 책임하에 놓이게 되오."

관우가 대답했다.

"대장부가 일단 맡은 이상 죽기 전에는 쉬지 않을 것이오."

제갈량은 관우가 죽음이라는 말을 하는 것이 마음에 걸려 인수를 주고 싶지 않았지만 이미 결정을 한 뒤여서 어쩔 수 없어 물었다.

"만일 조조가 군사를 거느리고 오면 어찌할 것이오?"

"힘으로써 막겠소."

제갈량이 계속 물었다.

"만일 조조와 손권이 한꺼번에 쳐들어오면 어찌하겠소?"

"군사를 나누어 각각 막겠소."

"그리하면 이 형주는 위태롭소. 내게 여덟 자 글귀가 있으니 장군이 깊이 명심하면 이 형주를 유지할 수 있으리다."

"그 여덟 자 글귀를 일러주시오."

"北拒曹操, 東和孫權(북으로 조조를 막고, 동으로는 손권과 화해한다)이오."

관우가 단호히 대답했다.

"군사의 말씀을 깊이 명심하리다."

제갈량은 드디어 인수를 관우에게 건네주고 문관인 마량, 이적, 상낭, 미축과 장수인 미방, 요화, 관평, 주창에게 관우를 도와 형주를 지키도록 명했다. 그리고 장비와 조자룡에게 일군씩 주어 떠나게 한 뒤 자신은 간옹과 장완을 데리고 파촉을 향해 떠났다.

제갈량이 관우에게 전달한 여덟 자의 글귀, '北拒曹操, 東和孫

權(북거조조 동화손권)'은 당시 상황에서 누구도 부정할 수 없는 '형주를 보전할 수 있는 전략'이었음은 분명하다.

유비 진영이 파촉 땅으로 들어가지 않고 전력을 쏟아 형주를 지킨다고 할지라도 조조와 손권 양 진영이 함께 쳐들어온다면 견뎌낼 방법이 없는 처지였다. 하물며 제갈량과 장비, 조자룡 등이 모두 파촉 땅으로 떠난다면 유비 진영의 전체 역량에서 90퍼센트 이상이 형주를 떠난 상황이 된다.

만약 이때 조조 진영이나 손권 진영이 기회로 삼아 형주를 노린다면 수성을 하는 데도 힘이 부칠 것이 틀림없었다. 그나마 관우라는 천하의 맹장 덕분에 상대를 견제할 수 있는 정도에 불과했다.

결론적으로 제갈량이 내놓은 여덟 자 글귀야말로 그 시점에서는 일시적 전술로는 유용했을지 모르나 큰 견지에서 보자면 공허한 꾀에 불과했다. 아무리 훗날의 복선을 예비해둔 전략이라 해도 무리수임이 분명하다.

조조나 손권이 이 절호의 기회를 노려 형주로 군사를 움직이지 않은 이유는 결코 제갈량의 여덟 자 계책에 영향을 받았기 때문이 아니다.

《삼국지》〈오서(吳書)·여몽전(呂蒙傳)〉을 보면 유비 진영의 90퍼센트의 전력이 파촉에 가 있는 상황에서 여몽(呂蒙)*과 노숙의 대화 가운데 형주를 지키는 관우를 두고 한 말이 나온다.

* 오나라의 명장. 노숙의 뒤를 이어 대도독의 지위에 올랐다. 적벽대전에서 주유 등과 함께 조조를 격파하고, 강릉을 지키던 조인과의 전투에서도 큰 공을 세웠다. 219년 관우를 격파하고 형주를 차지했다. 고사성어 괄목상대의 주인공이다.

지금 동쪽(손권 진영)과 서쪽(유비 진영)은 비록 한집안이지만 형주를 지키는 관우는 사실 곰이나 호랑이 같이 강한 사람입니다.

손권 진영에서는 기회만 있으면 형주를 빼앗고자 노렸지만 관우처럼 정치적으로 판단하지 않는 우직하고 용맹한 장수가 있었기에 공격을 자제했음을 분명히 알 수 있는 대목이다.

이 시절에 흔한 표현으로 여우나 이리 같다는 말은 주로 정치적인 인물들에게 사용한 반면, 곰이나 호랑이 같다는 말은 장수들에게 사용했다. 이는 교활하다거나 작전 능력이 뛰어나다는 것보다는 장수로서의 우직함, 용맹, 위엄의 의미가 담겨 있었다.

관우와 노숙의 익양 회담

관우가 형주를 떠맡은 후에 손권 진영과 회담할 때 상대였던 노숙은 대표적인 친유비파의 사람이기도 했지만 원래 의협의 사나이로 강남 일대에서 유명한 인물이었다.

노숙은 집안이 부유했으므로 어릴 때부터 베푸는 일을 좋아했다. 자기 소유의 농토를 팔아 가난한 자를 구제하기도 했고, 의기 있는 인사들을 만나면 흉허물 없이 사귀는 등 협객의 기질이 넘쳤다. 그에 대한 소문을 듣고 원술이 벼슬을 내렸지만, 노숙은 원술이 기강도 없고 으스대기만 좋아한다는 걸 알고 단호히 거절했다.

적벽대전이 있기 직전 직접 유비 진영을 찾아가 제갈량을 만났을 때는 대뜸 "나는 자유(제갈량의 형 제갈근의 자)의 친구요"라는 한마디로 우호관계를 맺는 등 화통한 성격을 갖고 있었고, 동시에 지략도 갖추고 있었다.

사실 노숙의 친유비 성향을 역으로 이용한 사람이 제갈량이었다.

주유가 죽기 직전 무력으로 유비를 공격하려 하자 노숙은 이를 가로막고 유비 진영에 가서 양쪽의 친선을 깨트리지 않을 정도로 따졌다. 이때 제갈량이 약속했다.

"우리 주군(유비)이 잠시 동안 형주를 빌리는 것입니다. 파촉을 얻으면 돌려드리겠습니다."

이에 노숙은 그 말을 믿고 문서로 써달라고 했다. 그러자 제갈량은 '올 겨울에 빌리고 내년 겨울에 돌려줌'이라고 쓴 문서를 내밀었다.

노숙은 돌아와서 주유에게 문서를 보여주었다. 문서를 본 주유는 다음과 같이 말했다.

"이건 속임수요. 언제라도 올해가 되고 내년이 되는 게 아니겠소. 돌려주지 않겠다는 의미요."

노숙은 그제야 제갈량의 속임수를 깨닫고는 침통한 얼굴이 되었다. '믿었던 제갈량이 이런 속임수를 쓰면서 나를 잔꾀로 대하다니'라는 안타까움이 짙게 배어 있었다.

지금도 중국인들은 빌려간 것을 갚지 않거나 배 째라는 식의 태도에 대해 "유비가 형주를 빌렸다"고 빗대어 말한다.

노숙이 형주를 담당한 관우에게 형주에 관한 문제로 회담을 청한 일이 있었다. 역사적 사실이지만 《삼국지연의》에서는 전혀 다르게 전개하고 있다. 소설의 내용은 역사적 사실을 심하게 왜곡하고 있지만 형주를 둘러싼 유비 진영과 손권 진영 양쪽의 입장을 정리하기 위해 이 회담의 내용을 살펴보기로 하자.

관우가 칼 한 자루만 갖고 초대한 장소로 가는데 노숙은 이때 형주 반환을 강경히 요구하다가 여의치 않으면 관우를 죽일 작정으로 도부수들을 회담장 주위에 매복시키는 것으로 그려지고 있다. 물론 이것은 사실이 아니다.

다음 날, 약속한 시간에 관우는 작은 배를 타고 회담장 근처의 나루터에 도착했다. 곁에는 주창이 청룡도를 들고 있고 수행원도 여덟, 아홉 명이 따를 뿐이었다. 연회석에서 노숙은 예전 유비와 제갈량이 형주에 대해 파촉 점령 때까지 빌리겠다는 약속한 바를 강조하며 형주를 반환하라고 요구했다. 그러자 관우가 다음과 같이 응수했다.

"오림의 전투(적벽대전)에서 우리 형님은 화살과 날아오는 돌을 무릅쓰고 적을 쳐부수었소. 그런데도 설마 한 뼘의 땅도 받을 수 없다는 것이오? 공은 이제 와서 그 땅을 모두 차지하겠다는 것이오?"

노숙은 관우의 말이 유비 진영에서 처음 말한 것과 달라진 것을 반박하며 장사, 영릉, 계양 세 군(郡)을 우선 돌려 달라고 청했다. 노숙의 요구는 전혀 무리한 것이 아니어서 관우는 대꾸하기가 몹시 난처했다. 이때 곁에 있던 주창이 거들었다.

"천하의 땅은 덕 있는 자가 차지하는 법이니 강동에서 독점해야 할 이유는 없소."

그러자 관우는 주창이 들고 있던 청룡도를 빼앗으며 호통을 쳤다.

"이것은 국가의 대사이거늘 네놈 따위가 쓸데없이 말참견을 하느냐! 썩 물러가라. 시끄럽다."

주창은 관우의 꾸짖음 속에 들어 있는 의미를 눈치채고 곧바로 일어나 강가로 나가서 붉은 깃발을 크게 흔들었다. 이를 보고 관평이 이끄는 선대가 쏜살같이 달려왔다.

관우는 오른손에 청룡도를 들고 왼손으로 노숙을 붙잡았다. 그러고는 취한 척하면서 노숙과 함께 회담장을 떠나 강가에 이르러서야 손을 놓았다. 매복한 도부수들은 노숙 때문에 한 걸음도 움직일 수 없었고, 관우는 배에 올라타고 바람처럼 그곳을 떠났다.

이 부분은 소설에 너무나 생생하게 그려져 있어 읽는 사람의 마음까지 졸이게 한다. 이는 원대에 발간된《삼국지평화(三國志平話)》에 있는 내용으로 원곡(元曲)의 대가 관한경(關漢卿)도 잡극 〈단도

형주 문제를 논의하기 위해 노숙과 관우가 만난 익양 회담.

회(單刀會)〉에서 비슷하게 전개하고 있는데 나관중이 이를 차용한
것이다.

관우와 노숙의 회담은 정사에 나오는 역사적 사실로 사서에 보
면 소설이나 잡극의 내용과는 전혀 다르다.

유비가 파촉을 평정하자 손권은 제갈량의 형 제갈근을 사신으
로 보내 약속한 대로 형주를 반환하라고 요구했다. 이때 유비는
제갈량의 전략을 따라 한중까지 평정하면 돌려주겠다고 둘러대면
서 이에 응하지 않았다.

손권은 제갈근의 보고를 받고 유비가 형주를 돌려줄 마음도 없
으면서 어떻게든 시간을 끌려는 속셈이라고 여겨 곧바로 장사, 계

양, 영릉 세 지역에 관원을 임명해 부임하게 했다. 그런데 이들은 모두 관우에게 쫓겨났다.

이렇게 해서 친유비파 노숙이 형주를 맡은 관우에게 회담을 제의했고 관우도 거부할 수만은 없는 일이기에 이에 응했다. 그때의 회담 상황은 정사의 기록에 따르면 다음과 같았다.

양쪽의 병사와 말을 백 걸음 떨어진 곳에 머무르게 하고 양쪽의 대표인 노숙과 관우는 각각 칼 한 자루씩만 차고 회견했다.

소설에서처럼 노숙이 도부수를 매복시켜 여차하면 관우를 살해하려고 음모를 꾸민 가운데 관우가 수행원 몇 명을 거느리고 회담에 임한 것이 결코 아니었다. 쌍방이 동등하게 군사를 대기하게 하고 같은 조건에서 회담했다.

결국 소설에서는 관우의 의기를 돋보이게 하기 위해 노숙을 치사한 인간으로 묘사한 것이다. 관우가 칼 한 자루에 의지해 당당하게 노숙의 요청에 응하는 모습을 보여주려고 한 것이겠지만, 의협의 기질을 가진 노숙을 마치 심성이 고약한 자로 만들어 제갈량이나 관우에게 농락당할 만한 인물로 보이기 위해 그렇게 꾸민 것인지도 모르겠다.

사실에 의거하면 두 사람이 만났을 때 노숙은 그동안 형주를 둘러싸고 벌어진 일들을 하나하나 지적하면서 유비의 보증과 제갈량의 약속이 이루어지지 않고 있음은 양 진영 간에 믿음이 부족했기에 일어난 문제라고 지적했다. 관우는 노숙의 지적이 자신도 알고 있는 사실이므로 대답이 궁해 마땅히 대꾸할 말이 없었다. 묵묵히 앉아 있던 관우는 이 문제는 나라의 대사이므로 자신이 결정할 수 있는 것이 아니라는 말로 회담을 끝냈다.

그러므로 소설에서처럼 노숙이 계략을 꾸며 관우를 죽이려 하자 관우가 취한 척하고 노숙을 붙잡아 강가로 갔다거나, 주창이 끼어들어 노숙에게 공박한 일은 역사적 사실이 아니다.

그렇다면 관우와 노숙의 익양 회담은 왜 이루어진 것일까?

아마도 관우는 제갈량이 파촉으로 떠날 때 내놓은 '북으로는 조조를 막고 동으로는 손권과 친하게 지낸다'는 전략에 따라 친선과 협력이 중요하다고 여겨 매번 친유비파가 되었던 노숙에 대해 존중할 뜻이 있었기에 분명 궁색한 입장이 될 것을 알면서도 회담에 참석했을 것이다.

'북거조조, 동화손권'이라는 제갈량의 형주 보전책은 전후사정으로 보아 일시적인 계책으로 길게 보면 성립되기 어려운 계책이었다. 또한 제갈량 스스로 '동쪽으로 손권과 화친한다'는 전략을 조조를 견제할 때는 이용하고 이런 상황이 아니면 어기고 있다. 이러한 사실을 통해 '북거조조, 동화손권'이라는 책략은 정략가들이 즐겨 쓰는 수법에 불과했음을 알 수 있다.

이런 점들이 간과된 까닭은 소설에서는 적벽대전 이후의 모든 상황이 마치 신출귀몰한 제갈량에 의해 주도되고, 그의 계책대로 이루어진 듯이 전개되었기 때문으로 볼 수 있다.

　우선 관우와 회담한 노숙은 손권 진영에서 유비 진영에서의 관우의 위치나 관록에 버금갈 정도로 중요한 인물이었다. 제갈량의 '천하삼분지계'도 사실 노숙의 '천하이분지계'에서 착상을 얻었다고 보는 것이 역사가나 삼국지 연구가들의 일치된 견해다. 그리고 북쪽의 조조에 대항하기 위해서는 손권 진영이 반드시 유비 진영과 화친해야 한다고 주장하면서 자신이 솔선수범해 친유비파가 된 소신 있는 인물이었다. '유비와 화친해 조조에게 대항한다'는 큰 원칙을 세운 원조 역시 노숙인 것이다.

　제갈량은 마치 이 모든 것이 자신의 구상인 것처럼 관우에게 여덟 자를 내놓은 것이다. 그 이후 제갈량은 친유비파 노숙의 입장을 교묘히 이용해 끊임없이 거짓 약속을 했다.

　이 점은 나관중도 부정할 수 없었던지 그 내용을 서술하면서 마치 노숙이 멍청해 당하고 있는 것처럼 전개하고 있다.

　이런 상황에서 죽음을 불사하고 형주를 고수해야 하는 것처럼 관우마저 속이고 있는 것이 '여덟 자 계책'이었다.

　참고로 말하자면, 노숙이 제안한 천하이분지계에 3단계 전략이 있는데 제1단계는 강동의 부국강병, 제2단계는 형주 점령, 제3단계는 천하통일이었다. 이것이 실현되지 않으면 중원에 해당하는 북쪽은 조조가 다스리고, 장강 유역에 해당하는 남쪽은 손권이 황제가 되어 다스린다는 것이 천하를 둘로 나눈다는 노숙의 계책이었다.

2

뜨거운 감자 형주

형주를 둘러싼 유비 진영과 손권 진영의 갈등

관우는 책사가 아니라 무장이었다. 그래서 목숨보다도 소중하게 지켜야 할 원칙은 앞서 말한 것처럼 의와 충이었고, 협에 바탕을 둔 신의였다.

사적으로 의를 지켰다면, 공적으로는 한실 부흥을 외치는 주군 유비에게 충성을 다했다. 때로 유비와의 관계 때문에 의와 충이 충돌하거나 미묘하게 겹치기도 했지만, 관우는 무장으로서 이런 소신을 단 한 번도 어긴 적이 없었다.

그런데 형주 지역을 책임지면서 관우는 원치 않았던 책사 역할을 해야 했다. 정치인과 행정 관료의 역할도 한 것이다.

사실 형주는 파촉의 유비 정권에서 보면 먹을 것은 별로 없고 (빌린 영토이므로 돌려줘야 했기에) 버리기는 아까운(그러나 돌려주기는 싫은) 땅이었다. 만약 관우가 기대 이상으로 지켜주면 좋고 여의치 않으면 포기할 수 있는 곳으로 정해져 있었던 것이다. 물론 유비의 뜻은 아니었으나 그런 정도의 묵계는 제갈량이 처음부터 세워 놓고 있었다.

관우가 형주를 담당한 이래 파촉의 도읍으로부터 군사적으로나 행정적으로 지원받은 것이 전혀 없었던 사실이 이를 증명한다. 유능한 관료나 장수, 때로는 책사조차도 성도에서 형주로 전혀 공급되지 않았다.

따라서 관우는 한시도 마음을 느슨하게 풀고 여유롭게 즐길 수 없었다. 형주를 목숨보다 소중히 지켜야 했기에 진영 안에 있는 자기 자리의 뒤에 좌우명으로 제갈량이 일러준 '북거조조, 동화손권' 여덟 자를 붙여 놓고 있었다.

당시 상황은 북쪽의 번성에는 조조군의 부장 조인이 지휘하는 강력한 군대가 머물러 있었고, 동쪽의 오림(烏林) 일대에는 손권의 수륙 양군이 주둔하는데다 여몽이라는 맹장이 야전사령관으로 형주를 노리고 있었다.

제갈량은 "손권과 화친하라"고 했지만, 손권 진영에서는 끊임없이 사자를 성도로 보내 형주의 반환을 요구하고 있었다. 그래서 손권 진영은 강하에 강력한 야전군을 배치해 놓고 호시탐탐 기회를 노리고 있었다.

이는 유비나 제갈량이 형주에 대해 손권 측에 약속한 바를 이행하지 않았기에 발생한 일체의 갈등을 관우에게 밀어놓고 있는 형국이었다. 앞서 말한 것처럼 조조 측이나 손권 측이 관우의 용맹을 잘 알고 있었기에 소강상태가 계속되고 있었을 뿐이다.

이때 관우의 나이가 50대 후반이었다. 당시 성도에 있는 제갈량은 30대 후반이었다. 제갈량은 20세의 격차를 넘어 노년기의 관우의 입장을 제대로 이해할 수 있었을까?

더욱이 관우의 의형이자 주군인 유비는 국가 건설에 한창 바쁘다는 이유로 모든 실권을 제갈량에게 일임한 상태였고, 장비도 후방에서 지내며 의형 관우의 입장을 헤아리기보다 군사훈련에 열을 올리고 있었다.

마침내 농서 지방을 평정한 조조가 군사를 돌려 한중까지 점령했을 때, 조조군이 계속해서 파촉으로 진격할까 두려웠던 제갈량은 조조의 파촉 진격을 저지할 수 있는 묘책이 있다고 유비에게 진언했다.

"손권 진영에 말 잘하는 선비를 보내어 예전에 약속했던 형주의 강하, 계양, 장사 세 군을 이번에 돌려주겠다고 하면서 이해관계로 설득해 손권군이 합비성을 치게 하면 조조군이 남쪽을 도우러 갈 테니 이로써 파촉의 위험을 해소할 수 있습니다."

그리하여 이적이란 인물이 선택되어 유비의 친서를 가지고 강동의 손권에게 파견되었다.

이적은 말릉(秣陵, 훗날의 남경)에 이르러 손권을 뵙고자 왔다고 말했다. 손권은 이적이 바치는 예물을 받으며 물었다.

"그대는 무슨 일로 왔는가?"

이적이 대답했다.

"지난번에 제갈근께서 장사 등 세 군을 받으러 오셨을 때 마침 우리 군사(제갈량)가 없어 받아가지 못하셨기에 이제 세 군을 돌려드리려고 서신을 가지고 왔습니다. 세 군 이외에 형주, 남군, 영릉 땅도 머지않아 돌려드릴 생각이지만 이번에 조조가 한중 땅을 무찔러 차지했기 때문에 관우 장군이 다른 곳으로 옮겨갈 만한 곳이 없어서 그냥 머물러 있게 됐으니 이 점은 이해해주십시오. 그런데 지금 합비가 허술하니 바라건대 군후께서는 이참에 군사로 공격해 조조가 군사를 거느리고 남쪽으로 내려오도록 하십시오. 우리 주공께서는 한중 땅을 얻게 되면 형주 땅을 모두 군후께 반환하실 작정이십니다."

손권이 대답했다.

"그대는 관사에 가서 편히 쉬도록 하라. 내 그동안 의논을 해서 그 결과를 알려주리라."

이적이 물러가자 손권은 모든 책사를 불러모아 이 문제를 상의했다. 장소가 나서서 말했다.

"이는 조조가 파촉 땅으로 쳐들어올까 봐 유비가 겁이 나서 궁리해낸 꾀입니다. 그러니 우리도 조조가 한중에 있는

틈을 타서 합비 땅을 무찌르고 차지하는 것이 가장 현명한 방법입니다."

손권은 장소의 말을 옳게 여기고 이적을 촉 땅으로 돌려보낸 뒤 군사를 일으켜 합비성을 칠 의논을 하는 한편, 노숙으로 하여금 장사, 강하, 계양 세 군을 돌려받아 거두고 육구(陸口)에 군사를 주둔시키도록 명령했다.

그리고 여몽과 감영을 불렀다. 여몽이 의견을 내놓았다.

"조조가 여강태수 주광으로 하여금 환성 땅에 군사를 주둔하게 하고 널리 벼농사를 지어서 합비 땅 창고에 쌓게 하는 등 전쟁 준비를 하고 있으니 먼저 환성부터 무찌른 연후에 합비를 공격하십시오."

손권이 이 의견에 찬성해 군사를 환성 땅으로 진격하게 했다.

강동 땅에 사신으로 간 이적의 제안은 공식적으로 유비의 명령이었지만, 그 내용은 제갈량의 계책을 그대로 옮긴 것이었다. 여기서 두 가지 점이 의미심장하다.

첫 번째는 예전에 약속한 세 개 군을 돌려준다는 것인데, 이는 관우에게는 형주를 지키라고 명령하고 은밀히 뒷전으로 손권에게는 형주를 돌려주겠다고 거짓 약속을 했음을 실토한 것이다.

또 한 가지는 우선 세 군을 돌려주고 나머지도 돌려줄 생각인데 관우 장군이 다른 곳으로 옮겨갈 곳이 마땅치 않아 머물게 했으니 이해해 달라는 요청을 하고 있다는 사실이다.

만약 이런 내용을 관우가 알았다면 어떤 태도를 보였을까? 정치가들의 잔꾀에 분노했을까 아니면 유비 형님을 위한 계책이라며 흔쾌히 받아들였을까?

다른 기록을 보면 이 무렵 관우는 형주 전체를 장악해 조조, 유비, 손권의 뒤를 잇는 막강한 제4세력으로 힘을 갖게 되었으므로 만일 야심 있는 무장이었다면 독립해서 천하를 노려도 전혀 이상할 바 없는 상황이었다고 말하고 있다.

모순된 제갈량의 형주 전략

과연 관우는 제4세력으로 독립할 생각을 갖고 있었을까?

그가 도원결의를 결코 잊지 않는 충의의 인물임은 사실이지만 곧 60세가 되는 나이에 변변한 책사도 없고 휘하에 이름난 장수조차 없는데 독립한다는 것은 현실적으로도 가능한 일이 아니었다.

어떤 사람들은 이 무렵 관우가 자신에 대한 유비의 신뢰가 흔들리지는 않는지, 새롭게 유비의 부하가 된 인물들보다 자신이 낮게 평가되지는 않는지 약간의 의심을 가졌다고 주장하며 그 예로 제갈량에게 마초가 어떤 인물인지 알려달라고 편지를 쓴 일을 들기도 한다.

그러나 관우가 마초의 신상에 대해 물어본 것은 그런 조바심에서 나온 행동이 결코 아니었다.

마초의 나이는 그가 태어난 해가 175년이므로 관우보다 15세 아래였다. 관평과 거의 동년배다. 그리고 이 일은 오호대장군 임명과 무관하게 그 이전에 있었던 일이다.

《삼국지》〈촉서·비시전(費詩傳)〉에는 오호대장군 임명에 관한 내용이 실려 있다.

유비가 한중왕(漢中王)이 되자 비시를 보내 관우를 전장군(前將軍)에 임명했는데, 황충이 자기와 동렬인 후장군(後將軍)에 임명되었다는 것을 듣고 관우가 격분해서 말했다.

"대장부는 평생 노병(老兵)과 같은 대열에 있지 않는다."

관우가 관직을 받지 않으려 하자 비시가 타일렀다.

"왕업을 세우는 자가 임용하는 인물에 대해 하나의 기준을 사용할 수는 없습니다. 옛날 소하와 조참은 전한의 고조 (유방)와 어린 시절부터 친한 교분이 있었고, 진평과 한신은 초나라에서 도망쳐(처음에 항우 휘하에 있었다) 한나라로 왔지만 관직의 순서를 정하는 논의에서는 한신을 가장 높은 지위에 두었습니다. 그러나 이 때문에 소하와 조참이 원한의 마음을 가졌다는 말은 듣지 못했습니다. 지금 한중왕(유비)은 일시적인 공로에 근거해 한승(황충)을 신분이 높게 했지만 마음속의 평가가 어찌 군후(관우)와 동등하겠습니까? 게다가 한중왕과

공은 한 몸처럼 기쁨과 슬픔을 함께하고 화와 복도 같이하지 않으십니까. 제가 공을 위해 생각해 본다면 관호(官號)의 높고 낮음이나 작위의 봉록이 많고 적음을 계산하여 그런 마음으로 간주하는 것은 옳지 않습니다. 저는 일개 관리로 명령을 받아 시행하는 사람이지만 만일 공께서 임명을 받지 않아 돌아가게 된다면 이 같은 거동을 애석해할 것입니다."

관우는 이 말을 듣자 크게 깨닫고 관직을 받았다.

설명을 보태자면 상황은 다음과 같았다.

비시가 "장군께서 오호대장의 첫째가 되셨습니다"라고 말하자 관우가 물었다.

"오호대장이라니 누구요?"

"장군과 장비, 마초, 조자룡, 황충 이렇게 다섯 분이십니다."

그 말을 들은 관우가 노한 목소리로 소리쳤다.

"익덕(장비의 자)은 내 동생이며, 마초는 대대로 명문 집안 출신이며, 자룡은 오래전부터 우리 형님을 모셨으니 내 동생이나 다름없소. 하지만 황충이 어떤 사람이기에 감히 나와 한 열(列)에 선단 말인가? 대장부는 졸개와 한자리에 있을 수 없소."

전후 사정을 따져보면, 관우의 불만이 단순하지 않다. 그것은 황충을 자기와 동등하게 대우한 것에서 비롯되었거나 임명권자인 유비에게 있지 않다는 것을 알 수 있다. 관우가 유독 황충 한 사람을 무시해서 그렇게 말했을까? 그렇지 않을 것이다. 황충을 무시하고 깔볼 이유가 전혀 없다.

이는 관우가 그동안 형주의 총독으로 있으면서 제갈량의 '북거 조조, 동화손권' 전략을 소중히 받들었지만, 오히려 제갈량 자신이 형주의 세 군을 갖고 장난하듯이 손권 측에 정략적 대응을 하고 있는 것에 불만이 쌓여 있었을 가능성이 훨씬 높다.

피치 못할 사정이 있어 전략에 변화가 있었다는 설명을 제갈량 이 관우에게 한 적이 없고, 현재의 세력 균형상 세 군을 손권 진영 에 넘겨줘야 한다고 미리 귀띔해주거나 공식적으로 통지해준 일 도 전혀 없었던 것이다.

그래서 관우가 성도에서 뒷거래하듯 이루어지는 형주 정책에 대해 못마땅하게 여겼을 개연성이 충분하다. 자신이 다스리는 영 토를 돌려달라고 끊임없이 압박하며 잔꾀를 부리는 손권이나 자 기 멋대로 약속하고 이를 이용하는 제갈량의 계략이 그에게 곱게 보였을 리가 없다는 것이다.

강직한 무장일수록 전투에서 훌륭한 계책으로 승리할 경우 계 책을 내놓은 책사에게 승복하고 감탄하지만, 이렇듯 영토 분쟁을 야기하고 약속을 밥 먹듯이 어기는 일을 계책이라고 내놓는 책사 를 훌륭하다고 여기지 않는 법이다.

관우뿐 아니라 내일이 어찌 될지 모르는 살벌한 최전선의 장수 가 멀리 도읍에 앉아 머리만 굴리는 정치가를 존경한 예는 거의 없다. 이런 점에서 형주라는 뜨거운 감자를 껴안고 홀로 고민하고 장래를 개척해야 하는 어려운 처지에 놓인 당시 관우의 입장도 따져 볼 필요가 있다.

당시 촉한의 수도, 성도의 상황은 어떠했는가? 주군인 유비가 정치적 실권을 행사하는 것이 아니라 모든 정책과 대외적 결정권을 제갈량이 쥐고 있었다. 그리고 곧 60이 되는 노장 관우를 배려하고 헤아리는 대우가 없었다.

결론적으로 관우는 도원결의의 맹세를 지키기 위해 홀로 형주를 맡아 고군분투하고 있었던 것이다.

관우와 관련된 어떤 사건이나 연관된 인물들의 활약을 살펴볼 때 연대순을 명확히 파악하는 것이 매우 중요하다. 어떤 사건이 먼저 일어났고, 어떤 계책이 그 후에 세워졌는지 차례대로 읽지 않으면 뒤죽박죽이 됨은 물론 상황을 이해하기는커녕 오해하게 된다. 그래서 시대의 순서를 정확히 해야만 오해를 방지할 수 있다.

특히 형주를 둘러싸고 벌어지는 손권 진영과 유비 진영의 갈등, 손권 진영에서 사신으로 파견되어 성도에 도착해 일을 꾸민 노숙이나 제갈근을 만나 제갈량이 약속한 일, 그다음으로 제갈량이 관우에게 직접 지시한 일과 성도에서 유비의 권위를 빌려 관우에게 내려진 명령, 마지막으로 제갈량이 손권 진영에 사신을 보내 제안하는 내용을 일어난 시간대별로 차례차례 살펴보는 일이 매우 중요하다.

《삼국지연의》의 저자 나관중은 물론 훗날 《자치통감》을 쓴 사마광마저 이 시대의 기록에서 조조에 관한 일을 기록할 때 은근히 연대를 바꾸기도 했고, 관우, 주유, 노숙에 대한 기록은 슬그머니

빼놓기 일쑤였다. 반면 제갈량에 대해서는 터무니없을 정도로 다른 사람의 공적까지 가져다가 덧붙이며 연대순을 그에게 유리한 방향으로 흩트려놓았다.

관우와 형주에 대한 부분에서 이 점은 결코 간단한 일이 아니다. 충직한 관우의 목숨을 건 임무 수행이 성도의 변덕스런 정략적 계책에서 볼 때는 오히려 정책 수행에 방해가 된다고 여길 소지가 많았다. 즉, 제갈량은 북으로 조조를 막기 위해 동으로 손권과 친해야 한다는 명분으로 형주를 이용하고 있었다.

제갈량 자신은 '북거조조, 동화손권'의 여덟 자 계책을 손권을 회유하기 위해 형주를 미끼로 활용하고, 관우에게는 형주 수호의 절대적 의미로 강요하는 모습을 볼 수 있다.

이렇게 보면 관우는 온전할 수 없는 미끼를 온전하게 지키라는 해괴한 명령을 받고 있었다고 할 수 있다.

목숨을 잃고
민중의 마음을 얻다

❖

제갈근이 맥성으로 찾아와 관우를 회유한다는 명목으로 말했다.

"이번에 오후(손권)의 분부를 받고 장군께 전할 말씀이 있어 왔소이다. 예로부터 시국을 잘 판단하는 사람이 영걸이라고 하지 않았습니까. 지금 장군이 다스리던 형주 아홉 군은 모두 다른 사람의 소유가 되었고, 남은 것이라고는 이 외로운 성 한 구역뿐인 데다가 안으로는 양식과 말먹이가 없고 밖으로는 구원 오는 군사가 없어 위기가 눈앞에 있거늘 장군은 어째서 이러고 계시는 거요. 이번에 우리 오후께 귀순하면 다시 형주와 양양을 다스릴 수 있고, 집안 식구도 안락할 수 있으니 장군께서 깊이 숙고해주십시오."

관우가 정색하면서 대답했다.

"내가 어찌 의리를 저버리고 적국에 투항할 수 있겠는가. 이 성이 함락되는 날에는 오로지 죽음이 있을 따름이오. 옥은 깨져도 빛이 변하지 않으며 대나무는 불에 타도 곧은 절개를 굽히지 않으니 몸은 비록 죽지만 이름은 죽백(竹帛)에 남을 것이다. 당신은 여러 말 말고 속히 성을 나가라. 나는 손권과 사생결단하리라!"

❖

관우의 외로운 싸움

유비에게 번성 공격 명령을 받다

건안 24년(219년)은 삼국(위·촉·오)의 정립에 있어 분수령이 되는 해였다. 우선 유비 진영을 살펴보면, 성도에서 제갈량, 법정(法正)*을 비롯한 문관과 장비, 마초를 비롯한 무관들이 의견을 모아 유비에게 한중왕(漢中王)에 오를 것을 청했다.

유비는 처음에 극구 사양했지만 조조가 이미 위왕(魏王)에 올랐으므로 그해 7월 제를 올린 후 유선(아두)을 태자로 삼고 제갈량에게 나랏일을 총괄하도록 했다. 그리고 앞서

> *삼국 시대의 전략가로 유비의 책사. 217년 법정이 유비에게 계책을 올려 한중을 공격해 하후연을 죽이고 한중을 차지했다. 유비가 한중왕이 되자 상서령과 호군 장군에 올랐다.

말한 것처럼 관우, 장비, 조자룡, 마초, 황충을 오호대장군으로 임명한 뒤 허도의 황제에게 표문을 올렸다. '폐하의 은혜에 보답하고 백성을 보호하여 나라의 기틀을 바로잡으려는 충정에서 부득이 왕위에 올랐으나 결코 사직을 잊지 않겠다'는 내용이었다.

조조는 이 소식을 듣고 크게 노했다.

"돗자리를 짜던 미천한 자가 어찌 감히 이럴 수 있느냐. 내 맹세코 유비를 쳐 없애겠다."

조조가 당장 군사를 소집해 유비를 공격하려고 하는데 사마의(司馬懿)*가 말렸다.

"유비를 불행한 처지에 빠지게 할 수 있으니 고정하십시오."

그러고는 다음과 같은 형주에 대한 계책을 내놓았다.

"강동의 손권이 자신의 여동생을 유비에게 시집보냈다가 몰래 데려왔으며, 유비는 파촉을 점령하고도 약속을 어기고 형주를 손권에게 돌려주지 않으려 하기에 그들 두 사람은 예전과 달리 원한이 생겼습니다. 그러니 이제 사신을 파견해 손권에게 형주를 쳐서 점령하면 우리도 인정할 테니 그리하라고 부추기면 유비는 결국 파촉의 군사를 이끌고 형주를 구원하러 갈 것입니다. 그때 우리가 한중과 서천(파촉)을 치면 유비는 막지 못하고 자연히 무너질 것입니다."

조조는 이 계책을 받아들여 만총(滿寵)**을 손권에게 파견했고, 손권 진영에

* 위나라의 정치가이자 뛰어난 전략가. 조조, 조비, 조예, 조방 4대를 보좌했다. 두 차례에 걸쳐 제갈량의 북벌을 막아내고, 요동 지역의 공손연의 반란을 진압하고 위에 병합했다. 249년 정변을 일으켜 조상을 제거하고 위나라의 권력을 장악했다.

서는 책사들이 모여 조조 측의 제안에 대해 상의했다.

손권의 참모 고옹(顧雍)이 말했다.

"조조의 제안에 일리가 있으니 우선은 함께 유비를 치겠다는 언약을 주어 만총을 돌려보내고, 사람을 형주로 보내 관우의 동정을 살펴본 후에 군사를 움직여도 늦지 않습니다."

그러자 제갈근이 의견을 더했다.

"관우가 형주에 온 후 장가를 들어 아들과 딸이 하나씩 있다고 합니다. 이번에 세자저하와 통혼을 청해보면 어떻겠습니까? 만일 관우가 받아들이면 힘을 합쳐 조조와 싸우고, 거절한다면 형주를 치도록 하십시오."

손권은 이 계책이 좋겠다고 하여 제갈근을 형주로 보냈다. 형주에 도착한 제갈근이 관우에게 말했다.

"양쪽의 우호를 맺고자 합니다. 우리 주공 오후(吳侯, 이때까지 손권은 왕을 칭하지 않았다)의 세자가 매우 총명하신데 장군에게 딸이 있다는 이야기를 듣고 혼인을 청하러 왔습니다."

이 말을 들은 관우는 그 제안을 일언지하에 거절했다.

"호랑이의 딸을 어찌 강아지의 아들에게 시집보낼 수 있겠소. 내 그대의 아우(제갈량)를 보아 참지 않았다면 당장 참수할 것이니 여러 말 하지 마시오!"

제갈근이 돌아가 이 이야기를 그대로 전하자 손권이 크게 노하여 군대를 보내

** 조조의 책사이자 장수. 관우가 양양을 포위하자 조인을 도와 관우를 물리쳤다. 조비가 왕위에 오른 뒤 오나라 손권의 침략을 여러 차례 격퇴했다.

형주를 치려고 했다. 이때 참모 보즐(步騭)이 말리며 계책을 내놓았다.

"지금 조인이 양양과 번성에서 군사를 거느리고 있습니다. 그들은(조조 진영) 우리와 달리 장강(長江)처럼 험한 곳도 없어 곧바로 형주를 칠 수 있습니다. 주공께서 허도로 사신을 보내시어 조조에게 먼저 형주를 치게 하시면 관우는 이들에 맞서 쳐들어갈 것입니다. 이때 우리가 형주를 뒤에서 급습하면 힘들이지 않고 단번에 되찾을 수 있습니다."

손권이 이에 동의해 사신을 조조에게 보냈다. 이리하여 조조와 손권이 손을 잡게 되었다. 그리고 양양과 번성의 조인이 군사를 움직여 형주를 칠 준비를 했다.

유비 진영에서는 이러한 조조와 손권의 동맹을 탐지하고 대책을 모색했다. 제갈량이 유비에게 말했다.

"조조가 그런 꾀를 낼 줄 이미 짐작하고 있었습니다. 동오에서는 '먼저 조인이 움직이면 우리가 뒤따르겠다'는 의견을 내놓을 것입니다. 관우에게 사람을 보내 '먼저 군사를 일으켜 번성의 조인을 치라'고 이르십시오. 적군이 혼나면 이 일은 자연스럽게 풀리게 될 것입니다."

유비는 이 방책을 받아들여 비시를 형주로 파견해 조인을 먼저 공격하라는 명령을 관우에게 전달했다. 관우가 스스로 판단해 번성을 지키는 조조군의 장수 조인을 깔보고 군사를 일으켜 선제공격을 한 것이 아니라 제갈량의 계책에 따라 유비의 이름으로 내려온 공격 명령에 따라 번성으로 향했음을 알 수 있다.

형주와 번성 일대를 둘러싼 조조·유비·손권 진영의 계책과 대응 방안은 이렇듯 어제의 친구가 오늘의 적이 되고 어제의 적이 오늘의 친구가 되면서 삼자가 맞물려 숨 가쁘게 진행되었다.

이때의 일을 두고 많은 사람이 관우를 탓한다. 만일 관우가 손권의 정략결혼에 응해 사돈관계를 맺었다면 그가 번성의 조인을 공격했을 때 손권군에 의해 배후를 점령당하고 끝내 붙잡혀 죽지 않았을 거라는 지적이다. 결국 관우의 지나친 자부심과 제갈량의 계책인 '동쪽으로 손권과 화친한다'는 전략을 어겼기에 그리되었다는 것이다.

관우가 이때 형주를 어떻게 해서라도 지키는 데 목적을 두었다면 딸의 장래를 희생해 손권 진영과 우호관계를 맺었을 수도 있다. 사실 정략결혼은 그 무렵에 매우 흔한 일이었으니 관우가 동의했다고 비난 받을 일은 아니었다.

그러나 딸에게 죽음이나 다름없는 정략결혼의 희생을 강요하지 않았다고 관우에게 비난의 화살을 돌릴 수는 없다. 정략결혼 그 자체가 제갈근이 제안한 것으로 손권 진영의 총의조차 아니었다. 그 다음의 전개 과정을 보면 이런 사실이 더욱 분명해진다. 《삼국지연의》는 관우군의 번성 공격에 대해 다음과 같이 묘사하고 있다.

조인군이 양양으로 달아나는데 전면에 수놓은 깃발이 바람을 일으키듯 젖혀지면서 관우가 나타나 청룡도를 비껴들고 앞길을 막아섰다. 조인은 손발이 떨려 감히 싸우지 못하고 옆길로 달아났다. 조금 지나자 조인의 부장 하후존(夏侯存)*이 군사를 거느리고 오다가 관우에게 달려들었는데 관우가 휘두른 칼에 두 동강이 나버렸다. 그러자 나머지 병사들은 도망치기에 바빴다.

관우는 어렵지 않게 양양성을 점령하고 다음 대책을 논의했다. 이때 왕보가 "장군께서 단번에 양양을 점령하여 조인이 넋을 잃었으나 동오의 여몽이 늘 뒤를 노렸으니 조심하셔야 합니다"라고 진언했다. 이에 관우는 고개를 끄덕이고 "너는 돌아가 강의 20리 또는 30리씩 간격을 두고 높은 곳에다 봉화대를 하나씩 세운 다음 봉화대마다 군사 50명씩을 배치해 동오의 군사가 오면 밤에는 불로, 낮에는 연기를 올려 신호를 보내거라. 그러면 내가 친히 가서 무찌르겠다"고 지시하고 현지로 파견했다.

이후 관우는 배를 마련해 한수를 건너 번성으로 쳐들어갔다. 조인군의 부장 여상이 관우군을 막으려 달려나왔으나 그 역시 싸움 한 번 제대로 못해 보고 크게 패했다.

조인은 급히 허도에 구원군을 청했다. 이리하여 조조는 우금과 방덕에게 싸움에 능한 북방의 정예병들로 조직된 칠군(七軍)을 내주었다. 그들은 호기 있게 번성을 향해 달려가 관우와 정면으로 맞섰다.

때는 8월이어서 일대에 비가 많이 내리는 계절이었다. 관우는 군사들을 시켜 배와 뗏목을 준비하게 하고 강 위에서 필요한 기구를 갖추어 대비했다.

《삼국지》〈위서·무제기〉에는 당시의 상황에 대해 이렇게 기록하고 있다.

건안 24년, 관우가 양양에서 조인을 포위하자 조조는 좌장군 우금을 보내 구원하도록 했다. 때마침 한수(漢水)가 불었기 때문에 관우는 수군을 이용해 우금 등의 보병과 기병 3만 명을 전부 포로로 잡아서 강릉으로 압송했다. 손권은 내심 관우를 두려워했으나 겉으로는 자신의 공로를 알리고 싶은 생각으로 조조에게 편지를 써서 관우를 토벌하는 데 자신의 힘을 보태기로 했다. 조조는 즉시 서황(徐晃)을 구원군으로 재차 파견했다.

정사의 기록은 군더더기 없이 서술한 것이 특징이지만 이때의 전황에 대해 "관우가 조인을 포위하고 우금과 방덕이 이끄는 칠군을 모두 사로잡자 그 위엄이 천하에 진동하였고, 놀라지 않는 사람이 없었다. 때마침 관우의 둘째 아들 관흥이 성도에서 문안을 드리러 형주로 와서 관우가 주는 이번 싸움의 공로자 명단을 가지고 돌아갔다"고 덧붙이고 있다.

사마의는 계책을 내고 제갈량은 침묵하다

우금의 군사가 대패하자 조조 진영은 일대 혼란에 빠졌다. 조조는 너무 놀란 나머지 관우가 북진할까 두려워 허도에서 철수해 낙양으로 천도할 생각까지 했다. 조조가 문무백관 앞에서 말했다.

"관우가 지혜와 용맹을 겸비한 줄 알고 있었지만 이처럼 대단한 줄 몰랐다. 지금 관우의 기세가 하늘을 찌를 듯하니 심히 난처하다. 그가 군사를 이끌고 북진해 허도를 노린다면 마땅한 방도가 없다. 도읍을 일시 옮기는 것이 어떻겠는가?"

조조는 우금과 30년을 함께하면서 그의 능력을 충분히 보아왔기에 관우를 견제할 수 있으리라 믿고 최정예병을 내주었는데 견제는커녕 그 자신이 포로가 되고 칠군 전체가 대패하자 두려움을 갖게 된 것이다. 이때 사마의가 말했다.

"안 될 말씀입니다. 우금이 패한 것은 물에 휩쓸려 당한 것입니다. 그러니 하루속히 동오의 손권에게 사람을 보내 관우의 뒤를 쳐서 물리치면 강남땅을 모두 주겠다고 약속하십시오. 손권군이 뒤를 치면 번성의 위기는 저절로 풀릴 것입니다."

주부 벼슬의 장제(蔣濟)도 이에 동조했다.

"중달(사마의의 자)의 말이 옳습니다. 즉시 사람을 보내 손권을 재촉하시면 번거롭게 도읍을 옮기지 않아도 됩니다."

조조는 고개를 끄덕이고 강남땅 전부를 손권에게 주겠다는 약속으로 그들의 출병을 이끌어내면서 서황을 구원군으로 파견해 관우군을 남북에서 압박하는 작전을 전개했다.

이때의 상황을 다시 한 번 정리해 볼 필요가 있다.

"번성을 공격하라"는 성도로부터의 명령을 받은 관우가 군사를 이끌고 북

제갈량의 적수 사마의의 초상화.

진해 양양성을 점령하고, 조인이 지키는 번성을 포위했으며, 손권군이 배후를 칠까 봐 봉화대를 설치하고 상당수의 군사를 예비 병력으로 후방에 배치하고 있었다. 동시에 포로로 잡은 우금의 3만 명에 이르는 조조군을 강릉으로 압송했다. 여기에 조조는 승승장구하는 관우가 허도를 위협하며 북진할까 봐 노심초사하고 있었다. 그래서 남쪽의 손권군에게 강남땅 전부를 준다는 미끼로 관우의 배후를 치도록 공작했다.

이러한 작전은 이 무렵 웬만큼 상황을 헤아리는 사람들에게는 능히 짐작할 수 있는 공공연한 것이었다.

따라서 조조군의 파죽 진격을 막고자 시작한 '번성 공격'으로 조조군에게 겁을 주어 목적 이상으로 기세를 올리고 있으며, 그 여파로 남북에서 손권과 조조가 합심해 관우의 기세를 꺾으려 하고 있다. 그렇다면 유비 진영의 후속 대책은 무엇인지, 성도에 있는 제갈량의 다음 계책은 무엇인지 궁금하지 않을 수 없다.

전쟁의 양상은 공격자의 입장에서 두 가지로 집약된다. 승리를 확신할 정도로 우세하면 기세를 타고 계속 적군을 유린할 테고, 아니면 선제공격해 우세한 상태에서 외교적으로 휴전을 이끌어내거나 적의 간담을 서늘하게 하였으니 그 정도에서 만족하고 자신의 본거지로 후퇴하는 일이다.

관우의 입장에서도 마찬가지였을 것이다. 그는 서전에서 조조군에게 대승을 거두었고, 막강한 구원군마저 모두 포로로 잡아 천하를 놀라게 했다. 그렇다면 파죽으로 진격할 가능성이 있는 조조군의 의도를 일단 무산시키는 선제공격의 목적을 달성한 셈이다. 따라서 번성의 포위를 풀고 돌아가 형주를 단단히 수비하면서 3만 명의 포로를 대상으로 조조군과 협상해 조조와 손권의 연합을 와해하고 일정한 대가를 요구하거나 조조가 걱정한 그대로 일거에 북진해 허도를 점령해서 전국에 일대 파란을 일으킬 수도 있었다. 아니면 이번 기회에 유비 진영이 처음부터 손권에게 약속한 대로 형주를 손권에게 양도하면서 유비와 손권이 연합해 조조를 공격할 수도 있었다.

성도의 유비와 제갈량, 형주 현지의 관우까지 포함해 일단 기세를 올린 측한 쪽이 화평이나 결전 중에서 주도적으로 선택할 수 있었다.

당시 조조가 강남땅을 떼어주겠다며 형주의 배후를 공격해 달라는 사신을 보냈을 때 손권 진영에서도 의견이 갈린 점을 눈여겨볼 필요가 있다. 당시 손권의 책사들 사이에서는 "이참에 형주를 쳐서 점령해야 한다"는 의견이 있는가 하면 "조조가 약속을 지키지 않을까 걱정되니 아예 서주(徐州, 조조 진영)를 공격하는 것이 좋겠다"는 의견도 있었다. 결국 손권 진영은 형주를 먼저 차지하고 그다음에 장강 일대 조조 진영을 도모하기로 결정했다.

손권의 아들과 관우의 딸 사이에 있었던 혼담의 경우도 이런 정세를 감안하면 큰 영향을 끼칠 수 없었을 것으로 보인다. 오래전부터 자신들의 주군인 손권의 여동생과 유비와의 정략결혼도 무시하고 형주 점령에 혈안이 되었던 그들이 유비 휘하의 장수인 관우의 딸과 정략결혼을 했다고 해서 형주를 포기하고 우호관계를 맺는 쪽으로 의견이 바뀌었을 것으로 보기는 어렵다.

아무튼 그때까지 유비 진영의 수뇌부에서는 번성을 먼저 공격하라는 명령 이외에는 전혀 후속조치를 내리지 않고 있었다. 심지어 이후에 관우군이 궁지에 몰려 구원군을 청할 때 어느 누구도 도와주지 않았다.

조조와 손권 진영에서 형주를 둘러싼 작전을 세우느라 수없이 사신이 오가고 그 일대에서 군마의 울음소리가 진동하고 있을 때, 성도의 유비 진영은 관우에게 선제공격을 지시한 이후 마치 강 건너 불 보듯이 하고 있었다. 이것이야말로 큰 과오가 아닐 수 없다. 그러므로 역사적 사실에 비추어 보아도 관우의 강직함과 지나친 자부심으로 인해 손권에게 배후공격을 당했다고 보기는 어렵다.

성도 지휘부의 이런 태도 때문에 심지어 제갈량이 형주 정책과 관련해서 자신을 따르지 않은 관우를 제거하기 위해 조조군의 파촉 진격을 저지한다는 이유를 앞세워 그를 궁지에 몰아넣고 모른 척했다는 의견도 있다.

관우를 제거할 의도까지는 아니었을지라도 제갈량은 궁지에 몰린 관우를 지원할 뜻이 없었음은 분명했다.

여기서 조조의 파촉 진격 가능성이 거의 없었다는 사실도 참고할 만하다.

한중 점령 후에 사마의가 파촉 진격을 건의했을 때 조조는 '농을 얻고도 촉을 노리는 것은 과욕이다'라며 더 이상 군사를 부리지 않고 철군했다. 이 부분도 역시 연대순으로 정리하거나 조조군의 이동 상황을 살펴보면 분명히 알 수 있는 사실이다.

손권 진영은 이런 과정을 거쳐 관우의 배후를 쳐서 꿈에도 그리던 형주를 차지할 수 있다는 희망에 부풀기 시작했다.

그들은 우선 관우의 방심을 유도하는 계책을 세웠다. 육구에 주둔하고 있던 군대의 야전사령관을 여몽에서 육손(陸遜)*으로 교체하고 사방에 여몽이 아파서

* 오나라의 장수이자 정치가. 관우를 방심하게 만드는 계책으로 공안을 함락하고 관우를 사로잡아 죽였다. 222년 유비가 복수를 위해 대군을 이끌고 오나라로 쳐들어오자 육손이 화공으로 오나라의 대승을 이끌었다.

몸져누웠다는 소문을 냈다. 그리고 또 한편으로 관우에게 조공이라도 바치듯이 새로운 사령관인 육손의 이름으로 서신과 예물을 보냈다.

성도의 침묵으로 궁지에 몰리다

관우가 전선에서 받은 보고는 이러했다.

"육구 땅을 지키던 여몽은 병이 위독해서 손권이 그를 소환해 조섭하게 하고, 육손을 장수로 삼아 육구를 지키게 했습니다. 이제 육손이 사람을 시켜 서신과 많은 예물을 보내왔습니다."

관우는 사자에게 받은 서신을 읽은 후 하늘을 우러러 크게 웃고 좌우에 "예물을 받아 두라"고 분부했다.

관우는 손권 진영에서 맹장으로 불리는 여몽을 높이 사고 있었다. 그는 고사성어 '괄목상대'의 주인공으로 용맹과 학식을 겸비한 장수였다. 그러나 관우는 자신보다 어린 육손의 재능이나 계략 등에 대해서는 잘 알지 못했다.

그리고 이때 손권 진영에서는 이미 군대가 출동하고 있었다. 사서에는 다음과 같이 기록되어 있다.

"여몽은 대도독이 되어 군사 3만 명과 쾌속선 80여 척을 점
검하고 헤엄칠 줄 아는 자에겐 흰옷을 입혀 장사꾼으로 가

장해 배 위에서 노를 젓게 하고, 갑옷 입은 병사들은 배 안에 매복하게 한 다음 형주를 치러 떠났다. 그는 손권군의 맹장으로 꼽히는 장군을 모두 뒤따르게 했다."

관우는 이 사실을 알지 못한 채 손권군에 대한 염려를 접고 번성의 조조군을 구원하기 위해서 내려오는 서황을 막으려 했다. 서황 역시 조조군에서 알아주는 맹장으로 관우군의 선봉인 관평과 요화(廖化)⁺의 군사를 가볍게 제압하고 계속 공격해왔다. 관우군과 서황군이 마주쳤을 때 소문이 진중에 퍼져나갔다.

"조조가 대군을 거느리고 번성을 구하기 위해 세 방면에서 진격해 오는 중이며 형주는 벌써 여몽의 공격을 받아 함락되었다."

관우는 크게 노해 소리쳤다.

"적군이 우리의 사기를 꺾으려는 수작이다. 지금 동오의 여몽은 병들어 위독하고 어린 육손이 그 직책을 대신하고 있을 뿐이니 염려할 것 없다."

그러나 상황은 관우의 말대로 흐르지 않았다. 장사꾼으로 위장한 손권의 선봉부대는 관우가 배치해둔

봉화대를 차례로 점령했다. 더구나 공안을 지키던 부사인과 남군을 지키던 미방은 싸움 한 번 하지 않은 채 성문을 열고 항복했다. 이로써 사실상 형주의 대부분을 손권에게 빼앗긴 상황이었다.

손권은 계속해서 관우군을 와해할 의도로 형주의 백성 가운데 부친이나 아들, 형제가 군사로 출동한 사람들을 모아 관우군 영채로 보내, "아우야!", "아들아!", "아버지!" 하고 울부짖게 했다.

상황이 이러하자 형주 출신의 관우군의 병사들은 생각이 변해 뿔뿔이 흩어져버렸다. 결국 관우 진영에 남은 병사는 300여 명에 불과할 정도로 줄어들고 말았다.

관우는 어쩔 수 없이 맥성으로 옮겨갔다. 맥성은 규모는 작지만 주둔할 만한 곳이었다. 이내 손권군은 멈추지 않고 계속 공격을 가해 맥성을 겹겹이 포위했다. 이 기회에 관우의 항복을 받으려 한 것이었다. 하지만 관우가 도원결의의 맹세를 잊고 손권에게 무릎을 꿇을 리 없었다.

관우는 그때까지도 구원군을 청해 이 난관을 어떻게든 극복하려고 했다. 당연한 선택이었지만 결과적으로는 바보 같은 결정이 되고 말았다. 성도의 유비 진영은 사실상 형주를 포기하고 있다는 징후가 여러 곳에서 나타나고 있었기 때문이다.

우발적인 사태가 아니라면 사전에 준비된 섬세한 작전 설계와 주변의 상황 변화에 긴밀히 대처하는 방식이 유효하고 승리의 가능성을 높인다. 이는 제갈량처럼 지적인 인물들이 즐겨 사용하는 방식이다.

예를 들어 제갈량이 유비 진영에 가담한 후 첫 전투였던 박망파의 화공 작전이 그러했다. 각각의 장수들에게 얼마나 세밀한 지시를 내렸던가. 마치 길을 모르는 사람에게 골목길까지 일러주는 것

맥성 부근의 삼국 장수 배치도

처럼 어느 지점에 얼마의 병사를 거느리고 있다가 언제 나와서 어떻게 적군을 유인하고 도망쳐 어디서 기다리라는 등등 일일이 알려주었다.

적벽대전의 끝머리에서도 마찬가지였다. 조자룡은 어디에 매복하고 있다가 상대가 절반쯤 지난 후에 중간을 공격하라든지, 장비에게도 어디에서 어떤 변화가 있을 때 어떻게 하라고 알려주었다.

심지어는 적의 상황까지 세밀히 알려주면서 싸우도록 하고 추격하지 말라거나 어느 정도에서 공격을 멈추라고 세세히 지시했다.

그런 제갈량이 이번에는 전혀 달랐다. 관우에게 "번성을 선제공격하면 상대의 의도를 꺾을 수 있다"는 단 하나의 명령만 내리고 후속 지원이나 심지어는 형주 주변의 상용성 같은 곳에 혹 있을지 모르는 상황변화에 어떻게 대응하라는 지시는 전혀 하지 않았다.

물론 원숭이도 나무에서 떨어진다는 말처럼 천하의 귀재인 제갈량도 실수를 할 수 있고, 이때의 실수가 단 한 번의 실수일 수도 있다. 하지만 형주에 대한 경우는 도저히 실수라고 이해할 수 없는 일들이 연속적으로 발생했다.

관우는 명령을 수행하는 장수이지 작전을 설계하고 정교한 외교정책을 펼치는 인물이 아니었다. 그러나 초전에서 승승장구하던 관우에게 어디까지 공격하고 멈출 것이며 배후의 손권에 대해서는 어떻게 하라는 일체의 지시가 성도에서 내려오지 않았다. 그렇다고 성도에서 그 당시 유비, 장비, 제갈량 모두 형주에 대해 무관심해야 할 정도로 다급한 내부 상황이 있는 것도 아니었다.

충직한 관우는 혼자서 천하를 상대하는 것과 다름없는 싸움에서 목숨을 걸고 고군분투했으나 결과적으로는 유비의 파촉 정권으로부터 버림받은 처지가 되고 만 것이다.

2

관우의 죽음은
유비 진영의 실책

의리를 위해 목숨을 바치다

《삼국지》〈촉서·관우전〉 주석에 다음과 같은 내용이
있다.

구원군을 이끌고 형주로 내려온 조조 진영의 서황은 관우와
오래전부터 서로 존경하고 아끼는 사이였다. 싸우기 전에 서
로 대화를 했는데 세상일에 대해서는 언급했지만 군사적인
일에 대해서는 언급하지 않고 있었다.
서황이 말에서 내려 "관우의 목을 얻어오는 자에게는 상
금으로 황금 천 근을 주겠다"고 하니, 관우가 놀라며 말했다.

"대형, 이것이 무슨 말씀입니까?"

서황은 "이는 나의 일입니다"라고 대답했다.

적장으로 싸움터에서 만난 두 사람이 나눈 대화 내용인데 의아한 부분이 있다. 조조가 번성의 조인을 구하기 위해서 파견한 서황이 관우군을 무찌르라고 명령을 받은 이상 평소에 가깝게 지낸 관우이지만 마땅히 해줄 수 있는 말은 없었을 것이다. 하지만 '관우의 목에 황금 천 근'을 거는 서황의 진심이 어디에 있었을까? 분명히 이는 관우에게 위험한 상황을 일깨워주려는 의도와 함께 가능한 맞서서 싸우는 일은 피하고 싶은 심정을 우회적으로 내비친 것으로 보인다.

둘은 적장으로 마주쳤지만 이미 오래전부터 인간적으로 존경하는 사이였다. 평소 서황이 "관우에게 경복했다"는 표현을 쓸 정도로 가까웠던 사이였다.

서황은 명령을 받고 왔으나 무차별 공격을 할 수도 없었고, 그렇다고 현재 벌어지고 있는 손권의 배후 공격과 자신의 정면 공격이 지닌 비밀을 털어놓을 수도 없었다. 그래서 그는 관우에게 '당신을 무찌르려는 우리의 계책이나 집념이 당신의 상상 이상이다'는 의미가 담긴 표현으로 황금 천 근을 이야기함으로써 사전 경고를 한 것으로 보인다.

그렇지 않았다면 관우에게 이 정도에서 만족하고 형주로 돌아가는 것이 좋겠다는 의사 표시를 할 수도 있었을 테고, 상황이 여의치 않으니 항복하라고 권할 수도 있었을 텐데 서황은 일체 그런 말을 하지 않았다.

이렇게 조조 진영의 장수조차 관우에게 결정적 위험 신호를 전하고 있었지만, 유비 진영에서는 아무런 연락이나 지시가 없었다.

관우는 맥성에서 손권군에게 포위당한 채 구원군을 애타게 기다리는 처지가 되었다. "누가 포위를 뚫고 나가 가까운 상용에서 구원병을 데려올 테냐?"라고 관우가 묻자 요화가 나섰다. 그때까지 관우는 구원병이 오면 형주를 되찾을 수 있으리라는 기대와 자신이 있었다. 이런 곤경에 몰린 까닭은 형주의 군사들이 가족들의 애타는 부르짖음에 흩어졌기 때문이지 자신의 작전 실패나 역량이 부족해 벌어진 상황이 아니었으므로 관우는 그렇게 판단한 것이다. 다른 사람들의 생각도 관우와 크게 다르지 않았다.

마침내 관평이 나서서 요화를 도와 맥성 밖으로 탈출하게 하고 성문을 굳게 닫았다.

요화는 쉼 없이 달려가 상용에 이르러 그동안의 경과를 설명하고 구원병을 청했다. 하지만 상용의 유봉과 맹달은 마치 기다렸다는 듯이 일언지하에 거절했다.

"이곳을 다스린 지 얼마 되지 않았기에 백성의 마음이 안정되지 않아 갑자기 군사를 일으켰다가는 반란이 일어날지 모르니 도와주기 어렵소."

요화는 전혀 예상치 못한 반응에 너무나 놀라 마치 황제에게 읍소하듯이 머리를 땅바닥에 수없이 조아리며 거듭 호소했다.

"그렇다면 관우 장군께서는 절망이오! 선처해주시오."

요화의 거듭된 요청에도 불구하고 유봉과 맹달은 끝내 구원병을 보내지 않겠다며 돌아섰다. 요화는 더 이상 말해도 구원군을 얻기 어려울 것을 알고 그들을 욕하며 성도를 향해 달려갔다. 관우는 이런 사정을 상상조차 할 수 없었기에 상용의 구원군을 초조하게 기다리고 있었다.

가정이지만 유봉이나 맹달 중 누구라도 조조군이나 손권군의 공격을 받아 관우에게 구원을 청했다면 관우가 외면했을까? 또한 성도에서 관우에게 번성 공격을 명했을 때 근처에 있는 상용의 유봉이나 맹달에게 아무런 작전 지시가 없었을까?

그렇지 않을 것이다. 적어도 경계태세 강화나 형주전선에 이상이 생겼을 때 어떻게 대처하라는 기본적인 방안쯤은 지시가 내려왔을 것이다.

이런 이유로 제갈량이 구원군을 파견하지 못하게 미리 조치해두었다고 주장하는 사람들도 있다. 정황을 살펴보면 그럴듯한 추측이다.

이 무렵 제갈근이 맥성으로 찾아와 관우를 회유한다는 명목으로 말했다.

"이번에 오후(손권)의 분부를 받고 장군께 전할 말씀이 있어 왔소이다. 예로부터 시국을 잘 판단하는 사람이 영걸이라고 하지 않았습니까. 지금 장군이 다스리던 형주 아홉 군은 모두 다른 사람의 소유가 되었고, 남은 것이라고는 이 외로운 성 한 구역뿐인 데다가 안으로는 양식과 말먹이가 없고 밖으로는 구원 오는 군사가 없어 위기가 눈앞에 있거늘 장군은 어째서 이러고 계시는 거요. 이번에 우리 오후께 귀순하면 다시 형주와 양양을 다스릴 수 있고, 집안 식구도 안락할 수 있으니 장군께서 깊이 숙고해주십시오."

관우가 정색하면서 대답했다.

"내가 어찌 의리를 저버리고 적국에 투항할 수 있겠는가. 이 성이 함락되는 날에는 오로지 죽음이 있을 따름이오. 옥은 깨져도 빛이 변하지 않으며 대나무는 불에 타도 곧은 절개를 굽히지 않으니 몸은 비록 죽지만 이름은 죽백(竹帛)*에 남을 것이다. 당신은 여러 말 말고 속히 성을 나가라. 나는 손권과 사생결단하리라!"

제갈근은 예전 일을 끄집어내어 재차 설득하려 했다.

"우리 오후께서 장군과 서로 통혼하고 힘을 합치려는 것도 조조를 격파해 함께 한실을 보필하려는 것이지 딴 뜻이 없습니다. 그런데 장군께서는 어찌 이다지도 고집만 부리시오."

그러자 관평이 화가 나서 칼을 뽑아 제갈근을 죽이려 했다. 관우가 그를 말렸다.

"저 사람의 아우 제갈량이 촉땅에서 너의 큰아버님을 돕고 있는데 지금 저 사람을 죽인다면 이는 그들 형제를 아프게 하는 것이니 할 일이 아니다."

관우가 이렇게까지 인간적인 배려를 하니 관평은 하는 수 없이 칼을 거두었고, 제갈근은 부끄러워하며 물러나가 성 밖으로 도망

* 역사를 기록한 책을 이르는 말. 종이가 발명되기 이전에 죽간이나 헝겊에 글자를 기록한 데서 서책을 지칭해 역사라는 뜻으로도 쓰임.

치듯이 떠나갔다.

손권은 회유작전이 실패하자 관우가 탈출해 군사를 이끌고 올 것이 두려워 맥성에서 성도 방면으로 탈출할 수 있는 길목에 별도의 매복병을 두어 대비했다.

시간은 점차 흘러가고 구원병 하나 없는 맥성의 관우군은 더 이상 버틸 수가 없었다. 식량이 떨어진 지 오래인 데다 어디서도 희망적인 소식은 없었다.

"하는 수 없습니다. 이곳을 탈출해 서천(파촉)으로 갔다가 군사를 거느리고 와서 회복하는 수밖에 없겠습니다."

좌우에서 관우에게 탈출 작전을 권했다.

관우가 이를 받아들여 관평과 함께 북쪽으로 나가 샛길을 뚫고 탈출하기로 결심했다. 그래서 주창과 왕보에게 상의하니 그들은 구원병을 이끌고 올 때까지 죽기를 각오하고 성을 지키겠다고 다짐했다.

마침내 관우와 관평이 성을 나와 무수한 복병을 물리쳤지만 손권군이 쇠갈고리와 쇠줄을 써서 말 다리를 감아 쓰러뜨리는 바람에 넘어져 사로잡히고 말았다. 때는 찬바람이 매섭게 몰아치는 겨울이었다.

관우 부자는 곧 손권 앞으로 끌려갔다. 손권이 말했다.

"장군의 높은 덕을 사모한 지 오래되었소. 그래서 혼인으로 서로 우호를 맺고자 했던 것이오. 장군은 그동안 스스로 천하무적이라 자부하다 어째서 오늘 내게 사로잡혔소. 이제 이 손권과 손을 잡읍시다."

관우는 매섭게 노려보며 소리쳤다.

"눈 푸르고 수염이 붉은 아이야! 나는 유비 형님을 도와 한실을 부흥시키려 했는데 어찌 나라에 반역하는 너 같은 자와 손을 잡겠느냐. 이번에 내가 방심했다가 너희의 간특한 계책에 빠졌으니 죽을 따름이다. 여러 말 할 것 없다."

관우의 말을 들은 손권은 입맛이 썼다. 그래서 다른 신하들에게 물었다.

"관우는 당대의 호걸이라 어떻게 하든 항복하게 만들고 싶다. 방법이 없겠느냐?"

대부분의 신하가 한목소리로 말했다.

"그건 어렵습니다. 옛날 조조가 그에게 제후 벼슬을 내리고 온갖 잔치를 열어 대접하고 극진하게 대했으나 결국 조조의 여섯 장수를 베고 떠나지 않았습니까. 아예 죽여서 후환을 없애는 것이 좋습니다."

손권은 한동안 고민을 했지만 결국 신하들의 의견을 따르기로 결정했다.

"처형하라!"

관우와 관평 부자는 결국 형장으로 끌려가 참수를 당했다. 이때가 건안 24년(219년) 12월, 관우의 나이 60세였다.

관우의 죽음이 보여준 의리와 충절의 가치

관우는 허망하게 역사의 무대에서 사라졌다.

손권 진영에서는 오랫동안 오매불망 기다리던 형주를 차지하는 쾌거를 거두었지만, 동시에 그의 의형제인 유비와 장비의 복수라는 중대한 문제에 직면했다.

조조 진영은 형주를 손권에게 넘겨주었으니 큰 이득은 없었지만, 일단 관우의 예봉을 잠재웠고 유비 진영과 손권 진영이 철천지원수 관계로 변했기에 삼국의 경쟁관계에서 볼 때는 대단한 소득이었다.

유비 진영의 입장은 내부적으로 미묘했다. 유비는 그동안 국정의 대소사를 모두 제갈량에게 맡겼던 것이 결과적으로 관우의 죽음을 초래했다는 사실을 뒤늦게나마 분명히 깨닫게 되었다. 그렇다고 당장 자신이 국정 일체를 친정할 수는 없었지만 제갈량에 대한 믿음이 줄어든 만큼 스스로 손권에 대한 복수심을 불태울 수밖에 없었다.

이러한 대국의 변화와 달리 그동안 관우를 따르던 주변에서는 의미 깊은 사건이 잇달았다. 맥성에 남아 있던 주창은 칼을 뽑아 자결했고, 왕보는 성 밖으로 투신해 죽었다. 적토마는 관우를 붙잡은 마충(馬忠)에게 하사되었는데 그날부터 아무것도 먹지 않더니 굶어 죽었다고 전해진다. 《삼국지연의》는 이후의 일을 다음과 같이 서술하고 있다.

관우의 영용한 영혼은 흩어지지 않고 유유탕탕히 한 곳에 이르니 당양현에 있는 옥천산(玉泉山)이다. 이 산 위에는 한 노승이 살고 있었는데 법명이 보정(관우가 천리독행 때 만났던 고향 출신 스님)이다.

그는 사수관 진국사(鎭國寺)에 장로로 있었는데 관우와 헤어진 뒤 구름처럼 천하를 떠돌다가 이곳에 이르러 풀을 엮어 암자를 짓고 좌선으로 세월을 보내며 도에 들어 있었고, 조그만 행자 하나가 곁에서 모시고 있었다.

그날 밤, 달은 밝고 바람은 시원한데 3경이 지난 후였다. 보정이 암자 안에서 조용히 앉아 있는데 홀연 공중에서 어떤 사람이 큰 소리로 불렀다.

"나의 머리를 돌려 달라."

보정이 하늘을 우러러 자세히 보니 공중에 한 사람이 적토마를 타고 청룡도를 들었는데 그의 왼쪽에는 젊은 장군(관평)이 따르고 오른쪽에는 검은 뺨에 이무기 수염이 난 사람(주창)이 따르면서 일제히 구름을 밟고 옥천사 위로 오르는 것이었다.

보정은 관우를 알아보고 불자로 암자 문을 치며 물었다.

"관우 장군은 어디 계시오?"

관우의 영특한 영혼은 그 말에 문득 깨닫고 즉시 말에서 내려 바람을 타더니 암자 앞에 내려와 두 손을 끼고 물었다.

"스님은 누구십니까? 바라건대 법호를 말해주십시오."

보정이 되물었다.

"이 늙은 중 보정은 옛날 군후와 서로 만난 적이 있는데 오늘에 와서 어찌 잊었단 말이오."

"옛날 나를 구해주신 은혜를 어찌 잊겠습니까. 이제 저는 화를 입어 죽었으니 바라건대 대사께서는 제 앞길을 지시해 주십시오."

"지난날과 오늘의 시비를 말하지 마시오. 지나간 원인과 뒤에 온 결과가 피차 유쾌하지 못한데 이제 장군이 여몽에게 잡혀 죽어 '나의 머리를 돌려달라'고 크게 외치니 그렇다면 옛날에 장군에게 죽은 안량과 문추, 그리고 오관의 여섯 장수들은 누구에게 머리를 돌려달라고 외쳐야 하겠소."

이 말에 관우의 혼령은 깨달음을 얻고 보정에게 머리 숙여 감사하며 어디론가 떠나갔다.

그 후로 옥천산에는 가끔 관우의 혼령이 나타나 백성을 여러모로 보호했다. 그래서 부근의 사람들은 관우의 덕을 흠모해 산 위에 사당을 짓고 제사를 지냈다.

손권은 관우를 처형한 후에 목을 나무 갑에 넣어 조조에게 보냈다. 그때 조조는 낙양에 있었는데 관우의 목이 담긴 목갑을 받아 들고 회상에 젖었다. 사마의가 진언했다.

"옛날 관우가 유비, 장비와 더불어 의형제를 맺을 때 생사를 함께하기로 맹세했습니다. 이번에 손권은 관우를 죽이고 보니 앞으로 있을 유비와 장비의 복수가 겁이 나서 관우의 목을 대왕께 바친 것입니다. 유비, 장비의 분노를 이쪽으로 돌리려는 꾀를 낸 것이 분명합니다."

조조가 고개를 끄덕이며 말했다.

"중달, 그대의 말이 옳도다."

그러고는 짐승을 잡아 제물을 차려 친히 제사를 지내고 침향목(沈香木)으로 관우의 몸을 깎아 만들게 하여 목에 맞춰주게 하였다. 그리고 왕후의 예로써 낙양의 남쪽 문밖에서 성대히 장사를 지내게 했다. 이때 낙양에 있는 조조 진영 대소관원들이 모두 참석했다.

조조는 친히 장례에 가서 절하며 제사를 올리고 관우에게 형왕(荊王)이라는 왕호를 추증하고 관리를 두어 무덤을 지키게 했다. 이 무덤이 낙양의 수총(首塚)이다.

관우의 잘린 목에 대한 기록이 《삼국지》〈위서·무제기〉에 다음과 같이 기록되어 있다.

건안 25년 봄 정월에 조조가 낙양에 도착했는데 손권이 관우를 공격하여 참수하고 그의 머리를 보내왔다.

관우의 최후는 진정으로 허망했다. 그나마 조조가 잘린 목에 맞추어 침향목으로 몸을 만들어주고 후한 예로써 장사지내준 것이 다행이었다.

충의의 화신인 관우는 목숨을 바쳐 충절을 지킨 자기 진영에게 배신에 가까운 무관심과 구원을 거절당함으로써 장렬한 최후를 맞이하고 말았다. 관우를 숭상하는 민중의 입장에서는 참으로 애석하고 통탄할 만한 일이었다.

그러나 관우의 죽음을 관우 자신의 탓으로 돌리는 의견이 의외로 많다. 만일 그가 자존심을 억누르고 손권의 제안을 받아들여 정략결혼에 동의했다면 그런 비극적 최후는 맞이하지 않았을 것이라는 지적이다. 과연 그럴까?

손권은 오래전 유비에게 누이동생을 시집보냈으나 줄곧 형주를 요구했다. 따라서 관우의 딸을 며느리로 맞이했다고 이런 욕심을 결코 버리지는 않았을 것이다. 오히려 관우의 딸을 인질로 삼아 형주를 복속시킬 의도를 드러냈을지도 모른다.

그러므로 삼국정립 시기에 각국의 전략적 입장과 관우가 처했던 상황 전체를 헤아려 보면 관우가 자존심을 내세워 스스로 죽음을 자초했다고 보는 것은 타당하지 않다.

의도했든 의도하지 않았든 간에 관우의 비극적 결말은 의형인 유비와 촉한의 실권자 제갈량의 책임이 결코 작지 않다.

관우의 죽음 이후 여몽이 죽고, 조조가 죽고, 장비가 죽고, 유비까지 죽는 상황은 그들의 나이로 보아 크게 이상하게 여길 일은 아니다. 하지만 민중의 마음속에서는 일정 부분 충의의 화신을 죽게 만든 응보로 받아들이는 경향이 농후했다는 점도 깊이 새겨 볼 부분이다. 민중은 의리의 화신이 오히려 자기 진영의 인물들에게 배신당해 죽고, 충절은 별로 쓸모없는 덕목처럼 대접받았다고 보았던 것이다.

물론 도원결의의 뜻을 지키려고 나중에 유비가 복수전을 꾀하다가 실패하지만 관우가 죽은 지 얼마 안 되어 수십만 대군을 동원할 정도의 힘이 촉한에 있었다면 사전에 얼마든지 형주에 구원군을 보낼 여지가 있었을 것이다.

이런 점들이 밝혀지면서 관우의 죽음을 애석해하며 그를 추모하는 열기가 민중 사이에서 번져나갔다.

관우는 외롭게 역사의 무대에서 퇴장했지만, 그의 죽음은 의리와 충절이 무엇인지 분명하게 보여줌으로써 민중의 마음속에 영원히 각인되어 세월이 흘러도 결코 퇴색되지 않고 있다.

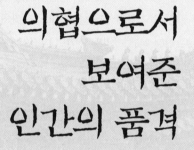

제
10
장

의협으로서
보여준
인간의 품격

역사를 바라보는 시각에는 정사의 기록을 바탕으로 형성된 거울, 소설 《삼국지연의》처럼 꾸며진 이야기를 통해 형성된 이미지의 거울, 그리고 이를 받아들이는 지식인과 지배계층의 거울, 힘없는 민중의 마음속에 형성되는 거울 등 여러 가지 거울이 영향을 미친다. 따라서 관우라는 인물을 어떤 거울에 비춰보느냐에 따라 다양한 평가와 이견이 있을 수 있다.

그 가운데 《삼국지연의》를 지나친 창작으로 비난하면서 진수의 《삼국지》는 고증을 바탕으로 한 정사라는 잣대로 바라보는 경우가 많다. 그러나 관우의 행적이 역사적 사실이든 창작이든 민중의 거울 속에 비친 그의 이미지는 한결같다. 후한이라는 암흑기를 살아가면서 지위나 재산, 명예 등에 휘둘리지 않고 의협의 정신을 지키며 자기희생을 주저 없이 행한 의리의 협객이자 대장부라는 것이다.

결국 관우는 난세에 작은 은혜나 약속도 목숨보다 귀하게 여기며 용기 있게 지켜낸 영웅으로서 민중의 마음속에 '의중유인(意中有人)'의 대표적 인물로 자리잡았다.

왜 의협의 대표적 인물이 되었나?

난세 중의 난세에 의협을 보여주다

관우가 살다간 시대는 한마디로 암흑기였다. 후한 시대라는 암울한 환경에서 태어나 그가 고향에서 직접 겪은 사회상도 아수라장이나 다름없었다.

순자는 "군주는 배와 같고 민중은 물과 같다. 물은 배를 띄우기도 하지만 배를 뒤엎기도 한다"고 일깨웠다. 통치 계급이 민중에게 필요한 생존조건을 보장해준다면 물(민중)이 배(군주)를 전복시키는 데까지 이르지는 않겠지만, 그렇지 않으면 물이 파도를 쳐서 배를 전복시키는 일이 발생할 수 있다는 지적이다. 그의 말대로 관우가 태어난 160년 무렵의 중국은 거센 파도(민중)가 배(후한 왕조)를 전복시켜야 마땅한 상태에 놓여 있었다.

관우가 태어나기 일 년 전 후한 역사상 가장 부패한 외척세력으로 권력을 쥐고 세상을 어지럽혔던 양기(梁冀)라는 자가 죽었다. 《후한서》는 그에 대해 "원래 일정한 직업조차 없는 불한당으로 승냥이 같은 눈매에 독수리 같은 어깨를 가졌으며 성질도 잔인하기 이를 데 없었다"고 서술했다.

황후가 된 예쁜 누이 덕분에 양기 같은 불한당이 권좌에 오르고 온갖 악랄한 짓을 다했으며, 그 일족들은 무소불위의 권력에 빌붙어 부귀영화를 누린 것이다. 관우가 태어나기 이전부터 권력을 쥔 20여 년 동안 양씨 일족에서 제후에 오른 자가 7명, 황후가 된 자가 3명, 고위 관료와 장군직에 오른 자가 57명이었다. 그중 양기 혼자서 갈취한 재산이 30여억 전으로 당시 국가 조세 수입의 반년분에 해당하는 엄청난 액수였다고 한다.

양기는 다섯 명의 환관이 궐기해 금위군이 자신의 저택을 포위하자 자살했다. 하지만 그렇다고 세상이 더 좋아지거나 깨끗해지지는 않았다. 흉악한 양씨 일족 대신 새로 권력을 쥐게 된 다섯 여우(양기를 거세한 환관 다섯 명을 그렇게 불렀다)가 양기 토벌의 공로를 이용해 더욱 날뛰었기 때문이다. 이때부터 후한 정권은 외척들의 손에서 환관들의 손으로 넘어갔다. 관직은 그들을 추종하는 자들이나 불한당들에게 주어졌고 백성은 예전과 다름없는 고된 환경에서 살아야 했다.

뜻있는 관료들과 유생들은 거세게 저항했지만 전부 체포되어 종신 금고(禁錮)에 처해졌다. 이때만 해도 처벌이란 연루자를 평생 관리로 등용하지 않는 정도의 조치였는데 이를 '제1차 당고의 화'라 부른다.

환제가 죽고 12세의 어린 유굉(劉宏)이 새 황제에 올랐다. 그가 한 영제(靈帝)다. 영제가 즉위한 뒤 환관들의 무법적 행위는 더욱 심해져 '제2차 당고의 화'가 일어났고, 저항하는 관리와 유생들이 체포되었다. 이번에는 가혹한 고문으로 100여 명이 죽고, 금고형에 처해진 사람이 700여 명, 투옥된 태학생이 1000명이 넘었다. 당인들이 무고하게 죽임을 당하자 범방(範滂)*이란 관리가 스스로 죽음의 길로 나아가 많은 백성의 심금을 울렸다.

범방은 마침내 중죄인이 되어 죽게 되었는데 그의 어머니가 아들의 손을 잡고 마지막 한마디를 했다.

"아들아, 너는 이제 이응이나 두밀 같은 어지신 분들과 마찬가지로 의인이자 현사로서 이름을 후세에 길이 남기게 되었으니 네가 죽는다 해도 이 어미는 여한이 없구나."

범방은 무릎을 꿇고 앉아 두 번 절하고 "삼가 어머님의 가르침을 길이 간직하겠습니다"라는 말로 마지막 인사를 올린 후 자식들을 돌아보며 훈계했다.

"나는 너희에게 부귀영달을 바랐으나

> * 후한 말기 효렴으로 천거되어 청조사를 지냈다. 당시의 부패한 정치에 염증을 느껴 사직했다. 나중에 다시 관리가 되었는데 환제때 환관의 부패를 공격하다가 당인을 끌어모은다는 죄목으로 파직되었고, 영제 때 당인이 대거 죽임을 당하자 스스로 옥에 나아가 죽임을 당했다.

이 생각을 고쳐먹기로 하였다. 너희는 절대로 나쁜 일을 해서는 안 된다. 너희에게 선행을 권하고 싶다고 생각했기에 소인배들과 어울리려 하지 않았다. 그렇기에 이런 참화를 입게 되었지만 이를 조금도 후회하지 않고 흔쾌히 떠나겠다."

소문을 들은 사람들은 모두 범방에게 감동했으나 자신들에게 힘이 없어 어쩔 수 없다는 사실 앞에서 통곡만 할 뿐이었다.

관우가 10대 초반일 때 낙양 도읍에서 벌어진 이 사건에 이어 또 하나의 상상하기 어려운 일들이 벌어졌다. 영제가 돈을 받고 벼슬을 팔기 시작한 것이다. 나중에는 더 많은 돈을 긁어모으기 위해 벼슬의 임기까지 대폭 줄였다. 회전 속도를 빨리해야 더 많은 벼슬을 팔아 더 많은 돈을 벌 수 있었기 때문이다.

이렇게 되자 벼슬아치들은 짧은 임기 동안에 본전을 뽑고 더 높은 벼슬을 사기 위해 백성을 상대로 가렴주구를 자행했다. 결국 세금은 치솟았고, 세금을 바치지 않으면 잡혀가게 되자 밤을 틈타 집을 버리고 멀리 도망치는 백성이 속출했다. 그들은 결국 나행초식(裸行草食, 입을 옷이 없어 벌거벗고 풀뿌리를 캐먹다)하는 난민이 되었다. 토착 농민의 대량 유랑민화는 농업을 국가 경제의 근본으로 삼고 있던 당시로서는 체제의 붕괴나 다름없었다.

그 결과 농민들의 반란이 도처에서 속출하기 시작했다. 그들은 조정의 적(賊)이 되었다. 그들을 체제의 적이었다고 간단히 설명하지만 실상은 부패하고 무능하며 권력을 사고파는 후한 조정에 대한 농민들의 생존을 위한 개혁적 봉기였다고 할 수 있다.

몇천 명, 몇만 명, 때로 10만 단위의 농민군이 도처에서 일어나 관아를 습격해 관리를 죽이고 창고를 열어 식량 등을 나눠먹는 일은 굶어 죽지 않으려는 하나의 몸부림이었다.

관우가 고향에서 부패관료와 결탁한 여웅을 죽이고 도망친 그해에 농민반란의 총체라 할 수 있는 황건의 난이 일어났다. 이는 지금까지의 국지적인 반란이 아니라 분명히 새로운 왕조를 건설해야 한다는 명분을 내건 대규모 궐기였다.

반란을 이끈 지도자는 장각(張角)이란 청년으로 돈으로 벼슬을 살 수밖에 없는 현실에 한을 품고 고향 거록 땅으로 내려가 태평도(太平道)라는 종교 색채가 강한 집단을 창설해 궐기를 준비했다.

황건군의 초반 기세는 노도와 같이 강력했는데, 도처에서 농민들이 적극 가담했기 때문이다. 그들은 파죽지세로 각지를 휩쓸며 세력을 확대했다. 하지만 사전 준비가 미흡했고, 가담한 농민군을 제대로 이끌 군사전문가가 없었으므로 장각을 비롯한 지휘부가 일 년도 안 돼서 자멸하듯 토벌되었다. 그러나 이후 10여 년 동안 쇠퇴해가는 후한의 명맥을 끊는 데 결정적 역할을 했다. 하지만 이것이 백성을 질곡으로부터 구제해준 것은 아니었다.

이때 관우는 20대 중반의 열혈청년이었다. 그는 도망치는 신세였으므로 행동에 제약은 많았지만 어느 정도 자유로운 선택이 가능했다. 과연 그는 어떤 선택을 했을까?

관우를 바라보는 민중의 시각

황건이 처음 새 왕조의 기치를 내걸고 궐기한 것이 184년의 일로 관우가 25세 되던 해였다. 이때 그는 고향에서 여웅을 죽이고 도망쳐 수배자의 처지였다. 하북 일대를 유랑하며 남의 집 머슴살이도 했고, 두부장수, 목수, 노동자 같은 험한 일도 했다. 어쩌면 황건군에 어떤 형태로든 가담했는지도 모른다.

그런데 황건의 무리는 얼마 후 민중의 적으로 변했다. 지도부가 와해되고 관군의 토벌로 흩어지면서 남은 자들이 산적 무리가 되거나 민중을 약탈하는 도적떼가 되었기 때문이다. 궐기 초기에 내건 주장처럼 새로운 왕조 건설의 꿈은 깨어지고 초라한 도적 무리로 바뀐 그들을 흔히 '황건 잔당'이라 했다.

관우가 탁현 고을에 도착해 유비와 장비를 만난 것은 고향을 떠난 지 4년이 넘어서였다. 황건 잔당으로 전락한 무리들이 이곳저곳에서 도적질을 할 때였다. 여기서 두 가지 경우를 추측해볼 수 있다.

우선 관우가 초기의 황건 봉기에 가담했다가 그들이 차츰 도적떼로 변하자 탈퇴해 장사를 하면서 유랑했을 가능성이다.

두 번째는 어릴 때부터 《춘추》를 읽은 관우였으므로 아무리 황건 봉기의 목적이 새로운 왕조를 만들어 민생을 구제하는 것이라 해도 나라에 대항하는 것은 옳지 않은 일이라 여겨 가담하지 않고 장사를 하거나 노동을 하면서 생계를 도모했을 가능성이다.

관우의 성품에 비추어 본다면 아마도 두 번째 길을 걸었을 것으로 보인다. 그의 유랑기의 생활에 대해서는 여러 가지 야사로 전해질 뿐 정사의 기록은 없다.

그가 유비와 장비를 만나 의형제를 맺고 황건 잔당 토벌 의용대에 나선 것은 분명하다. 하지만 이때의 황건 잔당은 장각이 일으킨 황건봉기군과 성격이 전혀 달랐다는 점은 앞에서 설명했다.

《삼국지연의》에 나오는 이야기는 사실이 상당 부분 각색되어 있다. 이들 삼형제가 의병을 모아 장각의 황건군 토벌에 나선 것, 조조의 붉은 기병대를 만난 것, 황건군에게 쫓기는 동탁을 구한 것 등은 역사적 사실이 아니다.

관우가 유비와 장비를 만나 도원결의를 맺고 의병대를 모아 토벌에 나선 대상은 탁현 일대가 속해 있는 유주 지역에 출몰하는 도적 무리의 황건 잔당이었다.

정리하자면, 후한 조정은 이미 통치를 담당할 자질이나 능력이 없었고 오로지 백성을 수탈한 반민중적 지배집단이었다. 관우는 그들이 지배하는 암흑의 세상에 태어나 30대가 되기까지 온갖 고생을 겪어야 했다. 어두운 시대를 살아가야 했던 관우의 삶을 돌아볼 때 분명히 해야 할 점은 오늘날의 잣대로 후한 시대나 그를 평가해서는 안 된다는 것이다. 백성의 생존 그 자체를 위협하는 극도로 부패한 권력이 지배하는 세상을 살아가며 의기를 잃지 않고 충(忠)을 신조로 삼아 의(義)를 행하며 소신껏 처신한다는 것이 당시에는 정말로 쉽지 않은 일이었기 때문이다.

역사를 바라보는 시각에는 정사의 기록을 바탕으로 형성된 거울, 소설《삼국지연의》처럼 꾸며진 이야기를 통해 형성된 이미지의 거울, 그리고 이를 받아들이는 지식인과 지배계층의 거울, 힘없는 민중의 마음속에 형성되는 거울 등 여러 가지 거울이 영향을 미친다. 따라서 관우라는 인물을 어떤 거울에 비춰보느냐에 따라 다양한 평가와 이견이 있을 수 있다.

그 가운데《삼국지연의》를 지나친 창작으로 비난하면서 진수의《삼국지》는 고증을 바탕으로 한 정사라는 잣대로 바라보는 경우가 많다. 그러나 관우의 행적이 역사적 사실이든 창작이든 민중의 거울 속에 비친 그의 이미지는 한결같다. 후한이라는 암흑기를 살아가면서 지위나 재산, 명예 등에 휘둘리지 않고 의협의 정신을 지키며 자기희생을 주저 없이 행한 의리의 협객이자 대장부라는 것이다.

결국 관우는 난세에 작은 은혜나 약속도 목숨보다 귀하게 여기며 용기 있게 지켜낸 영웅으로서 민중의 마음속에 '의중유인(意中有人)'의 대표적 인물로 자리잡았다.

2

관우는 어떻게 일개 장수에서
신이 되었나?

뜨거운 용기와 따뜻한 마음을 가진 사나이

관우는 사리사욕과는 거리가 멀고 의협과 충의를 실천하는 삶을 살았다. 젊은 시절 고향에서 약자를 괴롭히는 여웅을 죽이고 도망친 일을 보면 불의를 참지 못하는 뜨거운 의협심이 솟구치고 있었음을 알 수 있다.

도원결의를 맺고 신비의 무기 청룡언월도를 들고 도적떼 수준으로 전락한 황건 잔당을 무찌를 때도 살육을 자제하고, 항상 남의 처지와 입장을 헤아리며 부정적인 생각보다는 긍정적인 면을 바라보았다.

특히 유비, 장비와의 관계에서 그의 성격이 분명하게 나타난다.

그는 유비보다 나이가 한 살 더 많았으나 맏형의 자리를 유비에게 양보했다. 단순한 양보가 아니라 유비의 인물됨이나 지도자로서의 면모를 보고 자신보다 더 훌륭하다고 여겼기 때문이다.

그 이후 유비가 지나친 야심을 보일 때나 장비가 성급한 성격을 드러낼 때 관우는 뒷전에서 표 나지 않게 서로 이해하고 화합하도록 행동했다. 의형제의 의를 상하게 할 수 있는 행동은 철저히 삼갔다. 그런 예는 형주의 유표에게 의탁하기 전까지 수없이 많다.

황건 잔당 토벌 후 의병으로 활약한 공로를 인정받아 안희현(安喜縣)이라는 작은 고을의 위(尉, 경찰서장에 해당)에 임명된 유비에게 상급기관인 군(郡)의 독우(督郵, 감찰관)가 부당하게 윽박지를 때의 일이다. 그때 독우를 묶어놓고 심하게 매질한 사람을 《삼국지연의》에서는 장비로 그리고 있고, 진수의 《삼국지》에는 유비가 직접 한 것으로 기록되어 있다.

이는 독우의 만행에 대해 마음씨 좋은 유비조차 끝내 화를 낸 것이라고 정사가 기술했다면, 소설에서는 아무리 그래도 어진 주군으로 칭송받은 유비가 상급관청에서 내려온 감찰관을 폭행했다는 것은 결코 해서는 안 될 일이라 여겨 성미 급한 장비가 폭행하고 유비는 말렸다는 식으로 묘사했다고 볼 수 있다. 이때 관우가 어떤 모습을 보였는지 소설에서 이렇게 서술하고 있다.

장비가 독우를 질질 끌고 고을 관가 앞까지 가서 말 매는 기둥에 달아매고는 버들가지를 꺾어 두 다리를 한 번 치자 버들가지 십여 개가 동시에 부러졌다. 관가 바깥에서 시끄러운 소리가 들려오자 유비가 "저게 무슨 소리냐?"고 좌우에 물었다. 한 사람이 헐레벌떡 뛰어들어오더니 장비가 한 사람을 매달아놓고 매질을 한다고 고했다. 유비가 황망히 달려 나가 보니 매달려 있는 자는 독우였다. 유비가 놀라서 소리쳤다.

"이게 웬일이냐?"

장비가 씩씩거리며 대답했다.

"세상을 갉아먹는 이런 도둑놈을 때려죽이지 않으면 뭐 하겠습니까?"

그러자 인자한 성품의 유비가 장비를 옆으로 밀어냈다.

그때 관우가 현장에 등장했다. 그는 이미 사건의 전모를 어느 정도 알고 있었으므로 유비에게 말했다.

"형님은 큰 공을 세우고도 겨우 시골 현위 자리를 하나 얻었을 뿐인데 이제 썩어빠진 관리놈에게 모욕까지 당하였소. 가시덤불은 봉황새가 살 곳이 아니라고 하지 않습니까. 차라리 저런 부패관리를 죽이고 관직을 버리고 고향으로 돌아가 원대한 계획을 세우는 것이 좋겠습니다."

그제야 유비는 화를 안으로 삭이며 고개를 끄덕이고 인수를 꺼내 독우의 목에 걸고 통렬하게 꾸짖고 나서 관우, 장비와 함께 안희현을 떠났다.

여기서 누가 독우를 폭행했는가 하는 사실보다 관우의 말이 더욱 충격적이다. 그는 "저런 부패관리를 죽이고 관직을 버리고 고향으로 돌아가 원대한 계획을 세우자"고 제안했다. 유비나 장비보다 훨씬 과격한 느낌이 든다.

과연 관우가 매를 맞아도 싼 부패한 관리를 죽여버리자고 할 만큼 과격했을까? 그럴 수도 있겠지만 이는 원칙을 가진 관우의 성품으로 이해할 부분이다. 사실 독우 같은 관료야말로 백성을 착취하고 세상을 좀먹는 '사회의 해충'이 아닌가.

그 후 동문수학했던 백마장군 공손찬 덕분에 유비가 평원현(平原縣)을 맡아 다스릴 때였다. 갑갑증이 도진 장비가 "남들은 이웃 고을을 빼앗아 영토를 늘리고 있는데 우리도 몇 개 고을을 빼앗아 다스립시다"라고 말했다.

유비는 이때 크게 갈등하다가 대의를 지켜야 한다고 대답한다. 유비는 이런 경우 가타부타 단호한 행동을 보인 경우가 없다. 결정이 필요한 경우는 상의하듯이 주위의 눈치를 살피는 것이 유비의 모습이었다. 이때 관우가 재빨리 이런 상황을 눈치채고 유비의 견해를 지지하고 나섰다.

"형님의 말씀이 옳습니다. 의(義)가 아닌 것을 취하기보다는 아무것도 갖지 않는 편이 낫습니다."

관우는 이 말처럼 평생 탐욕이나 명예욕이 없었다. 그래서인지 유비나 장비가 그런 문제에 직면하면 양쪽의 입장을 헤아려 조심스럽게 행동하면서 결론을 내릴 때는 올바르지 않은 쪽으로는 절대로 기울어지지 않았다. 원칙 있는 태도를 잃지 않았던 것이다.

유비가 서주를 차지하고 얼마 뒤 조조에게 패한 여포가 찾아왔을 때였다. 여포는 유비와 관우, 장비를 초대해 고마움을 표시하는 술자리에서 부인과 딸을 불러 인사시키려 했다.

유비가 거듭 사양하는데 여포가 취중에 유비를 보고 "아우"라는 표현을 쓰자 성미 급한 장비가 눈을 부릅뜨더니 호통을 쳤다.

"네 이놈, 여포야! 우리 형님은 한 황실의 금지옥엽(임금의 친척)이시다. 네까짓 게 뭔데 우리 형님을 동생이라 부르느냐! 밖으로 나가자. 내 네놈과 300합을 겨루리라."

유비가 장비를 꾸짖는데 이때도 관우가 중간에서 장비를 겨우 달래서 밖으로 데리고 나갔다.

장비가 성질을 부리고 관우가 달래는 모습은 이밖에도 여러 번 있었다. 물론 장비도 사사로운 욕심이나 명예욕은 그다지 없었으나 성격이 너무 격정적이어서 승부욕이 강했고, 조금이라도 자신의 성질을 건드리면 상대가 누구라도 참지 못해 싸우려 달려들었다. 그럴 때마다 관우는 꾸짖지 않고 달래면서 타일렀다.

이런 사실에 비추어 볼 때 관우는 부단한 자기 노력도 있었겠지만 어린 시절부터 좋은 환경에서 수양하며 성장했기에 남을 배려하고 상대를 이해하는 자세를 가졌던 것으로 보인다.

장비는 맏형인 유비가 마음에 들지 않는 행동을 하면 대들지는 않았으나 은연중에 반발하는 버릇으로 술을 많이 먹고 취해서 거친 행동을 하거나 주변 사람들을 심하게 때리는 나쁜 버릇이 있었다.

그럴 때면 관우가 조용히 불러 "취했다고 하지만 공연히 그랬을

리는 없으니 말해 보거라. 왜 그랬는지"라고 따뜻하게 물어보았
다. 그 자리에서 심하게 꾸짖거나 화를 내지 않았다.

관우가 발을 구르며 장비를 원망한 적이 딱 한 번 있었다. 원술
이 서주를 위협할 때 유비가 관우와 함께 출전하면서 하비성을 장
비에게 맡겼는데 술에 취해 조표라는 장수를 마구 때렸다. 이에
조표가 앙심을 품고 여포와 합작해 장비는 하비성을 여포에게 빼
앗기고 홀로 도망쳐버렸다.

유비가 이 사실을 듣고 "얻었다고 해서 무슨 기쁠 것이 있으며
잃었다고 해서 무슨 근심할 것이 있겠느냐"고 하며 마치 장비를
위로하듯 체념 섞인 탄식을 했다. 그때 관우가 물었다.

"형수님은 지금 어디 계시느냐?"

유비의 부인과 가족들이 하비성에 있었던 것이다.

장비는 그제야 고개를 떨구며 "미처 모시고 나오지 못했습니다.
성 안에 계십니다"라고 대답했다. 유비는 아무 말도 하지 않았지
만, 관우는 발을 구르며 말했다.

"네가 당초 성을 지키겠다고 자청했을 때 뭐라고 했느냐? 형님
이 떠나실 때 뭐라고 당부하시더냐? 이제 성을 잃고 형수님마저
적군 속에 두고 왔다니 이 일을 어찌하면 좋단 말이냐?"

이때 하비성을 지키는 일은 원래 관우가 담당할 몫이었는데 장
비가 자신이 하겠다고 나서면서 "맡겨 주면 절대로 술을 한 방울
도 마시지 않고 열심히 하겠다"고 몇 번씩이나 다짐하기에 맡겼던
것이다. 그런데 그런 일이 발생하자 약속을 지키지 못한 장비에게

안타까움을 표시한 것이었다고 볼 수 있다.

이 일을 제외하고는 관우는 언제나 장비에게 이해해주는 말을 건넸다. 장비는 이런 관우에게 심적으로 편안함을 느꼈음은 물론이다. 유비도 관우의 일 처리 하는 태도나 자세에 대해 화를 낸 적이 없다. 그만큼 관우의 행동에는 의연한 기품과 남을 헤아리는 도량이 있어 상대가 편안한 마음으로 대할 수 있었던 것이다.

높은 품격으로 민중의 신이 되다

관우는 용맹을 우선으로 하는 무장(武將)이었다. 무장의 직분은 부하를 많이 모아 전쟁에서 죽음을 불사하고 적을 무찌르도록 이끌어 자국에 승리를 안겨주는 것이다. 삼국지 무대에 등장하는 무장들이 그러했다. 그들은 백성의 사정은 상관없이 몇만 명이든 몇십만 명이든 징발해 군대로 편성한 뒤 무기가 부족하든 군량이 딸리든 전쟁터로 몰고 갔다. 세상이 극도로 혼란했기에 이것을 당연한 것으로 생각했다. 하지만 관우는 다른 장수들과 달랐다.

허도에서 극진한 예우를 하며 어떻게든 자기 사람을 만들려는 조조의 호의를 뒤로한 채 의형 유비를 찾아가는 천리독행 무렵의 일이다. 산적 생활을 하던 황건 잔당 배원소(裵元紹)와 주창, 그리고 그들이 거느린 수백 명을 만났게 되었는데 그들은 평소 관우를 흠모했다고 고백하며 자신들을 부하로 써달라고 청했다.

이 무렵 관우 자신도 거느린 부하가 없었고, 유비에게도 부하가 많을 리 없었다. 그렇다면 이 기회에 수백 명을 부하로 편입하는 것이 일반적인 상황일 것이다. 그러나 관우는 놀랍게도 "거사귀정 (去邪歸正, 사악한 것을 버리고 바른길로 들어서라)하라!"고 충고하면서 그들을 휘하에 거느리는 것을 거절했다.

"자고로 사내대장부란 산속에서 부하를 모아 길 가는 사람을 노략질하지 않는다. 그대들은 각기 손을 씻고 바른길로 돌아가서 스스로 신체를 망치는 일이 없게 하라."

이 말을 듣고 배원소가 뜻에 따르겠다며 물러섰다. 나중에 배원소가 마음을 바로잡아 유비 진영에 가담하지만 이때의 관우가 보여주는 행동을 통해 그가 얼마나 광명정대한 정신의 소유자인지를 엿볼 수 있다.

그의 의로운 정신세계를 엿볼 수 있는 일화가 또 있다. 관우가 최악의 상황에 빠져 형주를 잃고 맥성이란 작은 성채에 의지해 구원병을 기다리고 있을 때 제갈근이 귀순을 설득하기 위해 찾아왔다. 제갈근은 현재의 상황을 전하고 손권이 사돈을 맺은 다음 협력해서 조조를 치고 한실을 부흥시키기를 원한다고 유도했다. 그러자 관우가 대꾸했다.

"나는 해현 출신의 이름 없는 무부(武夫)일 뿐으로 우리 주군이신 유비 형님께서 수족처럼 보살펴주는 은혜를 입었소. 어찌 의를 저버리고 적국으로 갈 수 있단 말이오. 만일 이 성이 함락된다면 죽음만이 있을 뿐이오. 옛말에도 있지 않소. '옥을 부술 수는 있어도 그 흰색을 바꿀 수 없고(玉可碎而不可改其白), 대나무를 태울 수 있어도 그 마디를 훼손할 수 없다(竹可焚而不可毁其節)'고 말이오. 비록 내 몸은 죽어도 이름은 역사에 길이 남으리니 그대는 여러 말 하지 말고 속히 여길 떠나시오."

제갈근이 돌아가 손권에게 이렇게 보고했다.

"관우의 마음이 철석같아 설득할 수 없습니다."

만약 다른 사람이 이 상황에 처했다면 어떠했을까?

'상대의 동정심 자극'으로 일생의 고비를 넘기며 살아온 유비라면 제갈근을 부여잡고 그의 동생인 제갈량과 자신의 관계를 어필하며 상황을 무마하려고 했을 것이다. 또 제갈량이었다면 자신의 지략을 동원해 곤경을 역전시킬 목적으로 손권이 원하는 미끼로 조조를 치기 위한 대연합작전을 내놓았을 것이다. 그리고 장비였다면 관우처럼 의리를 저버리지는 않았겠지만 욱한 성격으로 "그런 허튼소리는 필요없다. 내가 죽게 된 마당에 너 따위 놈도 살려두지 않겠다"며 그 자리에서 제갈근의 목을 쳐 손권에게 보냈을지 모른다.

이 정도는 아닐지라도 관우가 조금 융통성을 발휘했다면 "나를 죽여 손권이 행복해질 수 있다면 그렇게 해보라"고 협박조로 말하든가 감정이 격해져서 "나를 죽인 후에 손권은 분명 두 발 편히 뻗고 잠들기는 힘들 것이다. 내 형님 유비와 동생 장비가 결코 손권을 용서할 리 없다"고 겁을 줄 수도 있는 상황이었다.

그러나 관우는 어떤 인물을 사귈 때나 자신이 처한 상황을 타개할 때 결코 속임수를 쓴다거나 마음에 없는 말로 일시적인 미봉책을 전혀 사용하지 않았다. 어찌 보면 고지식하고 답답하다고 여길 바보 같은 행동을 조금도 주저 없이 하고 있다.

난세라고 하면 내일이 어찌될지 불투명하고 언제 어디서 배신의 칼날이 날아올지 모르는 세상이다. 그래서 변칙이나 심지어 상대를 속여서라도 이득을 얻으면 유능한 인물로 대접받는 그런 세상이었다. 당시 중국의 사회상도 실제로 그러했다.

관우는 이런 시대에 결코 만나기 어려울 정도로 의연하고 건강한 정신을 소유한 인물이었다 해도 과언이 아닐 것이다. 그는 원칙을 갖고 어떤 변화에도 흔들리지 않으며 가능한 상대를 편히 해주려는 도량이 있고, 한번 사귀면 끝까지 지키는 우직한 성품의 사나이였다. 또한 잠시 속임수를 쓰면 곤경을 벗어날 수 있는 상황에서도 끝내 마음에 없는 교언영색을 하지 않았다. 세월이 흐를수록 더욱 높이 평가받고 존경을 받아 왕으로, 황제로 추앙받고 끝내는 신의 반열에 오른 것도 그의 이러한 품격 때문이라 할 수 있다.

관우 같은 인물을 떠올리면 누구라도 마음이 따뜻해지고 즐거운 기분이 든다. 반면, 여포 같은 배신자를 생각하면서 유쾌하지는 않을 것이다.

오늘날에도 마찬가지다. 관우 같은 인물을 만난다면 친해지고 싶고, 존중하는 마음이 저절로 우러날 것이다.

협객에서 출발해 신(信)과 의(義), 충(忠)의 진정성으로 일생을 살다간 관우가 중국 민족의 영웅으로 추앙받고 마침내는 신앙의 대상으로까지 격상된 데는 이런 배경이 깔려 있다.

의협의 장수에서
신이 되다

관우는 민중이 바라던 지도자상의 모습을 고스란히 갖고 있어 세월이 흐르면서 입에서 입으로 전해져 수많은 사람이 추앙하는 존재가 되었다.

중국은 격변의 시대, 특히 삼국 시대 이후 잠시 사마씨의 진(晉)나라로 통일되기는 했지만 진나라는 얼마 안 가서 분열되고 만리장성 북쪽의 이민족이 쳐들어와 대혼란기를 겪게 되었다. 이런 사회적 환경 속에서 민중은 진정한 지도자를 그리워하게 되었고, 관우는 이상적인 인간상이자 지도자의 모습으로 확고히 자리잡았다. 이러한 배경이 후대 관우를 신적 존재로 받아들이게 하는 동력이 되었다.

1

공자의 사당보다 많은 관우의 사당

사후에 더욱 숭배되다

관우가 신령이 되어 처음 등장하는 것은 관우의 복수를 위해 일어난 촉한군의 동오진격전에서였다.

《삼국지연의》를 보면 둘째아들 관흥이 동오를 쳐들어가서 손권의 장수 반장(潘璋)*을 추격할 때였다.

> * 오나라의 장수. 형주를 공략할 때 매복해 관우를 사로잡았다. 그 공적으로 관우의 청룡언월도를 상으로 받았다. 사서에 따르면 반장은 이릉전투가 있은 지 12년 후에 죽었지만, 《삼국지연의》에는 234년 촉나라와의 전투에서 관우의 아들 관흥에게 죽임을 당하는 것으로 나온다.

관흥은 반장을 찾아 산속을 헤매고 다니다가 날이 저물어 길을 잃고 말았다. 달빛과 별빛을 보면서 겨우 발걸음을 옮기는데 농가 한 채를 발견했다.

말에서 내려 문을 두드리자 한 노인이 나왔다. 관흥이 하룻밤 묵기를 청하자 노인은 그를 안으로 맞아들였다. 노인을 따라 방 안으로 들어간 관흥은 그만 깜짝 놀랐다. 촛불이 켜져 있는 전면에 관우의 초상화가 붙어 있었기 때문이다. 관흥이 그 앞에 꿇어앉아 큰 소리로 울었다. 이 모습을 본 노인이 의아하게 여겨 물었다.

"장군은 왜 그리 슬퍼하시오?"

"이 분은 바로 제 부친이십니다."

그 말을 들은 노인이 관흥에게 절을 올렸다.

그러자 관흥이 궁금해하며 물었다.

"노인장께서는 무슨 까닭으로 제 부친을 모시는 것입니까?"

노인은 차분한 어조로 대답했다.

"이곳에는 관우 장군님이 살아 계실 때부터 높은 덕을 흠모하는 사람이 많았습니다. 이제는 세상을 떠나 신령이 되셨으니 어찌 모시지 않을 수 있겠습니까."

그때 밖에서 문 두드리는 소리가 났다. 관우를 사로잡은 반장이었다. 관흥이 들어오는 반장을 보고 칼을 뽑아들자 반장은 기겁해 몸을 돌려 밖으로 도망치려 했다. 그 순간 반장 앞에 커다란 그림자가 나타났다. 얼굴빛이 잘 익은 대추처럼 붉고 봉황 눈썹에 눈을 치켜뜨고 수염이 배꼽까지 내려온 살아생전의 관우 모습 그대로였다.

반장이 너무나 놀라 앞으로 나아가지 못하고 주춤거리는 사이에 관흥이 달려나와 칼을 휘두르자 반장의 목이 땅바닥에 떨어졌다.

이렇게 해서 관흥은 반장이 들고 있던 청룡언월도를 되찾고 그의 목을 부친 영전에 바쳤다.

관우의 혼령은 이후 여러 형태로 영험(靈驗)을 보여 지역신이 되었다. 이는 중국에서 역사적 인물들에게 흔히 나타나는 일이다. 유비나 장비, 제갈량 역시 사후에 지역신으로 숭배되었다.

그런데 관우를 제외한 다른 사람들은 자신의 고향이나 그가 활동했던 지역에 사당 등이 세워져 지역적 민간신앙의 숭배 대상으로 그친데 반해 관우는 지역을 넘어 국가적인 숭배 대상이 되었다. 그는 장군·제후에서 왕으로, 황제로, 신으로 점차 격상되며 관제 문화권인 여러 나라에서 신앙의 대상으로 우뚝 서게 되었다.

그 이유를 살펴보면 우선 의리가 있고 용감하며 지모를 갖춘 영웅의 안타까운 죽음에 대해 일반인들의 보상심리를 들 수 있다. 그는 힘이 약해진 한 왕조의 부흥이라는 목표 아래 의형제를 맺은 주군 유비에게 변치 않는 충성심을 보였다.

또한 불의(不義)와 결코 타협하지 않았다. 자신에게 어떤 불이익이 생기더라도 불의는 마땅히 징벌해야 할 대상으로 여겼다. 그리고 은혜를 입으면 반드시 갚았다. 목숨을 걸고서라도 은혜에 대한 보답을 했다. 또 진퇴양난의 어려움 속에서도 꿋꿋하게 자신의 능력으로 돌파하려 했다.

그는 정정당당함이 아닌 치졸한 잔꾀는 결단코 거부했다. 손권이 정략결혼을 제안했을 때 그는 단번에 거절했다. 자신이 궁지에 몰릴 것을 알면서도 상대의 잔꾀를 여지없이 공박하는 관우의 모습은 부패한 권력자들에게 빌붙어 호의호식하는 무뢰배들에게 억눌리며 사는 민중에게 삶의 희망을 던져주었다.

이처럼 관우는 민중이 바라던 지도자상의 모습을 고스란히 갖고 있어 세월이 흐르면서 입에서 입으로 전해져 수많은 사람이 추앙하는 존재가 되었다.

중국은 격변의 시대, 특히 삼국 시대 이후 잠시 사마씨의 진(晉)나라로 통일되기는 했지만 진나라는 얼마 안 가서 분열되고 만리장성 북쪽의 이민족이 쳐들어와 대혼란기를 겪게 되었다. 이런 사회적 환경 속에서 민중은 진정한 지도자를 그리워하게 되었고, 관우는 이상적인 인간상이자 지도자의 모습으로 확고히 자리잡았다. 이러한 배경이 후대 관우를 신적 존재로 받아들이게 하는 동력이 되었다.

관제묘에 봉안된 관우상의 상당수가 한 손에 《춘추》를 들고 있는 것은 이유가 있다.

《춘추》는 나라를 어지럽히는 무리를 물리치는 것 이외에 존왕양이(尊王攘夷), 즉 한족의 정통왕조를 지키고 북방 오랑캐를 물리치는 가르침을 담은 책이다. 그리고 의(義)와 인(仁)을 가르치는 유가의 경전이다.

'의'와 '인'은 법적으로나 제도적으로 강제되는 규범이 아니라 어디까지나 인격 수양과 더불어 고상한 도덕성에 바탕을 두고 있기에 강제성보다 자발적 의지로 갖출 수 있는 것이다. 중국인들에게는 예로부터 '의'와 '인'이 진정으로 추구해야 할 도리이자 덕목이었다. 따라서 지배계층은 관우를 통해 권력의 정당성과 민중의 지지를 얻으려 했고, 민중은 세상을 살아가는 데 전범이 되는 이상적 인간상이자 지도자로 그를 숭배하고 받들었다.

후경의 난(侯景―亂)* 당시 육법화(陸法和)란 인물이 진압에 나서 반란군을 무찔렀을 때 강릉 지역 일대에서 많은 신령의 도움을 받았는데 관우 신령도 큰 역할을 했다고 전해진다. 이후 옥천사(玉泉寺)의 전설이 민중에게 널리 유포되기 시작했다.

옥천사는 《삼국지연의》 후반에 그 이름이 나오는데 천태종의 창시자 지의선사가 관우를 헌열묘에 모셔 제도(濟度)했다는 이야기가 있고, 수(隋) 문제(文帝) 개황(開皇) 연간(581~600년)에 관우의 혼령이 7일간 신령스런 효험을 보여 호북성 당양현에 옥천사를 세웠다는 기록도 있다.

관우의 신령을 모시는 신앙이 전국적으로 퍼진 시기는 대략 당나라 중기 이후다. 당 고종 의봉(儀鳳) 원년(676년)에 관우를 옥천사의 가람 수호신으로 삼았다는 기록이 있고, 관우 혼령이 옥천사 아래에 머물면서

* 548년 중국 남북조 시대 양나라의 장군 후경이 세력을 결집해 일으킨 반란. 원래 동위의 장수였던 후경이 양나라에 귀순했는데 동위와 양나라가 수호관계를 맺자 위협을 느낀 후경이 난을 일으키고 세력을 키워 양나라의 수도인 건강을 장악했다.

이 지역의 흥망과 농사의 풍작을 좌우했다는 전설이 부쩍 늘어나기 시작했다.

국가에서 민간까지
관우를 최고의 수호신으로 섬기다

이후 중국은 송나라가 당나라의 뒤를 이었지만 곧 북방에서 일어난 거란족의 요(遼)와 여진족의 금(金)이 세력을 떨쳐 외환과 혼란에 빠져 있을 때였다.

궁궐에 악귀가 들어 화를 입었는데 어떤 도사가 금갑을 입은 장부를 불러 귀신을 잡아먹게 했다는 전설이 있다. 그때 휘종(徽宗) 황제가 도사에게 "그 장부가 누구냐"고 묻자 도사는 "숭령진군(崇靈眞君) 관우입니다"라고 대답했다.

그 무렵 관우의 고향인 해현의 소금연못인 해지(解池)가 말라붙어 소금 채취가 어렵게 되었는데 관우의 신령이 나타나 이를 해결해주었다는 전설도 있다. 이 일이 송 휘종 5년 여름에 일어났다는 기록이 《충의춘추(忠義春秋)》에 실려 있다.

이 시기부터 청(淸) 건륭제 때까지 700년간 해지 일대에 20여 차례의 이상 현상이 발생했는데 당시 사람들은 소금 연못의 이상은 악귀의 장난이고 그럴 때마다 신령스런 힘이 나타나 이를 물리쳤는데 그 신령스런 힘이 관우의 혼령에서 비롯되었다고 믿었다.

이처럼 관우의 신령이 요괴나 악귀를 물리친다는 내용이 여러 사서에 등장하는데 그가 소금연못 해지에 현령(顯靈)한 이후부터 관우 신앙이 본격화되었다는 주장도 있다.

이런 배경에서 송 휘종은 1102년에 관우를 충혜공(忠惠公)에 추증했고, 6년 후에 숭녕지도진군(崇寧至道眞君)으로 격상했으며 무안왕(武安王)으로 추증했다. 이는 국가적 위기 상황에서 구국의 영웅을 갈구하는 민중의 심리를 이용해 관우를 호국신(護國神)으로 내세워 국민을 단합시키고자 하는 의도였다. 그래서 관우 신앙을 널리 민중에게 전파하고자 관왕묘(關王廟)를 도처에 짓고 관제신앙(關帝信仰)을 국가 주도로 확대했다.

원대(元代)에 들어서는 궁궐에서 불사(佛事)를 할 때 신단에 관우상을 모셨다는 기록이 있다. 몽고족이 불교 신앙에 관우 신앙을 접목했다는 점이 주목할 만한데 권력 유지를 위해 적극적으로 관우 신앙을 이용했다는 사실을 알 수 있다. 즉, 피지배계층에게 왕조에 적극 충성하는 것이 마땅한 도리임을 전파하고자 했던 것이다. 그 결과 관왕묘의 설립이 전국 곳곳에 장려되고 관련 서적의 출간도 성행하게 되었다.

명대(明代)에 들어 개국 황제 주원장(朱元璋)은 관우에게 한수정후라는 처음의 봉호를 다시 내렸고, 26년 후에는 한전장군수정후(漢前將軍壽亭侯)에 봉해 왕에서 다시 제후로 격하하는 다소 이해하기 어려운 조치를 내렸다. 그러나 이 당시 월성묘(月城廟)를 지어 관우를 무신(武神)과 재신(財神)으로 제사지내며 남경 계명산에 황실 전용사원인 계명사(鷄鳴寺)를 짓고 관우의 출생일인 5월 13일 성대한 제사를 지내게 한 것을 보면 국가적으로 관우의 신령에 의존하려 했음을 알 수 있다.

이후 영락제(永樂帝) 시대가 되어 북방의 타타르족을 정복할 때 영험을 받아 이 때문에 관우 신앙이 더욱 힘을 얻어 확대되었다는 주장도 있다. 남경에서 북경으로 천도한 후 "관우가 백마를 타고 명군(明軍)을 도와 전쟁을 이기게 했다"는 이야기를 널리 유포시키면서 북경 지안문 외곽에 백마관제묘(白馬關帝廟)를 세우고 제사지냈다. 영락제 기간 중 관우에 대한 제사가 25회로 늘어난 것을 보면 관우에 대한 예우가 격상했음을 알 수 있다.

정덕제(正德帝)는 남경에 있는 관제묘에 '충무(忠武)'라는 묘액을 내렸는데, 이는 명나라 조정이 관제묘에 내린 첫 사액이었다. 이어서 만력제(萬曆帝)는 관우를 협천대제(協天大帝)로 격상했다.

이때부터가 본격적인 관우 신앙의 시작이라는 견해가 우세한데 얼마 후 도교적 신으로 모시면서 조선에서 임진왜란이 일어난 지 2년 후부터는 이전의 관왕묘를 관제묘로 승격했다.

그리고 명나라 마지막 황제 숭정제(崇禎帝)는 관우를 무성(武聖)으로 삼고 문성(文聖)인 공자와 동격으로 삼았다. 전국을 휩쓴 이자성의 반란을 막고, 외부적으로는 만주에서 일어난 누르하치(훗날의 청 태조)의 침략을 막으려는 의도가 엿보인다.

청대(淸代)에 들어서 관우에 대한 숭배가 장려되었다. 누르하치는 전쟁에서 이길 때마다 관우의 신령이 도왔다는 선전을 했고,

그의 후계자 황태극은《삼국지연의》를 만주어로 번역해 관리들에게 보급했을 뿐만 아니라 만주 8기의 군대 내에서 관우를 무신(武神)으로 신봉하게 하여 관우 신앙 보급에 힘썼다.

3대 황제 순치제(順治帝)는 한족 문화를 숭상한 황제답게 관우를 충의신위관성대제(忠義神威關聖大帝)에 봉했다.

강희제(康熙帝)는 관우의 후손들에게 오경박사(五經博士)를 세습하도록 특권을 부여했고, 이후 관우에 대한 예우가 더욱 높아져 옹정제(雍正帝)는 관우의 증조부, 조부, 부친에게 공작(公爵)의 지위를 내렸다. 그리고 전국 행정 구역에 빠짐없이 관제묘를 설치하고 제사를 지내게 했다.

건륭제(乾隆帝)는 관우에게 신용(神勇)이란 시호를 내렸고, 함풍제(咸豊帝) 때에는 관우의 증조부, 조부, 부친에게 내렸던 공작의 지위를 왕으로 격상했다.

아편전쟁 이후 조정에서는 외국 침략 세력에 대항하고 중국인의 정신적 단합을 꾀하는 수단으로 중국 각지에 호국의 상징으로서 관제묘 건립을 확대했다. 당시 북경에만 116곳의 관제묘가 있었다.

중화민국에 들어서도 관우 숭배의 열기가 이어졌다. 관우의 탄생일에는 각급 학교가 휴교를 하고 가정에서는 제사를 지내 관우를 추모하고 기렸다.

이렇듯 관우는 백성의 생업은 물론 질병과 고통으로부터의 구원, 악귀를 쫓는 일 등 모든 분야에서 수호신으로 숭배되었다. 중국의 일부 민간 종교에서는 관우를 천상세계의 주재자인 옥황상제를 대신해 모든 것을 주재하는 최고의 신으로 믿기도 한다.

대만에서는 일찍이 관우 신앙이 널리 퍼져 불교 사원의 대웅전에서도 관보살, 관제보살, 호국명왕불로 숭앙하고 있고, 유교에서는 문형성제로 추존해 받들고 있으며, 도교에서는 관성제군, 탕마진군, 복마대제로 모시고 있다.

그러나 관우 신앙도 시련기가 있었다. 1966년부터 1976년까지 11년간 대륙을 휩쓴 마오쩌둥의 이른바 문화대혁명 시기에는 관우 숭배가 철저히 배격되어 수많은 관제묘가 파괴되었다.

1990년 이후 중국의 문화종교정책이 변하면서 관우 숭배 신앙이 다양하게 발전해 다시 관우의 충(忠)을 나라사랑으로, 의(義)를 시장경제에 있어 신용을 지키는 원칙으로, 인(仁)을 사회주의 경제체제의 공평한 분배정신의 본보기로 삼자는 주장이 일어나 오늘날 관우 신앙의 거대한 물결을 이루고 있다.

2

한반도의 관제 신앙

국가 의례로서의 관우 신앙

　　1592년(선조 25년)에 일어난 임진왜란 때 원군이 되어 한반도에 들어온 명나라 군대는 왜적과 싸울 때마다 관우의 신령이 나타나 도와주었기 때문이라고 선전했으나 실제로 그렇게 믿는 경향도 있었다. 이러한 믿음이 본격적인 관왕묘의 설립으로 나타난 시기는 1597년(선조 30년) 화의교섭의 결렬로 다시 일어난 왜란인 정유재란 때였다. 기록에 따르면, 1598년 1월에 입국해 그해 3월 경상도 성주에 간 명나라 장수 모국기(茅國器)가 관후묘(關侯廟)를 건립해 왜적을 물리치는 데 음조(陰助)를 받으려 했다고 한다.

　　이어서 그해 6월 서울에 도착한 명나라 수군도독 진린(陳璘)이

남관왕묘를 세웠다고 되어 있는데, 따지고 보면 진린은 서울을 경유해서 곧바로 전라도 고금도로 향했기에 이때 서울의 관왕묘 건립은 불가능했을 것으로 보이고 고금도의 관왕묘는 진린이 도착한 직후에 세워졌을 것이다. 이후 경상도 안동, 전라도 남원, 서울, 경상도 동래 등에 잇달아 관왕묘가 세워지면서 전국 각지에 관우 신앙이 전파되었다.

관왕묘가 한반도에 설치되고 관우의 신령을 모신 것은 외적의 침입이라는 국난을 맞아 당시 정신적으로 의지할 대상이 필요했기 때문이다. 그러나 명나라로부터 들어온 외래 신앙이었기 때문에 처음에는 우리 사회에 별다른 영향을 미치지 못했다. 관왕묘에 대해 당시의 위정자들도 부정적인 입장인 데다 조선 사회가 성리학을 받들며 의례의 엄격한 형식을 중시했기 때문에 1000여 년 전에 죽은 중국의 의협 출신 장군이 어떻게 신병(神兵)의 역할을 할 수 있는지 못 미더워하는 것이 당시의 분위기였다.

1601년(선조 34년), 서울에 동관왕묘를 세우려 할 때의 상황을 살펴보면 당시 명나라와 조선의 입장, 그리고 우리 백성의 생각을 어느 정도 엿볼 수 있다.

만력제가 순무사 만세덕(萬世德)을 시켜 중국의 호국신인 관우를 조선이 국가적으로 받들게 하여 정신적인 측면에서 명나라에 대한 복속을 도모하려 했을 때, "이제 동교(東郊)에 토목공사를 크게 일으키니 전쟁으로 인해 외로이 살아남은 백성이 어찌 살아갈 수 있겠는가"라고 하자 사관이 "관왕묘의 건립은 매우 허탄(虛誕)

한 일이다"고 했다. 또한 "강원도 군사를 징발한다면 도로가 멀고 험할 뿐 아니라 농사철을 당하여 양식을 싸가지고 멀리 오게 되는 것이니 궁한 백성의 원성이 차마 형언할 수 없게 될 것"이라는 기록이 있다.

여기서 관우 신앙에 대해 조선은 별로 호의적이지 않았음을 알 수 있다.

임진왜란이 끝나고 관우의 무신으로서의 의미가 퇴색하고 충의(忠義)라는 유교의 윤리적 덕목이 부각되면서 관우 신앙은 조선에서 새로운 전기를 맞이하게 되었다.

관우에 대한 제사를 조선에서 스스로 거행한 것은 1612년 6월 군신(軍神)인 치우(蚩尤)를 모시고 뚝섬에서 지냈던 국가적 의례인 '둑소제'에서 관우를 치우와 같은 성격으로 모신 일이었다. 기록에 따르면, 당시 광해군은 관왕묘의 벽에 낙서가 많은 것을 안타깝게 여기고 신상이 파괴된 곳을 수리하도록 명했다고 한다.

이것은 조선이 관우 신앙을 우리 사회에 정착시키려 한 것이라기보다 당시 중국 대륙에서 벌어진 명나라와 청나라 간의 다툼 속에서 중립외교를 표방하는 광해군의 배려였다고 볼 수 있다.

이후 인조가 왕의 자리에 오르면서 관왕묘에 대한 예우가 더욱 높아졌다. 관왕묘를 지키는 수직관이 승진하기도 했으며, 관왕묘에 머물던 명나라 사람들에게 인조가 친히 음식과 옷감을 하사하기도 했다.

이런 변화의 과정에서 청나라의 조선 침략전인 병자호란이 일

어났다. 이때 동관왕묘는 청 태종이 기거했던 군영이었고, 남관왕
묘에는 청나라 군대가 주둔했다. 치욕스런 전쟁이 끝나고 조선 민
중에게 관제묘는 오랑캐의 두목과 그의 병사들이 머물렀던 곳으
로 굴욕의 장소이자 기피 대상이 되었다. 결국 동관왕묘와 남관왕
묘 등은 조정에서도 형식적으로 관리할 뿐 대접받지 못하는 처지
가 되었다. 그러나 청나라 사신이 조선에 파견되면 인조가 항복한
삼전도비(三田渡碑)와 함께 관제묘에 반드시 들렸기 때문에 일상적
인 관리는 계속되었다.

　관제묘가 다시 관심의 대상이 된 것은 숙종 때였다. 왕이 직접
동관왕묘에 들려 참배했고, 이튿날 비망기를 통해 "관제(關帝)의
충의를 본받아 왕실을 지키도록 하라"는 명령과 함께 참배할 때
어떤 예법을 따라야 하는지 알아보도록 지시했다. 이어서 동관왕
묘와 남관왕묘를 수리하고 관리를 보내 제사 지내도록 조치했다.

　숙종의 이러한 태도 변화는 1689년(숙종 15년) 원자(元子)의 호칭
을 정하는 문제로 남인이 서인을 몰아내고 권력을 장악한 사건과
깊은 연관이 있는 것으로 분석된다.

　장희빈이 낳은 왕자 윤을 원자로 책봉하려 하자 서인들이 들고
일어난 반면, 남인들은 숙종의 뜻을 지지했다. 이때 서인의 영수
송시열이 귀양을 간 제주도에서 사약을 받아 죽는다. 이 기사환국
(己巳換局)을 겪으며 왕실의 안녕과 왕권의 안정을 위해 군사들의
충성심을 강조하기 위한 방책으로 관우 신앙을 이용한 것으로 분
석된다.

숙종은 궁궐을 지키는 금위영의 군사들을 관왕묘에 참배하게 해 충성심을 자극하기도 했다. 먼 지방의 관왕묘(전라도 고금도, 경상도 성주와 안동 등지)에도 관심을 기울여 경칩(양력 3월 5일경)과 상강일(음력으로는 9월, 양력으로는 10월 23일 또는 24일)에 조정에서 향과 축문을 내려 제사를 지냈다.

관우 신앙을 통해 충의심을 고양하려는 분위기는 영조 시대에 들어와 더욱 성행했다. 영조는 즉위하자마자 동관왕묘에 참배했고, 1725년(영조 원년) 4월에는 관리를 보내 제사를 올렸다. 이후 영조는 여러 차례 관왕묘를 찾았고, 숙종이 관우를 경모해 지은 칠언절구 시구를 편액에 새겨 걸도록 했다. 이는 국가와 왕실의 안녕을 기원하는 동시에 당시 당파를 이루어 서로 다투던 신하들

종로구 숭인동에 있는 동관왕묘. 1601년(선조 34) 준공되었으며, 1963년 보물 제142호로 지정되었다.

에게 경종을 울리고자 하는 의도가 담겨 있었다.

정조 대에 이르러서는 관우 신앙은 더욱 활용되기에 이른다. '사조어제무안왕묘비(四朝御製武安王墓碑)'를 동묘와 남묘에 세우고 관왕묘 제사를 중사(中祀, 나라에서 지내던 제사의 하나)로 격상했으며 관묘악장(關廟樂章)도 제정했다. 제사를 지낼 때 악공들이 모두 갑옷을 입고 오방기(五方旗)를 세우고 연주하게 함으로써 관왕묘 제례를 한층 빛나게 한 것이다.

물론 정조도 관우 신앙 그 자체보다는 군사들에게 국가와 왕에 대한 충성심을 고양하고 당파싸움에 여념이 없던 정치세력에 경종을 울리려 했던 것이다. 이후 국왕이 궐 밖으로 행차할 때 관왕묘에 참배하는 관행은 계속되었다.

임진록에 나타난 관우 신앙의 의미

관우 신앙과 임진왜란의 관계는 앞서 이야기한 관련성을 갖고 있지만, 전란 시대를 겪으며 진실로 충의를 갖춘 민족적 영웅이 나타나 국난을 극복하고 세상을 평화롭게 만들어 주기를 갈망하는 민중의 욕구가 팽배해 있었던 조선의 사회상을 빼놓을 수 없다.

1592년부터 7년에 걸친 전란으로 인해 한반도 전역이 유린당하고 수십만의 사상자를 기록한 참혹한 현실보다 민중을 더욱 충격에 빠뜨린 것은 왜적이 쳐들어오자 마땅한 대책 없이 의주로 도망치기 바쁜 조정과 벼슬아치들의 모습이었다. 곳곳에서 일어난 의병과 명나라 원군의 도움으로 왜적을 물리치기는 했지만, 백성이 진정으로 믿고 따를 정치적 구심점은 없었다.

이후 국가에 대한 의식의 각성 못지않게 민족에 대한 자각이 일어나 시대정신으로 자리를 잡아갈 때 큰 역할을 한 소설이 있다. 바로 《임진록》이다.

이 소설에는 우리의 영웅들과 명나라 장수들이 도처에서 왜장의 목을 베고 왜적을 물리쳐 이 강토에서 완전히 몰아낸 뒤 왜국까지 원정해 왜왕의 항복을 받는다는 민중의 바람이 담겨 있었다. 민중은 당시 왜적에 변변히 대항하지도 못하고 도망치기 바빴던 집권층의 비굴하고 굴욕적 처신에 대해 소설을 통해서나마 당당한 민족의 주체성을 세우기를 소망했다고 볼 수 있다. 이 소설에서 관우의 역할이 다양하게 나타나고 있다.

"관우가 중국 천자의 꿈에 나타나 '저는 죄 없는 안광문의 어린 자식을 죽인 죄로 상제의 노여움을 받아 다시 세상에 환생하지 못하고 있으며 외로운 넋을 조선에 의지하고 있다'고 말한 뒤 '이제 조선이 왜란을 만나 위태로우니 요동제독 이여송을 보내 구해달라'고 청했다"는 등의 내용이 있다.

《임진록》에 나타난 관우 신앙에 대해 당시 백성이 집권 세력에 의해 강요된 유교적 사상에 대항하기 위한 것으로 풀이하는 견해도 있다. 즉, 문(文)을 숭상한 지배계층이 무참히 패배하고 무(武)

에 바탕을 둔 힘이 나타나 전쟁을 승리로 이끌었다는 점이 부각되었다는 것이다.

관우에 대한 신앙은 민간에 전해지면서 본래의 의미를 잃고 잡신의 모습으로 나타나기도 했다. 조선 말기 명성황후(민비)를 무속에 빠지게 했던 진령군이라는 무속인이 관우의 영험을 받았다고 했던 일, 갑신정변 당시 서울에 올라온 청군 일부가 동묘에 주둔했는데 이들의 횡포가 극심해 민중의 원성이 끊이지 않자 관우를 모신 동묘가 영험하지 못하며 조선에게 유해하다고 하여 표적이 되었던 일, 일본 식민시대에 중국의 신앙이라고 해서 배척당한 일 등이다.

오늘날 동묘를 비롯해 전국적으로 많은 관왕묘가 있으나 관제 문화권의 나라들과 비교한다면 지극히 소규모에 불과하다.

부록

관우와 연관된 연표

160년 관우, 하동(河東) 해현(解縣), 하마촌(下馬村)에서 출생(오늘날의 산시 성 윈청 시).

161년 유비, 탁현에서 출생.

165년 장비, 탁현에서 출생.

167년 후한 환제(桓帝) 사후 후손이 없어 방계인 영제(靈帝) 즉위.
청류파 관료들과 환관의 갈등이 급속히 고조됨.

178년 관평, 해현에서 관우의 장남으로 출생.

184년 황건군이 봉기함.
관우가 여웅을 죽이고 고향을 떠남.
조조가 기도위에 임명되어 황건을 토벌하고, 이 공로로 제남의 상이 됨.

188년 관우가 탁현에서 유비, 장비와 만나 도원결의하여 의형제가 됨. 낙양 방어를 위해 서원팔교위가 설치되어 원소, 조조 등이 교위가 됨.
유비가 황건 잔당 토벌의 공로로 안희현의 현위가 됨.

189년 영제가 세상을 떠남.

　하진이 피살당하고, 이어서 환관 대살육이 일어남.

　소제(少帝)가 즉위했다가 동탁에 의해 폐위되면서 동생(헌제)에게 양위함.

　유비가 독우를 폭행하고 관우, 장비와 함께 벼슬을 버린 후 공손찬에게 의탁함.

190년 유비 삼형제가 반동탁연합군에 가담.

　동탁이 장안으로 천도를 강행함.

192년 원소가 기주성을 빼앗고 공손찬과 대결하기 시작함.

　조조가 반동탁연합군에 실망하고 동군으로 가서 동군태수가 됨.

　동탁이 왕윤의 꾀로 여포에게 죽임을 당함.

193년 조조의 부친 조숭이 도겸의 수하에게 살해당하고 조조군이 서주에 복수전을 벌임.

　유비 삼형제와 도겸이 구원하기 위해 서주로 감.

　제갈량이 고아가 되어 숙부를 찾아 형주로 감.

194년 도겸이 죽고, 유비가 뒤이어 서주목이 됨.

196년 유비 삼형제와 여포·원술의 서주를 둘러싼 갈등이 시작됨.

　조조가 헌제를 맞이해 허도(許都)로 천도하고, 조적체제를 구축함.

197년 조조가 완성을 공격하다가 큰아들 조앙과 친위대장 전위를 잃음.

　유비 삼형제가 여포에게 쫓겨 허도에 의탁함.

　원술이 황제를 참칭함.

　조조가 원술을 공격해 응징함.

198년 여포가 조조에게 죽임을 당함. 이 싸움에 관우도 참가.

　유비는 좌장군(左將軍), 관우·장비는 중랑장(中郞將)에 임명됨.

　원소가 공손찬을 죽이고 황하 이북 4개주를 평정.

199년 유비가 서주에서 군정관 차주를 죽이고 독립함. 이때 관우가 하비성에 주둔함.

원술이 유비군에게 쫓기다가 죽음을 맞이함.

200년 관우가 조건부로 항복해 허도로 가서 조조의 극진한 예우를 받음.

원소가 백마성으로 진격하고 관우는 단기로 공격해 원소군의 선봉장 안량을 벰.

손책이 허도를 노리다가 자객에게 살해됨.

관도대전에서 조조가 대승을 거둠(원소군 궤멸).

201년 유비 삼형제가 형주의 유표에게 의탁해 북쪽에 있는 신야성에 머무름.

202년 원소가 죽고 둘째아들 원상이 후계자가 되어 골육상쟁이 일어남.

203년 조조가 원소 후예들을 공격.

조조가 원담과 정략결혼하여 자기편으로 끌어들이고 원상을 공격함.

손권이 황조를 토벌하고 부친 원수를 갚음.

204년 조조가 배신한 원담을 공격해 물리침.

205년 흑산적 장연이 10여 만 부하를 이끌고 조조에게 투항함.

조조가 북방의 오환족 토벌의 공적을 거둠.

206년 조조가 원씨 일족을 평정하고 허도로 귀환.

유비가 서서를 군사로 영입.

207년 조조의 책사 곽가가 사망함.

유비가 제갈량을 찾아감(삼고초려).

208년 제갈량이 유비 진영을 이끌기 시작함.

사마의가 조조 진영에 출사.

조조가 공융을 죽이고 남정을 시작.

적벽에서 조조군이 손권·유비 연합군과 대치함.

209년 적벽대전의 전과를 놓고 손권과 유비 사이에 갈등이 고조됨.

관우가 장사에서 황충을 살려줌.

조조가 하남에 진출해 둔전제를 확대.

210년 조조가 천하에 인재를 구하는 구현령 발표.

주유가 사망하고 노숙이 후임으로 임명됨.

211년 유비가 구원의 명분으로 파촉을 향해 출발함.

관우와 제갈량이 형주를 다스림.

212년 조비가 오관중랑장(부승상격)에 취임.

순욱이 사망함.

파촉의 장송이 처형되고 유비와 유장 사이에 전운이 감돌게 됨.

213년 낙봉파에서 방통이 사망하고 제갈량이 파촉으로 향함.

관우가 형주를 홀로 담당하게 됨.

214년 손권이 형주 반환을 끈질기게 요구함.

유비가 성도를 함락시켜 파촉을 점령.

215년 조조가 장노를 공격해 한중을 점령.

제갈량이 손권 측과 형주 분할을 합의했으나 관우의 거부로 성사
되지 못함.

216년 조조가 위왕에 오름.

유비가 법정의 진언을 받아들여 한중 공략전에 착수.

217년 노숙이 사망하고 후임에 여몽이 부임.

218년 유비가 한중을 점령하고 한중왕에 오름.

여몽이 관우를 속이려 사퇴하고 후임에 육손을 임명함.

219년 관우가 번성의 조인을 공격.

조조와 손권이 형주를 두고 연합 전선을 구축.

관우가 임저에서 아들 관평과 함께 손권에게 죽임을 당함(60세).

220년 관우의 목이 낙양에 있는 조조에게 보내짐. 조조가 관우를 제후의
예로 장사를 치러주고, 형왕의 시호를 내림.

참고문헌

《발톱 에세이 36계》, 곽정안 · 공간 지음, 홍순도 옮김, 범조사, 1992.

《설화 중국》(三國 · 西晉 편), 상해문예출판사, 2004.

《삼국지 인물사전》, 고이데 후미히코 지음, 김준영 옮김, 들녘, 2000.

《누구도 나를 버릴 수 없다》, 나채훈 지음, 청년정신, 2001.

《삼국지 역사 기행》, 공학유 지음, 이주영 옮김, 이목, 1995.

《한서 · 후한서 · 삼국지열전선》, 중국고전문학대계, 평범사, 1968.

《삼국지 고증학》, 이전원 · 이소선 지음, 손경숙 · 김진철 옮김, 청양, 1997.

《소설이 아닌 삼국지》, 최명 지음, 조선일보사, 1993.

《삼국지》, 나관중 지음, 김구용 옮김, 솔, 2000.

《삼국연의 연구논문집》, 하남성 사회과학원 편, 중화서국, 1991.

《삼국연의 교주》, 나관중 지음, 오소림 교주, 이인서국, 1995.

《삼국지 인간학》, 야쓰오카 지음, 후덕사(厚德社), 1987.

《심리학, 삼국지를 말하다》, 김태형 지음, 추수밭, 2010.

《삼국지 시가감상》, 정철생 지음, 정원기 옮김, 현암사, 2007.

관우는 왜 의협의 장수에서 신이 되었나?

삼국지 관우의 인성인문학

초 판 1쇄 발행   2016년 7월 15일
초 판 2쇄 발행   2016년 12월 12일

지은이   나채훈
펴낸곳   보아스
펴낸이   이지연
등 록   2014년 11월 24일(No. 제2014-000064호)
주 소   서울시 양천구 목동중앙북로8라길 26, 301호(목동) (우편번호 07950)
전 화   02)2647-3262
팩 스   02)6398-3262
이메일   boasbook@naver.com
블로그   http://blog.naver.com/shumaker21

ISBN   979-11-954336-5-0 (03190)

ⓒ 나채훈, 2016

이 도서의 국립중앙도서관 출판시도서목록(CIP)은 서지정보유통지원시스템 홈페이지 (http://seoji.nl.go.kr)와 국가자료공동목록시스템(http://www.nl.go.kr/kolisnet)에서 이용하실 수 있습니다. (CIP제어번호: CIP2016015646)